Business models dans l'innovation

Création de couverture : Atelier Julia Bernard

CS 50040 – 38044 Grenoble cedex 9
pug@pug.fr / www.pug.fr

ISBN 978-2-7061-1657-5

Sous la direction de Valérie Chanal

Business models dans l'innovation

Pratiques et méthodes

Presses universitaires de Grenoble

Dans la même collection

Nacer-Eddine Sadi, *Innovations comptables internationales et analyse des états financiers. Référentiels comptables français et international IAS-IFRS*, 2011.

Remerciements

Ce livre est le fruit d'une réflexion collective menée au sein du réseau de recherche Umanlab, de l'université de Grenoble, réunissant chercheurs en sciences sociales et praticiens de l'innovation.

Pendant trois ans, nous avons mené des travaux de recherche dans différentes entreprises présentes au sein du tissu industriel grenoblois et confronté nos points de vue et nos méthodes au cours de séminaires communs.

Nos remerciements vont tout d'abord aux responsables des entreprises présentes dans cet ouvrage qui ont joué le jeu d'une recherche collaborative en accueillant des chercheurs pour mener avec eux des investigations sur des questions éminemment sensibles : les business models de leurs projets d'innovation.

Nous remercions également les institutions qui ont soutenu financièrement ou matériellement le projet Umanlab, aux côtés du ministère de l'Enseignement supérieur et de la recherche : l'université Pierre-Mendès-France de Grenoble, le CEA et l'Institut d'études politiques de Grenoble, mais aussi Grenoble École de Management, Grenoble Institut national polytechnique, le cluster de recherche « Gestion et organisation des systèmes de production et de l'innovation » de la région Rhône-Alpes et l'université Stendhal de Grenoble.

Nous espérons que le résultat de ce travail témoigne de l'intérêt de ce type de collaboration afin de progresser ensemble, chercheurs et praticiens, sur les pratiques et les outils de management de l'innovation.

Liste des contributeurs

Sigmund Akselsen est chargé de recherche en matière scientifique au sein de la société Telenor Corporate Development (Tromsø, Norvège). Il est titulaire d'un doctorat en informatique obtenu à l'université de Tromsø. Ses travaux de recherche portent tout particulièrement sur les communications entre machines ou objets et sur les applications des objets communicants dans les activités de services, en situation de mobilité.

Sylvie Blanco est professeur à Grenoble École de Management depuis 2001. Auparavant elle a été consultante dans les industries de haute technologie. Elle dirige des recherches collaboratives avec des entreprises et des institutions territoriales. Sur cette base, elle anime des séminaires de formation pour des managers, dans le domaine du management de la technologie et de l'innovation avec un accent particulier sur l'innovation radicale dans les entreprises.

Marie-Laurence Caron-Fasan est maître de conférences à l'Institut d'administration des entreprises de Grenoble et chercheur au laboratoire CERAG de l'université de Grenoble. Elle mène depuis plusieurs années des recherches sur le thème de l'anticipation, ce qui la conduit à travailler dans le domaine de la veille stratégique et celui des business models innovants issus du Web 2.0. Ses recherches actuelles portent sur l'étude des pratiques de la veille stratégique orientée développement durable dans l'organisation des chaînes logistiques.

Bernard Cartoux a réalisé plus de dix-sept projets chez Schneider Electric en tant que chef de projet ou responsable marketing. Il est actuellement directeur de l'innovation sur les plateaux d'innovations par l'usage, lieux sur lesquels il anime les équipes et crée les outils et démarches utiles à une meilleure efficacité du processus d'innovation. Il s'intéresse particulièrement à la valorisation des inventions et à la co-innovation.

Valérie Chanal est professeur de management stratégique à l'Institut d'études politiques de Grenoble et membre du laboratoire PACTE. Elle a dirigé pendant quatre ans l'équipe de recherche technologique Umanlab. Ses travaux de recherche actuels portent sur le management de l'innovation d'exploration, en particulier la conception de business models innovants pour valoriser les innovations technologiques. Elle s'intéresse également à l'innovation ouverte et à la mise en récit de la stratégie.

Bérangère Deschamps est maître de conférences à l'Institut d'administration des entreprises de Grenoble, responsable du master Entrepreneuriat. Elle est chercheur au laboratoire CERAG de l'université de Grenoble où elle mène des recherches dans le champ de l'entrepreneuriat : reprise d'entreprise, profil d'entrepreneur, transmissions familiales et accompagnement de l'entrepreneur.

Markus Eurich est chercheur au Centre de recherche de la société SAP (Zürich, Suisse) ainsi qu'au Swiss Federal Institute of Technology de Zürich. Ses recherches portent sur la conception des business models des innovations dans le domaine des nouvelles technologies de l'information et de la communication (NTIC). Il a contribué au projet européen de recherche SENSEI (« Real World Dimension of the Network of the Future »), projet dans lequel il pilote la partie qui concerne la configuration des futurs modèles d'affaires.

Jean-Marc Francony est maître de conférences en sciences de l'information et de la communication au département de sociologie de l'université de Grenoble. Il est chercheur au laboratoire PACTE. Il conduit depuis plusieurs années des recherches dans le domaine de l'usage des technologies numériques d'information et de communication. Dans le cadre de l'équipe Umanlab, il s'est engagé de manière active dans le développement technologique de la société Predictys.

Yukiko Fujimoto est diplômée du master en Management technologique et innovation de Grenoble École de Management. Elle est aujourd'hui manager marketing chez Microoled. Elle a auparavant acquis une formation linguistique et affaires au Japon avant de rejoindre la France où elle a notamment contribué au développement commercial de start-ups en direction du Japon.

Gilles Garel est professeur titulaire de la chaire de gestion de l'innovation au Conservatoire national des arts et métiers et professeur à l'École polytechnique au département HSS. En relation avec des entreprises, il mène des recherches en management de l'innovation et de projet depuis le début des années 1990. Il a été professeur invité à l'université d'Ottawa en 2004/2005.

Caroline Gauthier est professeur de marketing à Grenoble École de Management. Ses recherches portent sur la mise en œuvre de l'innovation durable dans l'organisation. Docteur en Économie de l'université de Toulouse et de University College of London, HDR en Sciences de gestion, elle a récemment reçu le Prix de l'Académie des Sciences Commerciales pour sa participation à l'ouvrage *Le développement durable au sein de l'entreprise*. Elle participe également au groupe de recherche de Grenoble École de Management sur l'émergence des nanotechnologies.

Corine Genet est professeur à Grenoble École de Management où elle enseigne la stratégie des entreprises de biotechnologie et le management de l'innovation depuis septembre 2002. Elle est titulaire d'un doctorat en Sciences économiques et sociales de l'université Pierre-Mendès-France de Grenoble. Ses travaux de recherche s'attachent aux modalités d'organisation du transfert de technologie et de la gestion de l'innovation dans les industries émergentes telles que les biotechnologies et les nanotechnologies.

Jean-Luc Giannelloni est professeur à l'Institut de management de l'université de Savoie où il enseigne principalement le marketing. Il est chercheur au laboratoire IREGE, qu'il a dirigé de 2004 à 2008 et dont il anime toujours le pôle « Territoire, tourisme et développement ». Ses recherches récentes portent sur l'expérience de la consommation touristique et sur les comportements écologiquement responsables. Il est co-auteur de deux ouvrages sur les études marketing.

Meyer Haggège est doctorant en Sciences de gestion à l'université Pierre-Mendès-France de Grenoble et membre du laboratoire PACTE. Sa thèse, qui porte sur l'exploration de business models, est financée par le cluster « Gestion et organisation des systèmes de production et de l'innovation » de la région Rhône-Alpes.

Jean-Paul Laurencin, HDR en économie, chercheur au CNRS, a mené des travaux sur le couplage des politiques industrielles et de concurrence dans le contexte de la création de l'euro. Ses recherches ont ensuite porté sur l'implantation des entreprises et le lien entre localisation et compétitivité. De 2002 à 2008, il a représenté l'université Pierre-Mendès-France dans l'association en charge de l'incubateur GR.A.IN de Grenoble et dans le consortium GRAVIT, ceci dans le cadre de sa mission pour l'UPMF dans le domaine de l'innovation et de la valorisation économique dans les sciences humaines et sociales.

Olivier Lavoisy est chercheur associé au laboratoire PACTE. Il est diplômé de l'École d'ingénieur en génie industriel de Grenoble et titulaire d'une thèse de sociologie sur l'histoire du graphisme technique comme outil de coordination. Il a principalement travaillé ces dernières années au sein de l'équipe Umanlab sur le développement des business models. Son site web est http://lavoisy.eu.

Daniel Llerena est maître de conférences en économie, HDR, à l'université Pierre-Mendès-France de Grenoble. Il dirige actuellement plusieurs projets de recherche dans le cadre de la Structure fédérative de recherche « Innovation, Connaissance et Société ». Ses centres d'intérêt portent sur le pilotage des filières de production, le comportement des consommateurs et l'économie expérimentale. Il développe de nouvelles méthodes d'observation pour explorer la perception et les consentements à payer des consommateurs pour de nouveaux produits.

Vincent Mangematin est professeur et conseiller scientifique à Grenoble École de Management. Ses principaux centres d'intérêt ont trait à l'innovation, l'évolution des business models et aux institutions concernées par les innovations. Ses analyses portent sur les dynamiques de l'innovation dans différentes industries : nanotechnologies, biotechnologies, industries et activités culturelles. Il a publié plus de quarante articles dans des revues majeures telles que *Research Policy*, *International Journal of Technology Management* ou *Long Range Planning*.

ROMAIN PARENT est titulaire d'un master en Management de l'innovation de l'université de Grenoble. Il a co-fondé Sportganizer.com, une plateforme web pour les associations sportives. Ses principaux centres d'intérêt concernent l'évolution des business models sur le web ainsi que les marchés bifaces, thème développé sur son blog www.site-communautaire.bogspot.com. Il est également consultant en stratégie pour les activités du Web 2.0. .

NATHALIE QUINETTE est présidente et cofondatrice de la société Predictys. Diplômée de l'École de Management de Lyon, elle a travaillé treize ans chez Hewlett Packard où elle a notamment été directrice du programme e-CRM grand public pour l'Europe. En 2007, elle a créé Predictys avec Mathieu Morel et Johan Salvatori, précédemment fondateurs de MS-One, société spécialisée dans le web marketing.

GILLES ROEHRICH, est professeur de marketing à l'Institut d'administration des entreprises de Grenoble et membre du laboratoire CERAG de l'université de Grenoble. Ses recherches portent principalement sur le marketing des nouveaux produits et sur les mécanismes de l'achat ou du non-achat de ces produits par les consommateurs. Il est actuellement responsable du master Management de l'innovation de l'Institut d'administration des entreprises de Grenoble.

TRISTAN ROUSSELLE a obtenu un doctorat en biologie cellulaire à l'Institut de biologie structurale de Grenoble. Fin 2000 il co-fonde Protein Expert qui deviendra PX'Therapeutics, dont il est le président-directeur général. En 2004, PX'Therapeutics étend son offre en bioproduction de protéines thérapeutiques pour les essais précliniques et cliniques. Depuis 2007, PX offre en plus une expertise dans le développement des anticorps monoclonaux. L'entreprise a aujourd'hui plus de 50 employés. Tristan Rousselle est également administrateur du pôle de compétitivité mondial « Lyon Biopôle ».

VALÉRIE ROUX-JALLET est docteur-ingénieur en biomatériaux. Après douze années de recherche industrielle sur les biomatériaux dans le contexte international, elle s'oriente vers le marketing de produits innovants. Après un master spécialisé en Management technologie et innovation elle décide de co-fonder la start-up Eveon, axée sur la conception de dispositifs d'injection de médicaments innovants.

Ses travaux de recherche portent sur trois dispositifs médicaux mis sur le marché et ont débouché sur cinq brevets, sept publications et vingt communications internationales.

VALÉRIE SABATIER est docteur en sciences de gestion et chercheur en management stratégique au laboratoire GAEL de l'université de Grenoble. Elle est enseignante à Grenoble École de Management, en charge des programmes de « Doctorate in Business Administration » aux États-Unis et en Suisse. Ses recherches ont trait principalement à la question du cycle de vie des activités industrielles et de la stratégie des entreprises dans le domaine pharmaceutique.

DOMINIQUE SOCQUET est diplômé de Grenoble École Management. Il a occupé plusieurs postes en tant que responsable marketing ou « business development » dans différentes activités basse et moyenne tension de Schneider Electric. Il est actuellement Responsable marketing et innovation dans ces domaines industriels.

FRÉDÉRIC TOUVARD a passé quinze ans dans le groupe Air Liquide, en charge du développement de nouvelles technologies (piles à combustible), et ceci à travers des formes d'organisation innovantes sur des nouveaux marchés. Il a coordonné également pour Air Liquide le programme « pile à combustible » dans le contexte international. Il est aujourd'hui coach et consultant, fondateur et dirigeant du cabinet Centaury spécialisé dans l'innovation.

PÅL YTTERSTAD est conseiller scientifique au sein de la société Telenor Corporate Development (Tromsø, Norvège). Il est titulaire d'un master en Telecommunications de la Norwegian Technical University de Trondheim (Norvège). Ses principaux centres d'intérêt concernent les communications entre machines ou objets ainsi que l'évolution des business models dans l'industrie des télécommunications.

Préface

INNOVER : UN *MUST* POUR UNE CROISSANCE RENTABLE DANS UN ENVIRONNEMENT CONCURRENTIEL GLOBAL

→ *Philippe Delorme*

Executive Vice President, Strategy & Innovation, Schneider Electric

Dans un environnement économique qui se globalise et se complexifie, les entreprises qui recherchent une croissance rentable et durable doivent constamment inventer de nouveaux avantages concurrentiels. C'est l'innovation qui est source de différenciation, et c'est cette différenciation qui construit le succès dans la durée.

L'innovation possède de multiples facettes, souvent sous-estimées, qui ne se limitent pas à l'innovation technologique et à la R&D.

L'innovation technologique peut bien sûr aboutir à des réalisations remarquables, comme les énergies renouvelables qui permettent de produire une électricité plus verte ou les biotechnologies qui amènent de nouveaux traitements médicaux. Elle peut être aussi un vrai moteur de performance, par exemple en abaissant le coût des appareils photos numériques ou en réduisant les coûts de logistique grâce à de nouveaux logiciels d'ERP.

Mais l'innovation, ce sont aussi les gens et comment ils collaborent. Ce sont les clients et comment on construit des relations durables avec eux. Ce sont les sites industriels et comment ils améliorent et partagent leurs processus. Et bien sûr, ce sont aussi les équipes de R&D et leurs méthodes pour inventer des technologies, des produits ou des solutions à la fois innovants et créateurs de valeur.

Tous ces éléments, si essentiels dans la transformation de l'innovation technologique en valeur, doivent être combinés au sein d'un business model.

Le business model, c'est la traduction pragmatique de l'ambition de l'entreprise et de sa stratégie pour l'atteindre. Il permet d'assurer que l'innovation apporte de la valeur à l'entreprise, à ses employés, à ses clients et partenaires, ainsi qu'à toutes ses communautés et à l'environnement.

Cet ouvrage passionnant explore le lien entre l'innovation et les business models dans des situations variées, allant des marchés émergents aux marchés plus mûrs, des technologies embryonnaires aux solutions éprouvées. À chaque fois, les auteurs combinent exemples de la vie des affaires et théories du management, nous offrant ainsi une ouverture sur de nouveaux points de vue.

L'innovation est un sujet fascinant. Il n'existe pas de recette universelle. L'innovation se construit sur l'expérience et l'expérimentation, sur les succès et les échecs. Elle est le fait d'équipes talentueuses et pragmatiques, capables d'appliquer ce qui marche à de nouveaux contextes ou d'utiliser de nouvelles technologies pour répondre à des besoins jusqu'ici insoupçonnés, créant toujours plus de valeur grâce à leur touche personnelle et originale.

Ce livre sera certainement d'une grande utilité pour tous les entrepreneurs et « intrapreneurs » sur le chemin de l'innovation. Bonne et fructueuse lecture !

Introduction

Pourquoi il faut repenser les business models des innovations

→ *Valérie Chanal*

Apple, Google, Amazon : ces géants de l'informatique et de l'Internet sont souvent cités comme les nouvelles figures emblématiques de l'innovation aujourd'hui. On salue leur capacité à associer l'innovation technologique, le design, une marque forte, l'innovation de process, de service, et surtout, un business model innovant. La vision classique d'un processus d'innovation linéaire, qu'il soit tiré par les besoins du marché (*market pull*), ou poussé par les avancées technologiques (*technology push*), cède désormais la place à une vision plus systémique, où c'est tout un écosystème d'affaires qui soutient l'émergence et la diffusion de propositions de valeur originales.

Appliquée à l'innovation, la notion de business model permet de décrire comment une entreprise crée de la valeur avec une innovation, généralement en interaction avec d'autres entreprises, et comment cette valeur va être répartie entre les acteurs qui y ont contribué. Pour les auteurs de cet ouvrage, cette notion est un excellent outil pour rendre compte des problématiques d'innovation dans toutes ses dimensions, qu'elles soient technologiques, marketing, organisationnelles ou économiques.

Dans les années 1980, Teece, concepteur du modèle « *Profiting from innovation* » (PFI), avait introduit la notion d'actifs stratégiques complémentaires pour montrer qu'une technologie ne peut, à elle seule, garantir un niveau satisfaisant de profit, si elle n'est pas accompagnée d'autres actifs stratégiques (une marque, une capacité de production, un réseau de distribution par exemple). En 2006, il revient sur le modèle PFI en y ajoutant l'élément clé que représente le business model dans la valorisation des efforts d'innovation de l'entreprise : « J'en suis venu à reconnaître qu'un bon business model est un élément important pour le processus d'innovation et pour la performance de l'entreprise plus généralement. » (Teece, 2006).

Ainsi, aujourd'hui, la frontière de l'innovation se déplace vers des projets plus exploratoires, plus flous, où la simple optimisation de processus linéaires n'est plus suffisante pour construire une avance concurrentielle durable.

En effet, l'un des enjeux majeurs pour les porteurs d'innovations technologiques est de savoir anticiper le modèle de création de valeur suffisamment tôt, dans un contexte de grande incertitude tant au niveau de la technologie que du marché. Cette question de la valeur se pose avec d'autant plus d'acuité aujourd'hui que l'innovation devient, comme l'a montré Chesbrough (2006), un processus ouvert, aussi bien en amont, avec l'intégration de technologies développées par d'autres, qu'en aval avec la valorisation des technologies en dehors des marchés habituels de l'entreprise.

Certes, comme le souligne Chesbrough (2009), il est des cas où la technologie pourra être valorisée à travers les business models habituels d'une entreprise ou simplement vendue à d'autres sous forme de licences. Mais la plupart du temps, il est nécessaire de réfléchir au business model qui va permettre d'exploiter au mieux tout le potentiel d'une nouvelle technologie ou de la mise au point d'un nouveau service. C'est évidemment le cas pour les start-ups, qui n'ont pas de business model existant sur lequel s'appuyer et qui devront de toute façon en inventer un. Mais ce peut-être aussi le cas d'entreprises établies. La recherche de nouveaux leviers de performance pour des entreprises qui touchent les limites de leur modèle actuel, passe souvent par l'expérimentation de nouvelles façons de faire des affaires, par exemple en passant d'une logique de vente de produits à une logique de vente de solutions.

> « Une technologie médiocre mise en œuvre avec un très bon business model a peut-être plus de valeur qu'une excellente technologie exploitée avec un business model médiocre. » (Chesbrough, 2009)

1. DES ÉTUDES DE CAS DE BUSINESS MODELS « EN TRAIN DE SE FAIRE »

La référence à ces grandes entreprises qui ont su réinventer leur business model a quelque chose de stimulant et en même temps de frustrant. « Je ne suis pas Apple, je ne suis pas Google », peuvent penser les porteurs d'innovations technologiques ordinaires et se demander si, finalement, cette réflexion sur les business models les concerne.

Loin des *success stories* reconstruites *a posteriori*, cet ouvrage cherche justement à montrer que oui, la réflexion sur les business models des innovations s'applique à tout type d'entreprises, qu'elles soient des start-ups ou des entreprises établies.

À partir d'une série d'études de cas réelles d'innovations technologiques récentes, menées pour l'essentiel au sein de l'écosystème industriel et de recherche grenoblois, nous montrerons les enjeux de business models et la façon dont les entreprises les ont traités à l'aide de différents outils conceptuels ou méthodologiques.

Dans l'esprit des auteurs de cet ouvrage, le business model est avant tout une construction mentale, un modèle, donc au plein sens du terme, qui permet de réfléchir à la valeur future d'une innovation, de convaincre les décideurs en interne et les parties prenantes en externe, et de comparer sa stratégie à celle d'autres acteurs de son secteur.

> « Les business models sont des représentations qui permettent aux managers d'articuler et de rendre visible la valeur des nouvelles technologies. » (Perkman and Spicer, 2010)

Ce livre utilise les avancées les plus récentes de nombreux travaux scientifiques sur les business models que le lecteur trouvera en bibliographie. On signalera en particulier : le numéro spécial de *Long Range Planning* en 2009 et celui de la revue *M@n@gement* en 2010 (Lecocq *et al.*, 2010), les travaux de Teece, de Chesbrough, ou encore en France, les ouvrages sur l'entrepreneuriat tel que celui de Thierry Verstraete et Estelle Jouison.

Il s'inspire également d'excellents articles ou manuels sur la façon de concevoir un business model tel celui de Alexander Osterwalder et Yves Pigneur (2009) qui présente de manière très visuelle et pédagogique les « briques » d'un business model et la manière de les articuler de manière créative. Toutefois, comme le souligne Chesbrough (2009), « les outils comme la cartographie sont utiles pour expliquer les business models mais ils ne peuvent par eux-mêmes accompagner l'expérimentation et l'innovation avec ces modèles » (Chesbrough, 2009).

« Business models dans l'innovation » : ce titre désigne l'articulation entre la pensée, la modélisation, mais aussi l'expérimentation sur le terrain. L'ouvrage s'appuie ainsi sur une série de cas d'innovation réels et la façon dont les praticiens, souvent aidés par les chercheurs co-auteurs des chapitres, ont à la fois produit des représentations de leur business model et conduit diverses expérimentations stratégiques.

> « C'est dans les périodes où il devient clair qu'un ancien business model ne fonctionne plus que l'expérimentation de business model devient très importante. Ceci étant, on ne peut savoir ce que le nouveau business model sera *in fine*. Seule l'expérimentation peut aider à l'identifier et à créer les connaissances nécessaires pour le justifier. » (Chesbrough, 2009)

Les cas développés dans cet ouvrage rendent compte de cette logique d'expérimentation de nouveaux business models. Généralement, les entreprises procèdent par expérimentations successives, ce qui est caractéristique d'une démarche d'exploration. Les cadres d'analyse du business model et les outils apportés par les chercheurs permettent de canaliser cette exploration de manière structurée et de rentrer dans une logique mutuelle d'apprentissage.

2. Une démarche globale, des problématiques d'entreprise spécifiques

Concevoir un business model est une étape clé pour les start-ups technologiques qui auront à convaincre différentes parties prenantes que leur technologie pourra être valorisée à travers un business model profitable. Dans **le chapitre 1**, une étude inédite sur le cas de l'incubateur GR.A.IN (incubateur d'État de la région de Grenoble, pour les start-ups issues de la recherche) montre que les porteurs de projet d'innovation technologique sont souvent peu outillés pour réfléchir à cette question avec tous les aspects stratégiques qu'elle comporte. Au mieux se contentent-ils le plus souvent d'imaginer des marchés cibles pour les technologies développées, mais en faisant l'impasse sur de nombreux autres aspects comme les ressources et compétences à développer, les partenariats à nouer, ou la recherche d'une position avantageuse au sein d'une filière économique. Il convient donc de réfléchir à la façon dont on peut aider ces entreprises, tout en respectant leur approche pragmatique par tâtonnement telle que nous avons pu l'observer sur d'autres start-ups.

L'ensemble des cas présentés dans cet ouvrage illustre en effet comment les entreprises abordent la question du business model au cours de projets d'exploration. On parle d'exploration quand on cherche à produire un ensemble de connaissances sur un sujet mal délimité tels qu'une nouvelle architecture, une idée originale, la mise en œuvre d'une nouvelle vision stratégique ou un concept d'offre encore mal défini. Dans ces situations d'exploration, l'entreprise va chercher à définir un ou plusieurs business models possibles, c'est-à-dire modéliser comment elle va créer de la valeur avec l'innovation et comment cette valeur va être partagée entre les acteurs qui y ont contribué. De nombreuses façons de décrire un business model ont été proposées, notamment celle de Osterwalder et Pigneur (2009), le « *business model canvas* », articulé en 9 briques. Tout en reprenant pour la plupart ce découpage, les chapitres s'articulent en fait autour des trois grandes problématiques suivantes : l'identification des sources de valeur et des modèles de revenus (le volet de la création de valeur), la position de l'entreprise dans le réseau de valeur ou dans l'écosystème (le volet du partage de la valeur) et enfin la question de l'évolution des business models dans le temps et de leur anticipation.

A. L'identification des sources de valeur

Trois chapitres traitent particulièrement de cette question. **Le chapitre 2**, sur le cas Axane-Air Liquide, décrit une situation typique d'exploration d'un nouveau champ à partir d'une technologie générique. Il s'agit de trouver des débouchés innovants à la technologie de la pile à combustible et d'identifier les effets utiles d'une technologie dans un domaine jusqu'ici peu exploré, en l'occurrence les plateaux de tournage de cinéma.

L'exploration de domaines d'application pour une technologie innovante suppose d'identifier des segments cibles et de les choisir. Le cas Microoled présenté dans **le chapitre** 3 montre la trajectoire d'une entreprise cherchant à valoriser une technologie d'écrans Oled. L'entreprise ne pouvant adresser toutes les applications et tous les secteurs, elle a mis en œuvre une démarche pragmatique pour choisir des marchés cibles, tant au plan géographique (ici le Japon) qu'au niveau des usages potentiels (les lunettes intelligentes dans le domaine du sport). Identifier des segments cibles et des critères de valeur pour les clients permet de décrire ce que l'innovation apporte comme valeur pour les segments de clientèle visés, autrement dit de formuler des propositions de valeur aux clients. La formulation de la proposition de valeur suppose de passer d'une définition de concept, plus ou moins aboutie, à l'identification

de domaines d'application puis de segments cibles et enfin d'un jeu de critères de valeur différenciateurs.
Dans certains cas, celui qui utilise le service n'est pas celui qui finance. C'est particulièrement le cas dans le domaine des services sur le web où les utilisateurs sont habitués à la gratuité. Le cas Sportganizer, décrit dans le **chapitre 4** montre comment une plateforme web destinée aux associations sportives trouve un modèle de financement original via le parrainage en formulant une proposition de valeur nouvelle pour l'autre face du marché constituée par les équipementiers sportifs.

B. La position de l'entreprise dans le réseau de valeur

L'identification des critères de valeur pour des marchés cibles permet d'avancer sur le volet de la création de valeur. Ainsi, les connaissances recueillies permettent de faire l'hypothèse qu'il existe des clients pour lesquels l'innovation a une valeur.
Partant de là, il s'agit de modéliser quelle pourrait être la chaîne de valeur pour délivrer cette proposition. Chez Porter (1986), la chaîne de valeur décrit les différentes activités permettant à une organisation de délivrer de la valeur à ses clients. La création de valeur étant généralement assurée par différentes organisations, nous adopterons une vision étendue de la chaîne de valeur en distinguant les activités qui peuvent être prises en charge par l'entreprise et celles qui seront assurées par d'autres entreprises. C'est l'amorçage d'une réflexion sur les alliances et les partenariats, en particulier sur les situations de co-innovation.
Le chapitre 5 aborde le cas d'une start-up dans le domaine pharmaceutique, Eveon, et montre comment cette entreprise a réussi à trouver une position originale dans le secteur très concurrentiel de la pharmacie. Ce n'est pas la valeur intrinsèque de la technologie qui est importante ici, mais plutôt la façon dont l'entreprise va capturer de la valeur avec cette technologie, en proposant une prestation globale de conception et de distribution.
Par rapport à la représentation linéaire de chaîne de valeur, la notion de réseau de valeur, empruntée au modèle de la coopétition de Brandeburger et Nalebuff (1996), apporte d'autres dimensions en intégrant la concurrence (directe ou indirecte) et les fournisseurs de produits ou services complémentaires. Le réseau de valeur permet

ainsi d'identifier des sources de concurrence pour la capture de la valeur, qu'elles soient directes ou indirectes.
On peut réfléchir alors à la logique de génération de revenus et de partage de la valeur dans le réseau : qui va payer quoi et comment (paiement au forfait, à l'usage, par le client, par un tiers, etc.). Ceci permet de commencer à effectuer des simulations économiques en fonction d'hypothèses sur le marché et les acteurs en présence. C'est ce qui est décrit dans le cas Schneider Electric du **chapitre 6.** L'entreprise a développé un dispositif permettant d'améliorer l'efficacité énergétique des appareils de climatisation pour les bâtiments tertiaires. Le cas illustre le fait que si l'entreprise avait mis en œuvre un business model classique, elle n'aurait pu capturer qu'une très faible part de la valeur finale de l'innovation. Ici l'innovation de business model est orientée vers l'amélioration de la capture de valeur.

C. L'évolution des business models et leur anticipation

Nous l'avons vu, la plupart des cas étudiés rendent compte d'une approche pragmatique : les entreprises expérimentent un premier business model, quitte à évoluer par la suite pour capturer plus de valeur. À l'image du cas Eveon (chapitre 5), le cas Predictys (**chapitre** 7) montre comment une petite entreprise parvient à tirer son épingle du jeu dans le secteur très concurrentiel de la e-publicité, en commençant par un business model classique d'intermédiaire de l'information, pour aller peu à peu vers une prestation globale d'agence sur le web, en construisant des compétences distinctives.
Ce n'est pas le choix stratégique qu'a fait PX'Therapeutics, start-up dans le domaine des biotechnologies (**chapitre 8**). Plutôt que de passer, de manière séquentielle, d'un business model à l'autre, elle a choisi de constituer un portefeuille de business models afin d'équilibrer ses activités et de répartir les risques. Il est intéressant de constater ici que la logique de portefeuille n'est pas l'apanage des grandes entreprises et peut être mise en œuvre avec succès par une petite entreprise. Finalement, **le chapitre 9** se place dans un cas encore plus exploratoire, celui d'un consortium de R&D européen qui développe des technologies pour l'Internet du futur. Il s'agit ici de voir comment on peut aider chaque participant industriel du consortium à anticiper les business models du futur, à partir

de scénarios, et de modéliser les écosystèmes propres à chacun des scénarios de déploiement de la technologie.

La notion d'écosystème est plus large que celle de réseau de valeur et permet de penser la position de l'entreprise innovante dans une dynamique. S'inspirant de la métaphore de l'écosystème en biologie, Iansiti et Levien (2004) considèrent qu'une innovation a besoin d'un écosystème favorable pour se déployer. L'écosystème représente l'ensemble des parties prenantes avec lesquelles une entreprise est en relation. Il comprend notamment des acteurs tels que des leaders d'opinion, des prescripteurs, ou encore des organismes de normalisation qui peuvent avoir un impact sur le devenir de l'innovation. Cette notion s'applique parfaitement à des technologies d'anticipation comme celle décrite dans ce chapitre.

Enfin, le **chapitre 10** revient sur l'ensemble des contributions en se posant la question de la valeur. En effet, cette notion est paradoxalement à la fois centrale dans la réflexion sur les business models et la moins bien définie dans la littérature. On parle de création de valeur, de proposition de valeur, de partage de la valeur, de capture de valeur, sans toujours bien définir ce qu'on entend par valeur. Ce chapitre confrontera la vision d'un économiste et d'un spécialiste de marketing pour déconstruire et reconstruire la notion de valeur.

Le lecteur aura compris que chaque situation d'innovation génère des questionnements spécifiques sur le business model. Pour autant, il nous semble que nous pouvons repérer des questions clés qui se posent plus ou moins sur chacun de ces projets. Le schéma ci-dessous récapitule les grandes questions abordées au fil des différents chapitres de cet ouvrage.

Le point de départ de l'exploration peut être une brique technologique à valoriser ou une idée d'un concept de produit ou de service ou encore l'expression d'une nouvelle vision stratégique. L'exploration consiste alors à identifier des domaines d'application et, de manière plus fine, des segments cibles. La comparaison de la solution innovante proposée avec des solutions concurrentes dans le contexte d'usage des clients ciblés permet d'imaginer des critères de valeur, qui sont les éléments que le client est susceptible de valoriser. On peut alors formaliser une ou plusieurs propositions de valeur à ce stade. Partant de là, l'entreprise peut faire des hypothèses sur le modèle de revenus et sur l'organisation de la chaîne de valeur pour délivrer cette proposition de valeur. L'étape suivante consiste à repérer les

acteurs clés d'un écosystème favorable à l'innovation et à modéliser la répartition de la valeur dans le réseau pour la phase future d'exploitation de l'innovation. Toute cette démarche se déroule bien sûr en dynamique, avec de nombreuses itérations. L'élaboration de scénarios ou d'expérimentations réelles vient ainsi nourrir la réflexion stratégique sur l'évolution future des business models ainsi conçus et les arbitrages à opérer, sans jamais figer les modèles.
C'est l'ensemble de cette dynamique que les chapitres de ce livre viennent illustrer (figure 1).

Figure 1. Le business model : un mode de raisonnement pour créer de la valeur à partir d'une innovation technologique

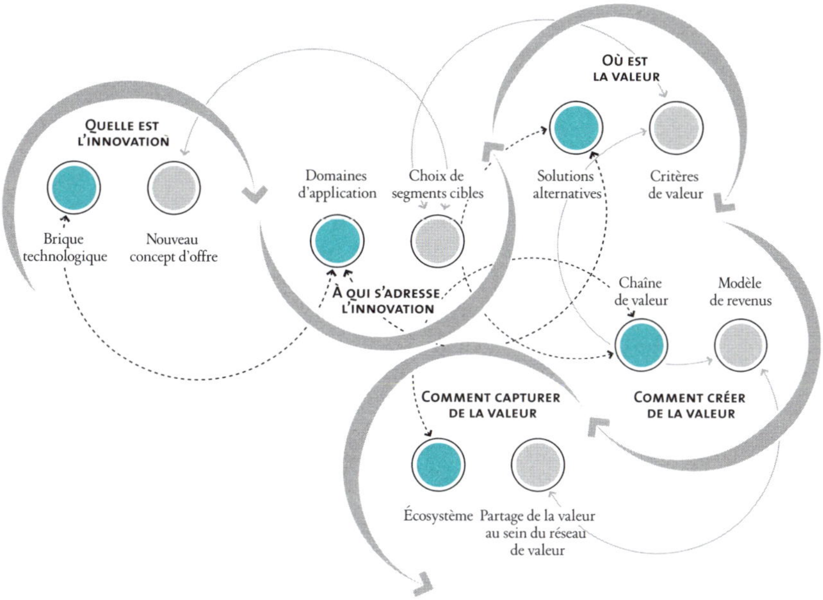

Chapitre 1

Penser le business model dès l'entrée en incubation

Les porteurs de projets d'innovation ont-ils le réflexe business model ? L'expérience de l'incubateur GR.A.IN

→ *Bérangère Deschamps, Jean-Paul Laurencin*

Résumé Ce chapitre s'interroge sur le niveau de réflexion autour des business models dans les dossiers de candidature à l'entrée dans GR.A.IN (GRenoble Alpes Innovation), l'incubateur grenoblois. Comment amener les porteurs de projet vers cette réflexion dès la construction du projet et pendant la période d'incubation ? Ces interrogations en amont sur le business model présentent des enjeux à la fois pour le porteur de projet et pour l'incubateur. Le business model permet en effet de donner du sens au projet et d'envisager plusieurs options stratégiques pour valoriser la technologie. Comme il n'est pas figé dans le temps, il prend en compte les évolutions de la stratégie des porteurs de projet. De plus, le business model rassemble les éléments préparatoires à la rédaction du business plan.

Introduction

«*Pain is inevitable, suffer is optional*». Cette phrase extraite d'un essai sur la course à pied (Murakami, 2009) n'est-elle pas le reflet de la réalité d'un porteur de projet d'entreprise en situation de démarrage ? En effet, bien qu'entouré de multiples parties prenantes, il est seul à prendre les décisions. De nombreux outils existent pour l'y aider. Certains, comme le business plan sont obligatoires pour toute discussion sur le projet avec les investisseurs financiers potentiels. Pour rédiger le business plan, le porteur de projet doit étudier de manière approfondie différents paramètres montrant, à travers des projections financières, la viabilité de l'idée. Pour autant, le porteur de projet a-t-il tous les éléments pour rédiger ce document quand il en est à la phase de l'idée ?

Dans ce chapitre, nous nous intéressons aux phases amont de la création d'entreprise, lorsque celles-ci sont issues de la recherche technologique publique. En France, les chercheurs qui souhaitent valoriser une invention dans un projet de création d'entreprise peuvent être aidés par des incubateurs (Encadré 1). Ces structures d'accompagnement de la création d'entreprises technologiques ont pour rôle de les conseiller dans la démarche de création, d'aider à la consolidation du projet et de faciliter le financement du projet dans sa phase de maturation.

Pour bénéficier des services d'un incubateur, les porteurs de projet doivent faire acte de candidature et décrire leur projet dans un document type qui comporte des rubriques telles que la description de l'idée, du marché ciblé, le positionnement concurrentiel, les prévisions de revenus. Ce sont en fait les rubriques habituelles qui permettent de rédiger un business plan. Seuls les dossiers perçus comme ayant le meilleur potentiel seront sélectionnés dans l'incubateur.

Nous défendons ici l'idée que souvent, le projet n'est pas suffisamment mature pour que le porteur de projet puisse répondre de manière précise à ces questionnements. À ce stade, nous pensons qu'une réflexion, même sommaire, sur le business model, permettrait d'affiner le projet, la proposition de valeur de l'offre issue de l'invention ainsi que les partenariats à envisager. Ainsi, comme le suggèrent Verstraete et Jouison Lafitte (2009, p. 46) : « Le business model prend place au milieu du processus [entrepreneurial], car il est difficile de le concevoir sans avoir approché le marché, lequel ne se limite pas au potentiel de clients, mais inclut tout le système de l'offre. »

Dès lors, comment amener les porteurs de projet vers cette réflexion dès leur candidature à une structure d'incubation ? En d'autres termes, et pour reprendre Murakami (2009), une réflexion sur le business model représente-t-elle une manière d'éviter la souffrance pour le porteur issu de la recherche publique dans l'élaboration de son projet ?

Notre réflexion s'articule en deux temps. Pour commencer, à partir de l'analyse de soixante dossiers de candidature à l'entrée de l'incubateur grenoblois GR.A.IN entre 2002 et 2006, nous montrons comment les porteurs de projet abordent, de manière souvent implicite, les questions qui relèvent du business model.

Nous formulons ensuite quelques propositions sur l'utilisation du business model pour structurer la réflexion stratégique des porteurs de projets de création d'entreprise, dès la phase d'incubation.

ENCADRÉ 1

CONTEXTE – RÔLE DE L'INCUBATEUR

La loi du 12/7/1999, dite loi sur l'innovation et la recherche, est à l'origine de la création des incubateurs (on en compte une trentaine en France). Cette loi donne de nouvelles possibilités de coopération entre les personnels et équipes de recherche des organismes publics et les entreprises. Notre réflexion porte sur l'élaboration des dossiers de candidature à l'entrée de GR.A.IN, l'incubateur grenoblois.

GR.A.IN, L'INCUBATEUR GRENOBLOIS

GR.A.IN est une structure de détection et d'accueil de projets de création d'entreprises à caractère innovant. Ces projets sont soit issus de la recherche publique (c'est-à-dire que la technologie développée dans le projet est issue d'un laboratoire public), soit liés à celle-ci (c'est-à-dire que le projet d'un porteur indépendant nécessite une technologie provenant de la recherche publique, cette mise en relation étant réalisée par GR.A.IN). L'incubateur favorise l'implantation de nouvelles entreprises à fort potentiel dans le tissu industriel régional et a un rôle dans le transfert de technologies de laboratoires publics vers de nouvelles sociétés : celles-ci convertissent ces technologies en avantage concurrentiel.

L'incubateur grenoblois est une structure associative réunissant les universités alpines et les organismes de recherche publics présents sur le site grenoblois (CNRS, CEA, INRIA). De 2001 à mi-2009 cet incubateur a accueilli 131 projets donnant lieu à la même date à 73 créations d'entreprises, le nombre de projets accueillis chaque année après la période de démarrage étant entre 17 et 20.

AVANTAGES DE L'INCUBATION

D'une durée maximale de 18 mois, cette phase permet aux porteurs de projets de faire évoluer leur projet jusqu'à sa maturité et ainsi de rentrer dans le rôle de futur chef d'entreprise. GR.A.IN accompagne l'équipe projet à faire les choix stratégiques les mieux adaptés à leur future entreprise : déterminer le contexte de la start-up (lien produit / marché notamment) ; constituer la start-up (autour de l'équipe et la stratégie de développement) ; négocier avec les futurs partenaires de la start-up (laboratoire et établissements recherche, conseillers juridiques, fiscaux et comptables, banquiers et capitaux investisseurs et clients pour les prototypes).

Source : www.grain-incubation.com

1. QUELLE EST LA PLACE DU BUSINESS MODEL DANS LA DÉFINITION D'UN PROJET DE CRÉATION POUR UN DOSSIER DE SÉLECTION ?

L'étude des dossiers de candidature à l'incubation met au jour que les éléments constitutifs du business model sont intégrés dans la grille de présentation des projets, mais de manière implicite.

Encadré 2
Matériau support à la réflexion de ce chapitre

Soixante dossiers de candidature à l'entrée de l'incubateur ont été étudiés. Ils relèvent des quatre grands secteurs d'activité que distingue l'incubateur (sciences de la vie, sciences humaines et sociales – SHS, sciences de l'ingénieur et NTIC). Notre échantillon est constitué de 10 % de projets issus des SHS, les autres catégories représentant chacune 30 % du total des dossiers. Notre méthode d'examen relève de l'analyse textuelle en compréhension, qui élargit la recherche du sens d'une réponse, en tenant compte de l'ensemble des réponses aux diverses questions. Le porteur de projet est soit un chercheur titulaire (pour 1/5 des cas), soit un post-doctorant (1/3 des dossiers), soit, et c'est le cas le plus fréquent, une personne extérieure dotée d'une expérience professionnelle, qui s'associe à un laboratoire.

A. Grille de candidature à l'entrée de GR.A.IN

Figure 1. Processus d'incubation

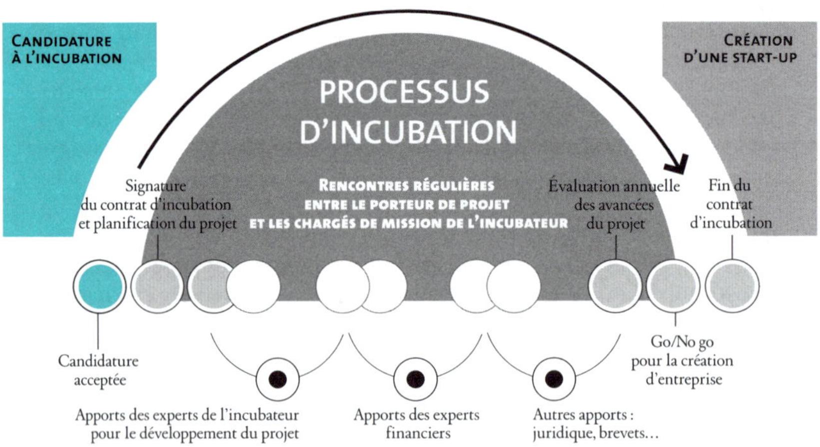

1) Critères d'entrée à l'incubation

Chaque dossier est confronté aux critères d'entrée dans l'incubateur et doit donc y répondre au mieux.

Chaque projet sélectionné doit :
- intégrer une technologie validée d'un laboratoire public,
- proposer des produits ou services innovants,
- démontrer sa viabilité économique,
- être ambitieux dans la définition de son développement.

2) Contenu du dossier de candidature

Le canevas de présentation imposé aux dossiers de candidature est une première grille de communication qui préfigure le projet et ses principales modalités à l'intention du Comité d'engagement de l'incubateur, qui juge de la qualité et de la pertinence des projets. On peut deviner dans ce canevas la trame d'une réflexion autour du business model et apprécier ainsi les réponses faites par le candidat à l'incubation (voir encadré 3).

3) Place du business model dans cette grille

Le porteur du projet est ainsi conduit à aborder la notion de business model. Cependant, celle-ci n'est pas explicitée de manière claire. Notamment, le point 4 qui traite des aspects marché, oblige à réfléchir à la valeur proposée aux clients et à la différencier de celle proposée par les concurrents. Dans certains cas, lorsque les marchés n'existent pas encore, tant la technologie est nouvelle et le besoin est à créer, cette grille est inapplicable.

ENCADRÉ 3
COMPOSITION DU DOSSIER DE CANDIDATURE À L'ENTRÉE DE L'INCUBATEUR

1. Informations générales : nom du projet (de la future entreprise), nom de la structure d'appartenance du (des) porteur, nom et coordonnées du laboratoire associé, le partenariat entre l'entreprise et un laboratoire de recherche publique étant une condition pour entrer dans l'incubateur.

2. Résumé du projet (20 lignes).

3. Description du projet avec les mentions relatives à son origine, au produit ou service ou procédé envisagé, état actuel du prototype, jugement sur son aspect innovant, état de la propriété industrielle et de la liberté d'exploitation, apport technique du laboratoire partenaire au démarrage du projet.

4. Marchés potentiels avec les mentions relatives à la clientèle visée, à la concurrence, au positionnement par rapport à la concurrence, aux avantages concurrentiels du projet, aux validations déjà obtenues (ou constatées).

5. Projet d'incubation technique : nature et calendrier des travaux techniques à réaliser en incubation, moyens techniques et humains mobilisés dans le laboratoire partenaire, montant du financement à prévoir pour avoir un prototype, connaissance des modalités de valorisation des technologies transférées.

.../...

6. Projet d'incubation économique : nature et calendrier des travaux et études tertiaires à réaliser, formations souhaitées par le ou les porteurs, natures et montants des financements demandés à l'incubateur, natures et montants des financements demandés à d'autres organismes, dimensions projetées de l'entreprise à trois ans, connaissance des modalités de l'aide de l'incubateur.

7. Équipe du projet : CV et motivations des personnes concernées, position envisagée des porteurs dans la structure hiérarchique et capitalistique, co-porteurs envisagés.

8. Éléments externes disponibles : études (de marché...), expertises déjà réalisées, avis d'organismes, parrainage, motivations pour rentrer dans l'incubateur.

B. Une présence en filigrane du business model dans les dossiers de candidature

1) Qu'expriment implicitement les dossiers présentés à l'entrée en incubation ?

a) La création de valeur est supposée découler de l'innovation technologique

Le niveau technologique et la singularité de l'offre sont valorisés dans le dossier de candidature. Ces caractéristiques sont à la base du projet et, par conséquent, mises en avant dans une démarche « *technology push* ». Ce que le porteur de projet met en avant est la performance du développement technique, qu'il juge garante des avantages attendus dans les applications de cette technologie (par exemple, un projet basé sur une nouvelle molécule dans le domaine des biotechnologies ou un développement logiciel dans des systèmes de contrôle-commande correspondant à des avancées scientifiques du laboratoire). La question de la valeur de l'offre est ainsi posée de manière indirecte car c'est la valorisation latente des travaux des laboratoires publics qui vient présumer de la valeur économique du nouveau produit, service ou procédé. Cette présomption repose en partie sur l'intérêt préalablement manifesté par des industriels, partenaires du laboratoire. Pour la plupart des candidats à l'incubateur, la proposition de valeur dérive donc de l'avancée de la recherche. Dans ce registre, les candidats s'expriment selon trois modalités : la valeur provient de l'application d'une avancée technologique, la valeur provient de l'usage des utilisateurs, ou la valeur provient du potentiel de croissance (et donc d'emplois) lié à cette technologie.

b) La création de valeur est supposée découler du positionnement sur une niche de marché

Dans la plupart des cas, le porteur de projet anticipe une demande réactive et intéressée par le développement technologique à la base du projet. Un segment de marché, le plus souvent de type « niche », est considéré, de manière optimiste, comme une cible assurée. La concurrence est, en effet, davantage analysée sous l'angle de la performance technique à travers le dépôt de brevets, que sous l'angle de la compétitivité prix, des conditions d'accès au marché ou d'atouts complémentaires (distribution, marque). Il en résulte une mésestimation du revenu et du profit qu'elle pourra en retirer du fait de l'impasse faite sur les conditions de l'action commerciale. La nature généralement *business to business* de la plupart des projets s'accorde avec cette représentation de l'accès au marché et de la concurrence. Dans ce registre, les candidats raisonnent de manière différente : certains ne traitent pas de l'avantage concurrentiel, car leur idée est garantie par l'activité du laboratoire et s'inscrit dans une continuité ; d'autres ramènent l'avantage concurrentiel à l'avantage technologique ; enfin, certains raisonnent stratégiquement en se différenciant, grâce à la technologie. Le profil des candidats étant majoritairement technique, il est compréhensible que la stratégie commerciale soit peu anticipée, notamment à ce stade de leur projet.

c) Le projet est figé dans un environnement stable

Les candidats considèrent que le projet d'entreprise se situe dans un environnement favorable dans lequel l'entreprise aura une viabilité assurée. Le porteur de projet compte sur le partenariat de son laboratoire pour se développer, obtenir sa part de marché mais n'anticipe guère la place qui sera la sienne dans la chaîne de valeur de son produit (ou service...). Rares sont les réflexions stratégiques menées de manière à étudier les conduites adverses ou, au contraire, de coopération avec des acteurs industriels ou institutionnels notamment. Or, elles constituent autant de menaces ou d'opportunités décisives sur le développement du projet, c'est-à-dire sur sa capacité à créer de la valeur, ou à en capturer.

2) Une vision linéaire des porteurs de projet

Ces trois observations caractérisent la communication-type des candidats à l'incubateur dans le cadre imposé du canevas de présentation des projets. La vision du porteur de projet, à ce stade, est idéaliste. Il part du principe que sa technologie va, de manière certaine, intéresser un marché, sans rattrapage facile par un éventuel concurrent, et dégager une valeur suffisante pour assurer la croissance de l'entreprise. Cette façon de voir installe l'illusion qu'il est possible d'intégrer différentes étapes de la chaîne de valeur et d'agir, sans subir de contraintes qui s'imposeront peut-être ultérieurement. Le projet est sans doute trop peu élaboré (en dehors de son développement technique) pour que le porteur de projet soit à même de répondre de manière éclairée à ces questions.

3) Une vision incomplète

Cependant, au-delà de ces réflexions de positionnement et de stratégie, nous constatons que le business model n'est pas traité en tant que tel. Il n'est pas expliqué, ni même cité. C'est dans ces aspects que résident les axes de progrès en matière de préparation d'un projet d'entreprise, *a fortiori* pour les entreprises technologiques naissantes. Ces projets d'entreprises, en effet, ne sont pas des entreprises classiques dans le sens où, généralement, elles intéressent les investisseurs avant même de générer un chiffre d'affaires. Par conséquent, l'élaboration de leur business plan et donc de leur business model n'est pas classique. Le niveau de réflexion des porteurs dans les dossiers de candidature ne constitue pas une véritable analyse sur le business model ; de fait, ils risquent de passer à côté de pistes intéressantes de valorisation ou d'identification de risques. Une réflexion stratégique en terme de business model doit être appréhendée comme une démarche avant tout heuristique (Chanal, 2009) de consolidation du projet, tout en étant aussi un outil de négociation, de communication et de conviction (Sabonnadière et Blanco, 2005).

2. Pourquoi élaborer son projet de création, puis d'entreprise, à partir du business model ?

Nous attribuons deux rôles au business model : il représente d'une part un outil de cohérence interne du projet, et d'autre part un support d'animation pour les structures d'accompagnement des porteurs de projets technologiques.

A. Du côté du porteur de projet : le business model vu comme outil de réflexion stratégique

Lors de l'élaboration du projet, le porteur doit répondre à un certain nombre de questionnements : définir son concept, repérer son marché, identifier ses concurrents, structurer ce qui deviendra une entreprise avec une équipe, réfléchir à une consolidation juridique et financière, nouer des partenariats commerciaux, etc. Au stade de l'idée, le chercheur ne peut que supposer des éléments de réponse en se fiant à ses intuitions et ses connaissances. L'ensemble de ces réflexions se consigne dans le business plan, un document que les futures parties prenantes consultent. Là où le business plan recense les résultats des investigations du porteur de projet, le business model peut davantage être vu comme un guide de réflexions à mener, et surtout comme une mise en cohérence des différents éléments du projet (aspects technologiques, marché, concurrence, partenariats, financiers). Ce sont les résultats de cette réflexion qui seront au final explicités dans le business plan. Pour Verstraete et Jouison-Lafitte (2009), le business model est une étape dans le processus entrepreneurial, lequel s'achève avec le business plan. Cependant, nous arguons l'idée que, plus qu'une étape, le business model représente le point central à toute décision de création d'entreprise. En effet, à partir du moment où la question business model vient à se poser, le plus souvent en lien avec la communication sur le projet et plus tard dans la recherche de financements extérieurs, elle est posée d'une manière définitive comme un défi majeur et c'est autour d'elle, par sa récurrence, que les autres questions viennent progressivement s'agréger. Autrement dit, la réflexion sur l'élaboration du projet tourne autour du business model.

Plus précisément, nous considérons que le business model présente trois avantages à ce stade de la réflexion : il met en cohérence différents aspects du projet et crée du sens, il permet d'envisager plusieurs scénarios de valorisation de la technologie, enfin, il évolue dans la durée.

1) Le business model permet de raconter une histoire et donc de faire sens pour les parties prenantes

Magretta (2002) définit un business model comme une histoire qui explique comment l'entreprise fonctionne. Au stade d'élaboration du projet, le porteur peut imaginer l'histoire qui transformera son projet en entreprise.

Écrire cette histoire suppose de repérer les éléments qui permettent de générer de la valeur, de rémunérer la valeur et de partager cette valeur (Verstraete et Jouison-Lafitte, 2009).

Ces trois principes se déclinent pour ces auteurs sous forme de questions :

(1) Qui propose l'offre (profil du porteur de projet) ? Quelle est la promesse du concept ? Quelle est la valeur pour le client ? Comment cette valeur va-t-elle être fabriquée ?

(2) Quelle est la source des revenus ? Comment estimer le volume des revenus ? Quels sont les profits potentiels ?

(3) Quel est le réseau de valeur (parties prenantes et nature des échanges) et conviction pour échanger ?

Certes, l'ensemble de ces éléments figure dans toutes les « check lists » à la disposition des candidats à la création d'entreprise ; mais c'est ici la logique du raisonnement et la manière d'agencer les briques de réflexion du projet qui sont intéressantes et qui sont propres au business model.

2) Le business model envisage plusieurs options stratégiques pour valoriser la technologie

Pour concevoir le business model d'une innovation, Chanal (2009) insiste, en plus des éléments décrits, sur les ressources et les processus clés pour développer la proposition de valeur. En d'autres termes, par quels moyens le créateur d'entreprise va-t-il pouvoir proposer ce qu'il espère vendre ? Le business model amène le porteur à concevoir mieux et plus vite la spécialisation de l'entreprise et sa place dans son réseau de valeur et son écosystème. Faute d'une réflexion sur le business model, de nombreux échecs s'observent dans les premiers mois des créations des entreprises, en raison d'une surestimation initiale de l'offre, au détriment du choix plus ciblé d'un cœur de métier et d'une composante de cette offre.

3) Le business model bouge, il mûrit dans la durée

Il est essentiel de considérer que la question du business model n'est pas figée dans le temps. Cette réflexion s'inscrit dans la durée de construction et de consolidation du projet, avec ses retours en arrière et ses questionnements ; elle s'inscrit également dans le développement des processus et dans une dynamique d'évolution propre à chacun d'entre eux, dynamique qui amène à reformuler la question et les réponses. Or, bien qu'elle soit le plus souvent en filigrane au début de l'incubation, la notion de business model se trouve au centre de ces modalités et des péripéties qui jalonnent l'histoire de chaque projet, jusque pendant les premières années de la jeune entreprise créée.

B. Du côté de l'incubateur : le business model vu comme un outil d'accompagnement des start-ups

La littérature est foisonnante sur les difficultés éprouvées par l'entrepreneur en phase de démarrage et sur les bienfaits de l'accompagnement. Même si, au stade de la sélection, les candidats ne sont pas prêts à démarrer l'entreprise, un des objectifs de l'incubateur consiste néanmoins à ce que le projet incubé se transforme en entreprise. Aussi, comme l'objet de l'incubation est de consolider le projet d'entreprise, pourquoi ne pas tourner l'accompagnement par l'incubateur autour d'un support vecteur de réflexion : le business model.

1) Le business model articule des réflexions, vues de manière séparée, et les intègre

Actuellement, lors de la période d'incubation, les chargés d'affaires de l'incubateur aident le porteur de projet à définir/approfondir les cinq points suivants :
- les fonctions et applications de la technologie qui est développée,
- les marchés potentiels et les segments de marché ciblés,
- les partenaires industriels potentiels,
- le positionnement dans l'environnement concurrentiel,
- la structure juridique la plus adaptée.

Pour cela, des entretiens réguliers avec les chargés d'affaires ont lieu, de même que des formations sur des thématiques récurrentes utiles au porteur de projet dans son évolution vers la création d'entreprise.

Le business model pourrait servir de guide à une réflexion sur la valeur captée, échangée et proposée. La consolidation du projet et l'affirmation du porteur dans son rôle de futur dirigeant pourraient par exemple s'appuyer sur cette manière de raisonner.

2) Le business model permet de réfléchir en amont à la construction de la valeur

L'accompagnement de l'incubateur doit amener le candidat entrepreneur à se poser des questions, en contexte d'incertitude et ce, dès la réflexion amont sur le projet. L'axe central est la « valeur ». Une réflexion sur la construction de la valeur en contexte d'incertitude s'impose très tôt. Le suivi des projets par l'incubateur permet particulièrement d'observer que la définition du business model n'est pas figée, mais est amenée à évoluer en fonction de la maturation du projet et de son porteur. La période d'incubation, au contraire de la pensée de Karlsson et Honig (2009), est justement propice à commettre des essais-erreurs concernant ce business model (Teece, 2009). Le business model pourrait permettre au porteur de projet d'envisager les différents scénarios stratégiques et de les étudier un à un.

3) Le business model prépare la réalisation du business plan

Le chargé d'affaires de l'incubateur peut guider le porteur de projet à partir de sa réflexion basée sur le business model. Celui-ci constitue un vecteur de cohérence dans les projections du business plan en soumettant à une discussion systématique les hypothèses afférentes à chacune des briques du business model (telles que distinguées dans le chapitre introductif de l'ouvrage). Par exemple, une vision stratégique ayant pour objectif une part de marché, suppose de vérifier la compatibilité avec les compétences commerciales, les outils de commercialisation, l'analyse des partenaires, les ressources financières sous-tendant l'ambition. En définitive, le business model assure la cohérence et la pertinence des briques qui composent le business plan, prises isolément.

> « Le porteur de projet doit trouver une idée d'affaires qu'il met au point et, si possible, qu'il protège. Il évalue la capacité de cette idée à rencontrer un marché et, ainsi, devenir une opportunité. Il élabore son modèle d'affaires, puis sa vision stratégique qu'il formalise, dans un plan d'affaires » (Verstraete et Jouison-Lafitte, p 46).

C. L'élaboration du business model : Qui, Quand, Comment ?

1) Qui ?

Parmi les compétences variées qui constituent l'équipe de conduite du projet, certaines doivent prendre en charge les questions relatives au business plan et donc, en amont, au business model. Il est fréquent de voir un porteur de projet, au profil technique, s'associer à un gestionnaire. Ce questionnement renvoie à ce que Sarasvathy (2008) nomme l'effectuation. Elle suggère au porteur de projet de bien se connaître et d'avoir les réponses aux questions liées à la perception du risque, à la confiance en soi et aux coûts d'opportunité. Ces facteurs, déterminants, représentent la clé de toute action entrepreneuriale, voire d'association avec des compétences manquantes.

2) Quand ?

En considérant le business model comme un guide pour le porteur de projet, nous devons nous poser la question du moment de sa pertinence : à quelle phase d'élaboration du projet de création d'entreprise, ou plus simplement à quelle étape de maturation du projet, le business model s'avère-t-il pertinent et surtout utile au candidat entrepreneur ? Est-il en capacité de trouver les réponses à chacun des paramètres lors de sa candidature à l'entrée de l'incubateur ? Il s'avère que les projets issus de structures ayant déjà essaimé des entreprises comportent davantage d'éléments relatifs au business model que les autres. Sans doute que les porteurs, bénéficiant d'un effet d'expérience de la structure initiale, sont-ils plus sensibilisés que d'autres à cette question. À défaut de figurer dans le descriptif du projet dès l'entrée en incubation, il est essentiel qu'il émerge au plus vite dans la période d'incubation. L'accompagnement dont il bénéficie dans la phase d'incubation devrait lui permettre de répondre à ces interrogations. À l'issue des 18 mois d'incubation, les porteurs de projets doivent être familiarisés avec la notion de business model, *a fortiori* dans une optique de levée de fonds. Comme le business model est au cœur de l'élaboration de la stratégie, l'incubation est un moment privilégié pour cela. Il est fondamental, en contexte d'incertitude, d'anticiper le modèle de création de valeur suffisamment tôt, tant sur le volet technologique, que sur le volet marketing. Le fait de considérer le business model comme un outil (Osterwalder et Pigneur, 2005) incite à la structuration et autorise un suivi du porteur de projet par le chargé d'affaires de l'incubateur. Ce suivi est primordial pour la crédibilité du projet et la confiance du porteur dans son ambition.

3) Comment : l'évolution des pratiques des incubateurs

Les incubateurs en France ont aujourd'hui un recul de 10 ans. Leurs pratiques méritent d'être analysées dans une perspective de retour d'expérience. Le formulaire de candidature à l'entrée de l'incubateur est très segmenté. Les candidats à l'entrée de l'incubation devraient réfléchir à leur business model, mais la grille qu'ils doivent renseigner n'intègre pas explicitement ce modèle. Cette grille de sélection est peut-être suffisante pour la décision de l'incubation, mais pourrait être complétée rapidement par un accompagnement centré sur le business model. Elle pourrait dans un premier temps être séquencée autour du business model, quitte à ce que ce ne soit que des pistes de business model, à travailler en profondeur lors de l'incubation, avec l'aide des chargés d'affaires. L'expérience des incubateurs devrait permettre aujourd'hui de dresser un bilan qualitatif des réussites et des échecs des projets incubés. Une analyse des défaillances permettrait d'identifier les manques des candidats entrepreneurs en matière d'élaboration, de compréhension et d'expression du business model. L'évolution du projet technologique en entreprise, puis en croissance, suppose en effet une communication du business model et des intentions du porteur de projet à travers le business plan. À certaines étapes de croissance, le talent de communication du porteur de projet, devenu dirigeant d'une structure technologique fait la différence. D'où l'intérêt d'un accompagnement par l'incubateur axé sur le business model et sa diffusion.

CONCLUSION

Le business model fait partie des questions auxquelles le porteur d'un projet de création d'entreprise est, désormais, le plus souvent confronté. Pourtant, l'étude de 60 dossiers de candidature à l'entrée de l'incubateur grenoblois montre qu'aujourd'hui, en amont du processus de création, les éléments constitutifs du business model ne sont pas abordés dans une approche intégrée et interactive. C'est ainsi que, dans la majorité des cas, les candidats fondent la valeur de leur projet uniquement à partir de leur innovation technologique, celle-ci devant forcément trouver une réponse par le marché. Dès lors, une réflexion s'impose pour introduire la notion de business model dans le processus d'incubation.

Pourquoi mener une réflexion sur le business model? D'une part, pour guider le porteur de projet dès son démarrage d'entreprise, afin qu'il se prépare à envisager tous les paramètres liés à son activité; d'autre part, pour que l'incubateur accompagne de manière encore plus pertinente le porteur de projet autour de ce qui deviendra le cœur de son activité, tout au moins dans ses relations avec les parties prenantes.

Quand mener une réflexion sur le business model? Dès l'émergence de l'idée, le porteur peut appréhender les composantes du business model, qui évolueront avec la maturation du projet. Le résultat des investigations du business model sera explicité dans le business plan. Le business model doit être agile (c'est-à-dire évolutif) et structurant dans la relation avec les parties prenantes et les décideurs.

Comment aider à réfléchir au business model? Deux pratiques sont susceptibles de dynamiser la réflexion sur les business model au sein des incubateurs: la formulation explicite des composants du business model dans le formulaire de candidature et la constitution d'un dispositif d'accompagnement du porteur de projet par l'incubateur et les financeurs (OSEO, Business Angels, sociétés de capital-risque) autour des questions relatives au business model.

Le business model serait ainsi un élément central de convergence entre le porteur et son projet d'une part, l'incubateur et l'accompagnement proposé d'autre part (figure 2).

Figure 2. Les deux rôles du business model pendant l'incubation

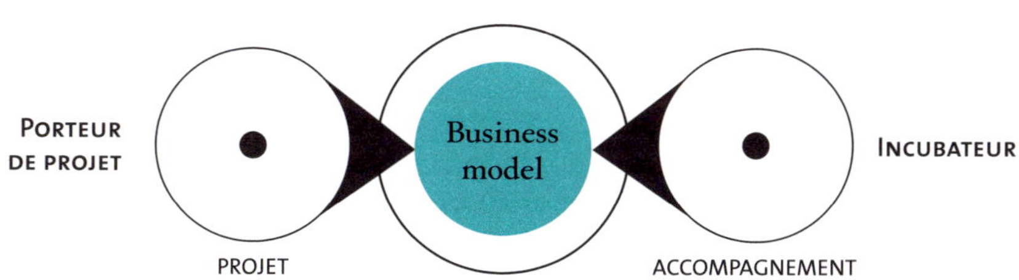

Chapitre 2

Identifier de nouveaux champs d'application d'une technologie

L'exploration de la valeur de la pile à combustible dans le secteur du cinéma chez Axane-Air Liquide

→ *Gilles Garel, Frédéric Touvard*

Résumé Ce chapitre utilise les résultats d'une recherche qui a commencé en 2003 dans une filiale du groupe Air Liquide, Axane (Rosier, 2007 ; Garel et Rosier, 2007). Cette entreprise doit réaliser et mettre sur le marché des applications professionnelles rentables utilisant la technologie « pile à combustible » (notée ci-après PAC). Le choix a été fait par Axane de ne pas viser le marché automobile, prometteur depuis longtemps... mais à un terme incertain[1], mais plutôt d'autres marchés, de niche ou plus vastes, à déterminer. Autrement dit, voilà une entreprise de la haute technologie, sommée de concrétiser des applications à partir de connaissances scientifiques et techniques imparfaites, d'absence de marchés et de besoins, sans filières industrielles...

Encadré 1
La pile à combustible, définition et enjeux

Une PAC produit de l'électricité et de la chaleur principalement à partir de l'hydrogène, le comburant provenant de l'air atmosphérique. La technologie est connue depuis 1839. La Nasa l'utilise dès ses premières missions Apollo. Pourtant, les applications massives de la PAC sont à venir. Stationnaires ou mobiles, les usages de la PAC sont nombreux et en plein développement : transport automobile, propulsion marine, chauffage résidentiel, etc. Les PAC ont des avantages indéniables : production d'énergie sans émissions polluantes, absence de nuisances sonores, de vibrations, souplesse d'utilisation, excellent rendement, etc. Toutefois, l'encombrement et le coût encore élevé des piles à combustible freinent les applications commerciales. La tendance de moyen terme est prometteuse car les enjeux du développement des PAC sont forts (Cohendet, Heraud et Avadikyan, 2003). Rifkin (2002) décrit même l'avènement d'une « économie hydrogène ». Le contexte international actuel de sévérité croissante des normes polluantes met à l'ordre du jour les productions énergétiques à partir de l'utilisation rationnelle des combustibles fossiles à impact environnemental réduit. L'intérêt médiatique pour ces énergies alternatives est vif. Dans ces conditions, des industriels et des États investissent.

1. Les marchés « traditionnels » de la PAC ne seraient qu' « éternellement émergents » (Fréry, 2000) ou non rentables.

Introduction

L'innovation peut se définir comme un processus par lequel une organisation crée et définit des problèmes (qui ont une certaine valeur potentielle de marché) puis développe de nouvelles connaissances et de nouveaux concepts pour les résoudre. La littérature en gestion distingue grosso modo des innovations de soutien ou de *renforcement* des offres existantes et des innovations de *renouvellement* par le lancement de produits ou de services aux architectures nouvelles. Dans ces deux cas, les innovations visent des clients existants ou identifiés comme de futurs utilisateurs ce qui permet, le cas échéant, de les intégrer au processus de conception innovante. L'exploration correspond au contraire à des situations où les équipes innovantes doivent imaginer de nouvelles applications en dehors de leurs références et des références habituelles du marché (en particulier les utilisateurs ne sont pas identifiés ex ante) et où ils doivent développer de nouvelles connaissances, de nouveaux concepts et de nouvelles valeurs pour y parvenir. Les questions initiales d'exploration sont généralement mal posées, bancales ou improbables (vues d'un univers connu). L'exploration est souvent définie de manière générale comme la révélation au monde d'une réalité cachée ou inaccessible. Cette définition positiviste sous-entend que la réalité préexiste à l'exploration et qu'elle sera révélée ex post. Explorer selon nous, c'est produire un ensemble de connaissances sur un sujet mal délimité (une nouvelle architecture, un problème mal posé, une idée originale…). James G. March (1991), explorateur des idées déviantes en management, a défini l'exploration, qui expérimente tous azimuts des alternatives nouvelles et incertaines, en tension avec l'exploitation, qui perfectionne et étend les compétences, les technologies et les procédures existantes. L'exploration n'est pas une fin en soi. Il s'agit au final d'aboutir à la mise sur le marché d'applications rentables (Garel et Rosier, 2008). Le management de l'exploration implique de sortir des méthodologies et des organisations habituellement utilisées pour gérer les nouvelles technologies.

Ce chapitre s'intéresse à l'analyse de la valeur (sans référence aucune à la méthodologie du même nom), c'est-à-dire à la détermination de la valeur dans les processus d'exploration. Comment valoriser ce qui n'existe pas encore ? Comment déterminer la valeur en amont des filières et des marchés, sans clients ? Nous mobiliserons l'expérience d'Axane dans le secteur du cinéma pour montrer comment l'entreprise a construit rigoureusement un processus progressif de révélation puis de détermination de la valeur. Le cinéma est un secteur improbable, décalé et surprenant pour une firme comme Air Liquide, plus habituée à développer des nouveaux *process* gaziers dans son cœur de métier, qu'à passer des *deals* à Hollywood. Pourtant, dès 2003, des ingénieurs d'Axane sont présents sur des tournages et perçoivent un potentiel de valeur, qui aboutira en 2008 à la construction d'une offre commerciale adossée à un modèle d'affaire. La première partie reviendra sur la monographie singulière de cette filiale intrapreneuriale de manière à resituer le projet Cinéma dans une stratégie d'exploration plus large et plus systématique. La seconde partie explicitera le processus de construction de la valeur, de la définition amont d'un champ d'exploration à la définition d'un modèle d'affaire.

1. Développement d'Axane et histoire des tribulations de la pile à combustible dans le cinéma

Entre 1996 et 2001, un service d'Air Liquide participe en tant qu'équipementier, sur le site de la Division des technologies avancées à Sassenage près de Grenoble, à de nombreux projets de démonstrateurs de PAC intégrés dans des véhicules automobiles de séries. Ce service a pour périmètre la conception des réservoirs d'hydrogène embarqués et la régulation de la circulation des gaz vers la PAC intégrée dans le véhicule. Des financements européens soutiennent une partie de ces projets. À cette époque, les PAC ne sont pas développées par Air Liquide, mais fournies pas quelques entreprises européennes, notamment l'italien Nuvera, avec qui le groupe français collaborera étroitement dans le cadre d'une joint-venture afin d'optimiser l'architecture de systèmes PAC de petites puissances (entre 1 kW et 5 kW). Nous sommes en 2001 ; c'est la naissance d'Axane. La collaboration avec Nuvera sur un premier projet est l'occasion d'apprentissages sur les phénomènes physiques de la pile. Cependant, l'entente entre les équipes ne durera pas et début 2002 la rupture est consommée. À la suite de discussions entre l'équipe locale et la direction d'Air Liquide, la séparation avec les équipes de Nuvera est actée. Axane prolongera son activité en tant que filiale détenue à 100 % par le groupe français. Axane doit alors justifier sa raison d'être et prouver qu'elle peut développer avec succès des systèmes-piles complets. Entre 2002 et 2003 se succéderont deux projets qui construisent la légitimité de la filiale et modifient en profondeur ses missions, la faisant évoluer du développement de systèmes techniques à l'exploration de nouveaux espaces de valeur.

A. Le projet Polarpac (janvier-avril 2002) : point de départ du processus d'exploration

Courant décembre 2001, le médecin explorateur Jean-Louis Étienne contacte Axane et présente à l'équipe son projet « Mission Banquise ». Il a besoin d'une PAC pour alimenter des appareils de mesures en complément de ses panneaux solaires. Au sein d'Axane, une partie de l'équipe, soit entre huit et dix personnes, se mobilise et développe en trois mois deux piles de 300 W[2] alimentées en hydrogène : le Polarpac™. L'une d'elles fonctionnera avec succès à l'intérieur de la capsule de Jean-Louis Étienne à des températures proches de -40 °C. Le projet sera accompagné d'une large médiatisation dont profitera Axane. La filiale démontrera avec le Polarpac une capacité à s'approprier les connaissances de Nuvera sur la pile afin d'optimiser un fonctionnement d'ensemble. Le budget du projet se monte alors à 300 000 euros hors main-d'œuvre.

Suite à ce projet, Axane fait face à de nombreuses sollicitations à la fois de constructeurs automobiles, mais aussi des demandes éparses émanant de collectivités, de professionnels du bâtiment ou de l'énergie. Quelle suite donner au Polarpac ? Ne souhaitant pas s'enfermer à court terme dans l'automobile, le directeur d'Axane présente, fin 2002, un business plan à Air Liquide. Celui-ci décrit un plan de développement fondé à court terme sur l'exploration de marchés de niches. Dans le même document, le marché de l'automobile est jugé comme « très éloigné de la logique industrielle d'Air Liquide, et n'est pas accessible à nos moyens actuels ». De même, les applications grandes puissances (supérieures à 100 kW) sont jugées comme inaccessibles à la technologie d'Axane. Enfin, le marché des applications électroniques de faibles puissances (moins de 300 W) ne semble pas « cohérent avec la logique industrielle d'Air Liquide car il fait vendre peu d'hydrogène et s'adresse

2. 300 W correspond à l'alimentation de quatre ampoules de 75 W.

au grand public ». Le groupe Air Liquide est quant à lui très partagé sur la stratégie à suivre concernant sa nouvelle filiale : traditionnellement la stratégie du groupe a été depuis un siècle de ne créer de nouvelles entités que lorsque les marchés existaient (Jemain, 2002). Or, l'aventure Axane est risquée car aucun marché n'existe au plan mondial pour les PAC et des industriels semblent posséder un savoir technologique supérieur à celui d'Axane (exemple du *leader* mondial, le Canadien Ballard). Pourquoi investir dans une entité qui démarrerait avec de tels handicaps ? Néanmoins, le directeur d'Axane parvient à convaincre le groupe que la filiale sera une source d'informations inestimables prises de l'intérieur de la filière PAC, alors que le peu d'études de marché existant ne parvient pas à renvoyer des tendances ou des données exploitables pour orienter les investissements. De plus, le directeur d'Axane considère que le groupe Air Liquide a tout à perdre en restant un simple fournisseur de molécule si jamais les marchés de la PAC décollent : les constructeurs trouveront toujours des gaziers prêts à leur vendre des mètres cubes de gaz moins cher... Le travail d'Axane pourrait déboucher pour Air Liquide sur la mise au point de nouveaux standards, de nouveaux services, de nouvelles qualités de gaz ou de nouveaux modes de connexion entre les PAC et les stockages qui rendraient les marchés captifs d'une offre équipement / gaz intégrée. Au final, Axane convainc sa maison mère d'investir pour se lancer dans une exploration, tout en ayant recours à des arguments allant dans le sens de l'exploitation. Axane sera donc le fer de lance du groupe, réalisant une veille active de l'intérieur d'une filière en cours d'émergence et sera en charge de développer de nouvelles offres (Rosier, 2007).

B. Le projet Rollerpac (juillet 2002-avril 2003) : à la recherche de nouveaux usages

En 2002 Axane dispose des ressources pour développer un démonstrateur de moyenne puissance (2 kW) afin d'explorer des premiers marchés : cette puissance correspond en effet à peu près à la puissance nécessaire pour alimenter en électricité un foyer moyen et représente la puissance d'un petit groupe électrogène. Le changement d'échelle (une pile presque sept fois plus puissante) représente un défi technique et managérial important et un enjeu majeur pour la crédibilité

d'Axane vis-à-vis d'Air Liquide. L'échéance du projet correspond à la foire de Hanovre 2003 où ont été présentées depuis 2002 les dernières avancées en matière de PAC.
Le projet Rollerpac marque l'émergence chez Axane du management de projet avec une réelle dimension stratégique. Le chef de projet s'appuie pendant la durée du projet (9 mois) sur le directeur technique, véritable architecte du système. Le projet est mené dans les temps et il marque un succès autant auprès de la communauté PAC, qu'auprès d'Air Liquide. Pour la première fois Axane expose non pas un objet technique, mais une application : un groupe portable délivrant du courant 230 volts. Le projet aura mobilisé une équipe de vingt personnes pour un budget de 2 millions d'euros. Il aura aussi permis de développer des concepts de modularité de la puissance délivrée et de stockage de gaz amovible.
Ce projet marque le début du processus d'exploration via un démonstrateur robuste, quasiment *plug and play*, construit au final à six exemplaires. Axane commencera à entrer en contact avec de nombreux secteurs professionnels et explore de nouveaux attributs pour ses produits, mais s'apercevra aussi que les énergies concurrentes en place, même sur des niches de marché, font de la résistance (Millier, 2003).
Entre le milieu de l'année 2003 et 2007, les équipes d'Axane passeront des premiers démonstrateurs à une démarche d'industrialisation en petite série. En 2006, Axane réalisait environ une trentaine de produits pour des applications aussi variées que l'énergie portable, l'énergie stationnaire pour sites isolés ou la propulsion de petits véhicules. Progressivement, l'activité d'Axane passe de la veille à une démarche d'exploration structurée et répétée. Axane identifie de nouvelles applications en faisant émerger des marchés qui n'existaient pas encore. L'énergie portable s'ouvre sur de nouveaux potentiels de valeur définis par des concepts innovants : « secourir tout en écoutant », « intervenir dans des lieux confinés auparavant interdits d'accès », « éclairer dans des situations où cela était coûteux voire impossible », etc. Dans l'automobile légère, les explorations sur les voiturettes de golf, les véhicules utilitaires et les chariots élévateurs débouchent sur le concept transversal d'énergie *plug and drive* qui ouvre de nouvelles perspectives en terme de mobilité en permettant notamment de recharger un véhicule instantanément et de s'affranchir de station-service pour l'hydrogène. Dans l'énergie stationnaire

enfin, les premières cibles dans les Télécoms et les secours permirent d'ouvrir sur des concepts plus riches de « tampon énergétique » pour des architectures électriques complexes, impliquant des bouquets énergétiques variés.
Fin 2006, Axane est le premier constructeur européen à lancer une offre commerciale de générateur PAC par le biais d'une offre d'énergie dans le secteur du cinéma.

C. Axane et le cinéma

L'équipe projet cinéma est constituée d'un chef de projet, d'un représentant du marketing, d'un designer, d'un concepteur expert pile, d'un responsable de la communication, et d'un commercial. Elle s'organise en mode plateau, avec un budget dédié et crée ses propres méthodologies d'exploration (avec une gestion de projet par enjeu plutôt que par tâche). Deux approches clés permettent à l'équipe d'identifier et de retenir le « tournage cinéma » comme un « champ d'exploration » (sur cette notion *cf. infra*) pertinent : (1) une méthodologie de détection de champs à explorer en fonction des caractéristiques intrinsèques de la technologie (silence, zéro émission) et (2) une approche d'immersion et d'expérimentation sur le terrain permettant de décoder l'environnement et d'y révéler de nouvelles valeurs en transformant les conditions même de l'activité. C'est lors de ces immersions terrain que les premières caractéristiques se sont étendues à d'autres critères de design, de mobilité (pour suivre la caméra par exemple), de continuité de service (pas d'arrêt du système lors de rechargement en hydrogène) ou d'alimentation électrique silencieuse. À partir de là, l'équipe a pu spécifier la plateforme de la pile et a pu continuer l'exploration en interagissant avec les équipes de tournage et au-delà avec le milieu du cinéma (salon, rencontres).
En 2007, Axane participe à son premier tournage au cœur de Paris la nuit pour le film *Les chansons d'amour*, de Christophe Honoré. L'équipe utilise un prototype de PAC pour alimenter l'éclairage des scènes de tournage pendant trois nuits sous le vent et la pluie. L'équipe propose à la production une démonstration en situation terrain sans enjeu commercial. Cette étape clé permet de créer un climat de confiance, d'apprentissage mutuel et d'ouverture pour échanger sur les critères de comparaison de cette technologie, sur les *business models* existants dans ce milieu (offre de prestation, location

de matériel), sur les prix pratiqués en fonction des budgets des films et enfin sur les tailles de marché par zone géographique. Axane constate à cette occasion que sa technologie est comparée à l'utilisation de batterie de type camion : un convertisseur de tension, avec des échanges de batteries toutes les 20 minutes par un technicien et un rechargement par un petit groupe électrogène caché dans une ruelle distante… à cause du bruit et surveillé par une autre personne pour éviter le vol.

En 2008, le premier produit est fiabilisé. Les offres de démonstration d'Axane peuvent se transformer en proposition de prestation commerciale à la journée comprenant un forfait complet technicien inclus permettant à la fois de couvrir les enjeux de fiabilité et de sécurité d'utilisation de l'hydrogène (parfois dans des conditions de tournage nécessitant une mise au point d'expert comme dans un bus de la RATP ou un Tram). Axane tourne à ce moment une vidéo de démonstration (http://www.youtube.com/watch?v=8cTn54Bzmqk) des « effets utiles » (cette notion sera définie plus loin) par les professionnels métiers. Axane gagne alors ses premières offres commerciales et se concentre sur le modèle d'affaires.

Sur cette base, Axane part à la recherche d'un premier marché possédant à la fois assez de volume pour justifier de mobiliser quelques PAC et un périmètre géographique assez raisonnable pour rester économiquement viable. Il fallait trouver un lieu géographique avec assez de clients capables d'alimenter un nombre de jours de location annuel conséquent et offrant aussi un rayon d'action limité permettant d'optimiser le temps de transport et le support technique sur l'hydrogène et la pile. La plateforme de Los Angeles a rapidement retenu l'intérêt de l'équipe. Les capitales européennes étaient toutes sous-dimensionnées, en revanche Los Angeles réunissait l'équivalent de 10 capitales dans un rayon de 50 kilomètres ! Axane a d'abord vérifié sur place au travers de salons et de visites auprès des studios de cinéma (Warner et Universal) que l'intérêt et le prix de marché étaient bien confirmés. Ensuite, l'entreprise a défini les écarts existants entre Paris et Los Angeles en matière technique et en ce qui concerne l'implantation locale (juridique, assurance, syndical, propriété intellectuelle). Ce travail a été facilité par une PME de la région grenobloise (Airstar), déjà présente aux États-Unis et à qui un partenariat fut proposé pour adresser ce marché du cinéma. En participant à des salons spécialisés, en effectuant des démonstrations aux studios et en utilisant les filiales locales du groupe, Axane et son partenaire ont accumulé et fiabilisé de la connaissance sur un champ d'exploration qui se précisait au fur et à mesure. In fine, un business plan fut construit, définissant les hypothèses de répartition de la valeur économique sur les cinq ans à venir. Les premières utilisations ont débuté à Los Angeles au printemps 2010. Le marché est en cours de démarrage et reste très prometteur.

Figure 1. Tournages de film ayant utilisé les piles à combustible Axane

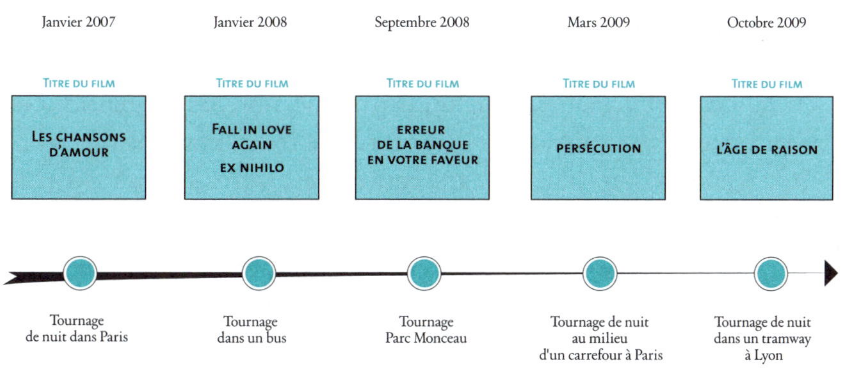

2. La construction et le pilotage de la valeur : de l'exploration d'un champ au business model

En exploration, la valeur n'est pas donnée, il faut la construire. Il n'y a pas de marché à interroger pour mesurer *ex ante* la valeur de ce que l'on s'apprête à lui proposer. Le processus de construction de la valeur n'est pas linéaire même s'il passe par trois temps ou trois états distincts : une définition du champ d'exploration, une définition des effets utiles et une définition du business model et de la valeur économique.

A. Définir un champ d'exploration

L'exploration se déploie dans un champ qui se définit a priori mais qui ne fige pas l'action. L'enjeu managérial le plus large de l'activité d'exploration consiste à s'appuyer sur les « vertus en puissance » de la technique en les orientant vers des applications valorisables. En ce sens, la PAC est bien une technologie à haut(s) potentiel(s)

(Garel et Rosier, 2007). La PAC est porteuse de nombreuses virtualités concernant la production d'électricité non polluante. Ces vertus potentielles vont se définir sous la forme de concepts dans des « champs d'exploration » (on ne peut parler à ce stade de segmentation). Un champ d'exploration définit l'espace inconnu en termes de valeur pour le client (nous préférons parler des destinataires de la conception) et de compétences à explorer (Le Masson *et al.*, 2007). Il permettra *in fine* d'engendrer un ensemble de projets d'innovations variées ciblant éventuellement différents marchés ou s'appuyant sur différents composants techniques. Bien que délimité, le champ laisse place à une hétérogénéité et à une divergence quant aux pistes qu'il permet d'explorer. Les solutions innovantes envisagées et leur développement s'appuient sur un certain nombre de connaissances et de concepts existants dans l'entreprise, souvent répartis dans différentes entités. Un champ d'exploration traverse les structures organisationnelles habituelles en lignes de produits (Charue *et al.*, 2010). Le champ se focalise soit sur une technologie qui pourrait impacter différentes familles de produits de la firme, soit sur un ensemble de composants qui pourrait être réarticulés différemment, soit encore sur un axe de valeur qui pourrait conduire à des solutions entrant mal dans les découpages en lignes de produits établis.

Axane a exploré dans des champs définis par les concepts « énergie et événement », « écosystème d'urgence », « alimentation continue des relais téléphoniques » ou « éclairage déployable rapidement ». « L'énergie du système de tournage d'un film » a été identifiée comme un champ d'exploration possible dès la fin de l'année 2002. Il a fallu pour Axane acquérir de nouvelles compétences très pointues sur les techniques de couplage électrique de la pile à la lumière du plateau de tournage. « Le convertisseur de la pile devait passer un pic de trois fois le courant nominal pour démarrer l'ampoule d'une lampe hmi » explique un technicien. Pour surmonter cette contrainte du démarrage, Axane a travaillé avec des fabricants de ballast, a réalisé de nombreux tests hors plateaux, a modifié des composants électroniques et des logiciels de la pile pour développer une gestion de conversion électrique nouvelle. Le champ s'est ainsi progressivement structuré d'un point de vue technique.

B. Identifier les effets utiles

En exploration, la valeur n'est pas contenue dans les attributs de la technologie mais se révèle au fur et à mesure que les innovateurs font émerger des transformations sensibles dans les activités des destinataires de la conception. La notion de production de la valeur dans l'interaction collective est présente notamment dans le courant du marketing expérientiel pour lequel le consommateur achète des produits ou des services moins pour leurs attributs fonctionnels que pour les expériences émotionnelles qu'ils autorisent (Holbrook et Hirchman, 1982 ; Carù et Cova, 2006). L'expérience désigne à la fois le cadre de la consommation (le contexte de l'achat) et la finalité de celle-ci. Elle dépasse l'usage de fonctionnalités d'un produit, pour devenir un mode d'accès à de nouveaux « effets » pour le consommateur. La littérature sur les services a précisément défini la valeur en termes de conséquences pour le destinataire du service, en termes « d'effets utiles » pour lui. La production de services est intéressante à considérer car elle transforme les conditions d'activité du destinataire qui, dans le même temps, évalue les effets de cette transformation (Bancel-Charensol et Jougleux, 1997). Dans un processus d'exploration, la valorisation ne s'appuie pas sur une connaissance de la valeur client (Porter, 1986), mais procède bien d'une reformulation des conditions de l'activité des utilisateurs potentiels. Nous dirons que l'enjeu de l'exploration de la valeur est la transformation des conditions d'activité de destinataires dont la finalité est de « produire de nouveaux effets utiles pour ces destinataires » (Gadrey et Zarifian, 2002). On appellera donc « effets-utiles », les effets des transformations d'une offre innovante sur les conditions d'activité des destinataires (voir encadré 2 page suivante).

Encadré 2
Le principe des effets-utiles appliqué au concept d'aspirateur silencieux

Imaginons un concept d'aspirateur ultra-silencieux vendu à un prix supérieur à la concurrence (Garel et Rosier, 2008). Si l'on raisonne en termes de valeur client et qu'on organise en amont des séries de démonstrations avec des utilisateurs potentiels, on obtiendra une évaluation des avantages directs assez moyenne au regard du surcoût ; après-tout, les utilisateurs passent l'aspirateur à des moments de la semaine où le bruit ne les dérange pas, ni ne dérange leur entourage. Dans des enquêtes comparatives, les utilisateurs évaluent à « iso-activité » en comparant les fonctionnalités des produits ou des services. En revanche, un raisonnement en termes d'effets-utiles conduit ces mêmes utilisateurs à interroger les transformations potentielles dans leurs activités et à considérer un nouvel éventail des possibles. Le produit pourrait alors être vu comme un nouveau moyen de passer l'aspirateur pendant les siestes sans réveiller l'enfant quand on est un jeune couple, de ne pas troubler le repos de personnes âgées dans une maison de retraite, de nettoyer son appartement en semaine le soir à 23 heures de manière à libérer du temps pour le week-end ou de faire le ménage en écoutant de la musique ou en suivant une émission de radio.

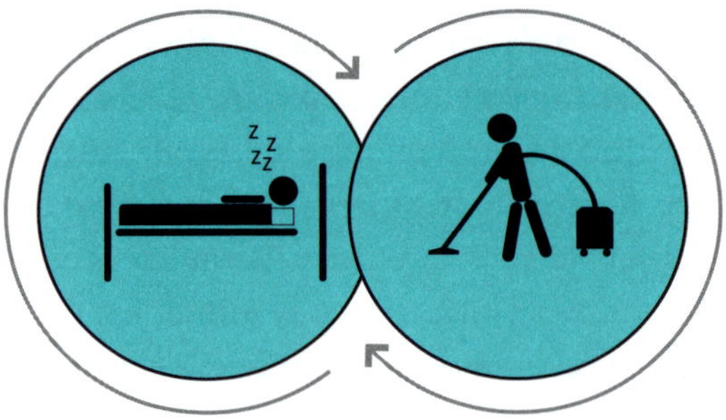

Formuler ces effets-utiles et les faire évaluer par les futurs utilisateurs est un changement de perspective. « Il ne s'agit pas tant de suggérer de nouveaux usages clés en main que de donner à ressentir un potentiel de transformation des activités » (Garel et Rosier, 2008). Les utilisateurs des premiers prototypes de PAC réalisés par Axane sont des professionnels : les pompiers et les travailleurs du BTP par exemple (Rosier, 2007). Au départ, ils ne considèrent le nouveau générateur qu'au regard de leurs activités habituelles (les groupes électrogènes rendant des services fiables depuis longtemps), le jugeant plus fragile et n'éprouvant aucune nécessité (aucun besoin, aucune attente diront les études marketing) d'avoir un groupe non-polluant ou différent.

Pourtant, au fil des entretiens et des expérimentations, il ressort principalement deux effets-utiles.

1) La PAC permet de travailler sans être asphyxié dans des lieux confinés (tunnels ou caves, grottes, bâtiments confinés), là où aujourd'hui il faut tirer des longs câbles qui entravent les déplacements de ces professionnels ; le nouveau générateur peut être alors considéré comme un moyen pour accroître la mobilité et la capacité d'intervention dans des lieux très contraignants jusque-là.

2) Le générateur a aussi été perçu comme une « énergie d'intermodalité », c'est-à-dire une énergie capable d'accompagner des déplacements mixtes entre des lieux en extérieur et des lieux confinés ; par exemple, certains équipements, comme des couveuses ou des glacières transportant des organes, ne doivent pas connaître de rupture d'alimentation électrique, et ce, quels que soient les environnements traversés. Le générateur chargé d'alimenter ces équipements critiques pourrait alors être une énergie dédiée et intermodale : transport en ambulance, transport en extérieur, attente dans les couloirs d'un hôpital…

In fine, l'équipe d'Axane met au jour de nouvelles possibilités d'action (évaluées en effets utiles) là où les pompiers et le BTP avaient a priori définitivement refermé un problème, par nature insolvable, avec les technologies établies. Explorer implique donc de multiplier les itérations et les expériences *in situ* avec des utilisateurs potentiels, notamment sur la base de prototypes démontrant un savoir-faire technique et révélant un *design* (ici des PAC prototypées ad hoc ont été mises à disposition des utilisateurs). Le raisonnement par les effets-utiles fait émerger de nouvelles valeurs au delà des fonctionnalités ciblées traditionnellement : de générateur électrique non-polluant, on passe à des concepts comme « énergie d'intervention dans des lieux confinés » ou « énergie d'intermodalité ».

Dans le cas du cinéma, l'exploration a permis de définir deux effets utiles dans le couplage silence / mobilité :

- la pile est mobile et silencieuse ; en tant que telle, elle fait partie intégrante du « système caméra », en se faisant oublier, contrairement aux groupes électrogènes généralement utilisés pour les tournages en plein air ; cette énergie discrète ou furtive est un premier effet utile apprécié sur les tournages.
- un deuxième effet utile est le résultat d'une énergie silencieuse qui permet de prendre le son en *live* sans avoir à nettoyer la bande-son

de la pollution occasionnée par le bruit du groupe électrogène (ou alors il faut tirer des câbles sur des centaines de mètres); le silence est également apprécié des comédiens qui voient leurs loges alimentées en énergie sans bruit.

Outre ces transformations des conditions d'utilisation, la pile est perçue comme un objet *high-tech* séduisant, comme une énergie verte que les meilleurs tournages devraient se payer. Nous y reviendrons. Cela nous amène à la définition économique de la valeur et à celle du modèle d'affaire.

ENCADRÉ 3
UN TOURNAGE À PARIS ÉCLAIRÉ À LA PILE

De 20 h à 7 h du matin, quatre générateurs hydrogène Mobixane, d'une puissance totale de 10 kW, ont permis de produire l'énergie nécessaire à l'éclairage de scènes de nuit lors du tournage de *Persécution*. Ce film est réalisé par Patrice Chéreau, avec pour principaux acteurs Romain Duris, Jean-Hughes Anglade et Charlotte Gainsbourg.

L'environnement des scènes de tournage de nuit, à proximité des immeubles au centre d'un carrefour du 12e arrondissement de Paris, interdisait tout passage de câbles électriques traversant les boulevards, mais également toutes nuisances sonores engendrées par des groupes électrogènes. La durée – dix heures à douze heures de tournage – ne permettait pas non plus l'utilisation de batteries en raison d'une part du manque d'autonomie et d'autre part l'impossibilité de les recharger pendant le tournage. Cette situation a conduit la société de production Move Movie à solliciter Axane pour cette prestation.

Les PAC mobiles, positionnées de façon discrète et réparties au pied des mâts d'éclairage public, sur lesquels étaient fixés les éclairages spécifiques cinéma, ont permis de

.../...

considérablement simplifier la mise en œuvre de la fourniture de l'énergie.

Les systèmes se sont « fondus dans le décor » et ont fonctionné avec une parfaite fiabilité. Les changements de bouteilles d'hydrogène, environ toutes les trois heures, étaient assurés par le technicien Axane habilité en temps masqué, pendant les phases de préparation des plans de tournage.

L'équipe technique a qualifié cette technologie de « non intrusive » pour leur environnement permettant, grâce à la mobilité, au silence, à l'absence d'émission toxique et au service associé, de pouvoir envisager des lieux jusqu'à présent inaccessibles avec les solutions existantes.

« Cette technologie nous a permis de travailler de façon totalement indépendante dans les rues parisiennes, la nuit sans bruit, sans main d'œuvre supplémentaire et sur une très longue durée. » (Rémi Chevrin, président de l'Association des directeurs de la photographie cinématographique).

C. Définir le business model et la valeur économique

Une fois les effets-utiles définis, il s'agit de convertir le potentiel de valeur qu'ils recèlent en valeur économique, avec comme finalité l'exploitation d'une activité. Autrement dit, il s'agit de passer d'une valeur d'usage à une valeur économique. Trois étapes sont à considérer.

1) Déterminer le référentiel de valeur de l'environnement

Il est d'abord nécessaire d'utiliser l'accès aux utilisateurs des premiers prototypes afin d'évaluer leurs pratiques d'achat en dehors (ici) du domaine de l'énergie, autrement dit, de connaître leur référentiel de valeur dans leur environnement professionnel. La problématique est de savoir combien sont-ils prêts à payer pour obtenir telle technologie et/ou service ? Axane, dans son exploration cinématographique, a ainsi mis à jour une échelle très large d'achat de prestation de quelques dizaines d'euros pour la location journalière d'une batterie ou un petit groupe électrogène, à 3000 euros par jour pour un *Steady Camer*, système de bras mécanique équilibrant la caméra en mouvement. Cette échelle de valeur constitue un cadre de référence dans lequel s'inscrira la vente du service PAC.

2) Déterminer les coûts cachés des solutions existantes

Dans une deuxième étape il s'agit de déterminer la valeur en dévoilant au « client » potentiel les coûts comparatifs aux solutions actuelles, ce qui revient à révéler les coûts cachés de ces solutions (type groupes électrogènes ou batteries) et donc la valeur différentielle de la solution explorée. « Les directeurs de production nous disent : un groupe électrogène c'est 90 euros par jour de location, point ». Axane procède alors à un travail d'analyse des coûts cachés intégrant (et ajoutant donc à ces 90 euros), la présence de deux techniciens (un pour échanger les batteries toutes les 20 minutes et un autre qui gère et surveille le groupe électrogène qui permet la recharge des batteries), le coût du « retravail » de la bande son du film quand le groupe électrogène ne peut être éloigné du plateau, le coût de la location (par exemple à… Paris) d'une place de parking pour stocker le groupe électrogène lorsqu'il est distant. On voit là qu'à l'instar d'Edison qui avait très finement analysé le marché de l'éclairage au gaz, la détermination des coûts cachés suppose d'investir considérablement dans la compréhension fine des systèmes techniques existants et de leurs coûts d'utilisation.

À côté de la valorisation des coûts cachés, c'est l'ensemble du service proposé « *peace of mind* » de la PAC qui doit être chiffré : mise en œuvre de la PAC (logistique hydrogène avant et pendant le tournage, sécurité, supports aux techniciens). *In fine,* l'entreprise dispose de deux types de données : sur les coûts cachés des solutions en place et sur le chiffrage du déploiement de son offre. Nous présenterons une synthèse de ce chiffrage à la fin du chapitre.

3) Déterminer la valeur de séduction de la technologie

La valeur de la prestation PAC ne dépend pas seulement des critères intrinsèques de la technologie, mais également des effets imaginés, implicites et ostentatoires. En quoi le nouveau système fait-il rêver ? L'équipe d'Axane a perçu sur les plateaux de tournage un rapport à l'envie d'être précurseur de l'utilisation d'un objet symbolique *high-tech* ainsi qu'une capacité de l'objet à s'identifier à son écosystème d'utilisation (sur le plateau de tournage la pile est de couleur noire, en matériaux non rayables, au toucher doux, avec un écran tactile). En d'autres termes, « se payer la pile » est ostentatoire et marque la différence des tournages les plus à la pointe. Dans cette perspective, Axane a détecté un écart important du prix de marché de sa prestation dans les tournages en fonction du type de film. Les films à très gros budget (10 % du marché visé ; sur 200 films tournés chaque année à Paris, environ 25 sont des films à gros budget c'est-à-dire à plus de un million d'euros) sont les clients les plus curieux et les plus désireux d'acquérir en premier la nouveauté technologique. C'est un privilège qu'ils veulent (et peuvent) se payer. Ces clients sont également capables de plus de souplesse dans leurs usages professionnels. En outre, « en Californie, il est de bon ton sur les gros tournages d'avoir une énergie verte (*green power*) » explique un technicien de l'équipe. Ceci permet même à certains studios tels que la Fox de se servir de cette image comme un élément de différentiation majeur par rapport à d'autres studios (exemple : « notre studio vous assure que votre film ou série télévisée est le moins "carboné" du marché »). Ceci a été le cas avec la série *24 h chrono* où la Fox a communiqué sur la première série télévisée à faible empreinte carbone par l'utilisation de moyen de tournage « vert ». Le rêve ou le mythe créent de la valeur. Il s'agit d'intégrer aussi cette part de valeur au modèle d'affaires.

Conclusion

Le cas Axane montre comment le business model ne peut vendre du « rêve » sans une assise technique très forte et très fiable. Le schéma ci-après intègre les trois composantes du business model dans le cadre du référentiel de valeur de l'environnement.

Figure 2. Les trois composantes du business model de la pile combustibles

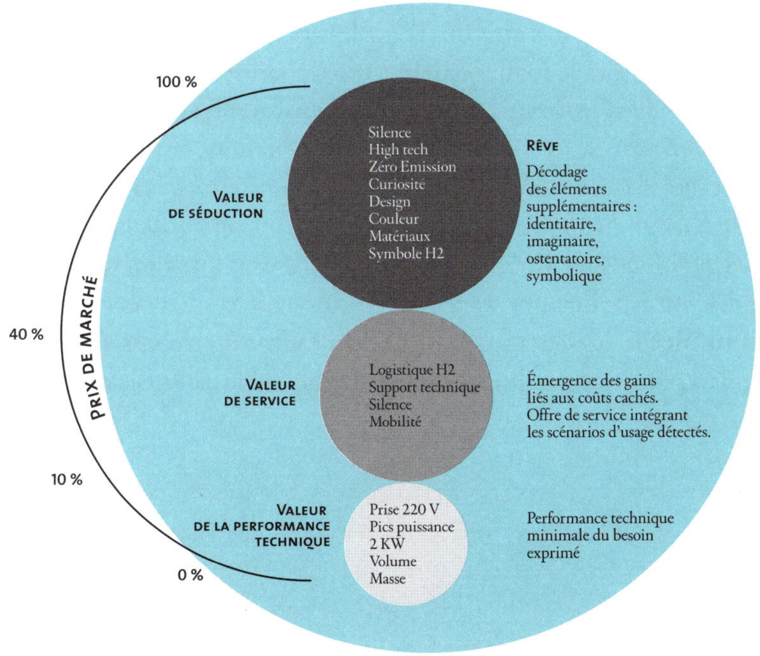

In fine, Axane a pu facturer un service (du point de vue de la compétence industrielle, il y a bien glissement d'une vente d'énergie à la vente d'une prestation) intégrant la valeur de la performance sur des critères techniques objectivables, la valeur du service qui va prendre en compte à la fois la valeur des effets-utiles et celle des gains révélés par les coûts cachés et enfin la valeur de séduction. Celle-ci procède d'un véritable effet de levier dans le cas d'Axane, expliquant 60 % de la valeur. Axane facture à ses clients une prestation de mise à disposition complète d'énergie discrète sur la base d'un prix à la journée. Bien sûr, la réussite du déploiement de l'offre ne dépend pas seulement de la pertinence du modèle d'affaires, mais également des premières stratégies de diffusion (« il faut commencer par James Cameron ou Jacky Chan » résume un ingénieur d'Axane).

L'approche en termes de construction de la valeur laisse sous jacente la problématique, pourtant clé, du management de l'équipe d'exploration. Le cas Axane montre combien il est important d'avoir accès à l'observation de terrains variés en amont de la phase d'exploration, donc de maîtriser des réseaux larges et improbables au sein même de l'équipe et d'une « entreprise élargie » (*cf.* partenariat avec Airstar). Il montre aussi la nécessité d'une maîtrise de compétences variées pour interfacer rapidement des langages différents (technique, marketing, usage, économique) et celle du recours à des outils et à des méthodologies de description des champs d'exploration (par exemple la théorie C-K, Triz). Enfin, le management de la dynamique d'équipe projet est essentiel à la réussite du processus, à la fois en termes de sécurité (protéger l'équipe des pressions de l'environnement et des contraintes financières court-termistes), de sens de la mission, de rôles et de places de chacun (intégrer les compétences, les profils psychologiques et les expériences) et de lien ou d'intimité entre les membres de l'équipe. C'est à ce dernier stade que l'équipe est la plus performante pour conduire le processus d'exploration. Gérer un processus et une équipe d'exploration est bien une compétence à part entière.

Chapitre 3
LE RÔLE CLÉ DU MARKETING AMONT DANS LA CONCEPTION DE LA PROPOSITION DE VALEUR

L'exploration du marché des lunettes intelligentes
par la start-up Microoled

→ *Sylvie Blanco, Caroline Gauthier, Yukiko Fujimoto*

RÉSUMÉ Ce chapitre met en évidence la pertinence d'adopter une démarche marketing très en amont dans les processus d'innovation technologique. Il s'appuie sur l'analyse de la démarche adoptée par Microoled pour l'élaboration de ses lunettes informatives dans un contexte de marché fortement diffus. Trois enseignements majeurs peuvent être tirés de ce cas. Premièrement, la segmentation marketing permet de rationaliser l'information sur le marché quant aux applications potentielles de la technologie. Deuxièmement la démarche de diagnostic permet de sélectionner les applications les plus pertinentes compte tenu des attentes du marché et une définition fine du positionnement. Enfin, la démarche marketing amont permet d'établir un calendrier pour le projet de R&D qui tienne compte de l'urgence des premiers clients et de l'impératif d'une croissance à moyen terme. Nous proposons ainsi le concept d'« *early marketing* » et insistons sur son rôle clé dans l'élaboration de la proposition de valeur au client.

INTRODUCTION

La proposition de valeur au client constitue l'un des piliers du business model. Dans les cas de création d'activités nouvelles, elle revêt une importance majeure du fait qu'elle constitue la première brique du processus d'élaboration d'une plateforme d'activités. En effet, peu d'éléments lui préexistent, qu'il s'agisse de clients acquis, de métiers, de processus et de ressources organisationnelles ou encore de choix de positionnement stratégique. Dès lors, si l'on considère le cas spécifique des start-ups fondées sur la convergence technologique – caractéristique des domaines tels que les TIC et les micro et nanotechnologies – l'élaboration même de cette première offre soulève des questions et parfois des craintes relevant du marketing. Nous focaliserons notre attention sur trois d'entre elles :

– comment choisir une ou quelques options parmi une multitude d'applications potentielles de la technologie ? Le marketing est-il

en mesure d'éclairer les orientations stratégiques amont qui ensuite permettront de délimiter un espace d'innovation en terme de performances de la solution et de segments de marchés cibles ?
- comment concilier l'urgence de trouver des premiers clients et l'impératif de la forte croissance à moyen terme ? En effet, pour se développer, les start-ups technologiques doivent créer une rupture sur un marché nouveau alors que, pour démarrer, il leur faut réaliser des innovations moins risquées, plutôt incrémentales, sur des marchés de niche. Comment le marketing permet-il d'articuler ces deux logiques ?
- enfin, pour atteindre un niveau de diffusion élevé de l'innovation, comment se positionner pour venir « déranger » les majors ? Comment le marketing peut-il aider une start-up colonisatrice de nouveaux marchés à se prémunir contre le phénomène de « Fast Second » décrit par Markides et Geroski (2005) et ne pas se faire dévorer par ces grandes entreprises dites « consolidatrices » ?

Sur ces points majeurs, comprendre le rôle et la contribution du marketing s'avère essentiel. Ce sont les enseignements que nous dégagerons du cas Microoled.

1. Microoled et les lunettes informatives : les enjeux marketing

Microoled est une jeune société créée en 2007 par deux anciens ingénieurs de la société Thomson avec pour vision de développer les futures générations d'écrans miniaturisés. Elle est spécialisée dans le développement et la fabrication de ce type de solutions en s'appuyant sur la technologie OLED (voir encadré 1 sur les applications des écrans miniaturisés), pour laquelle elle dispose d'une licence d'exploitation exclusive d'un brevet acquis par le CEA.
En 2009, la société est en phase d'industrialisation d'écrans à très haute résolution pour des applications potentiellement destinées à deux marchés établis : l'électronique grand public en équipant les appareils photos et les caméras et l'électronique professionnelle en équipant les secteurs du médical, de la défense, de la sécurité et de la communication multimédia. La force des solutions Microoled sur ces marchés réside dans la performance des solutions dites proches de l'œil (figure 1): il est confortable et très lisible pour l'utilisateur

ENCADRÉ 1

LES APPLICATIONS DES ÉCRANS MINIATURISÉS ET LA TECHNOLOGIE OLED

Parmi les débouchés de la technologie OLED, on peut distinguer les marchés existants de ceux qui émergent.

Les premiers concernent les écrans plats pour l'électronique grand public, marchés de masse donc. Les industriels du domaine sont soumis à de fortes contraintes de prix et de qualité et recherchent à améliorer en continu les performances techniques de leurs produits selon des critères consommateurs connus : la luminosité, le contraste, le temps de réponse, la résolution, l'angle de vue, la couleur, la durée de vie, la consommation d'énergie, la taille, l'encombrement, la surface d'affichage. Dans ce contexte, la technologie OLED est techniquement plus performante pour des afficheurs à écrans plats destinés à des vidéos à pleine vitesse, en couleur avec un niveau de brillance et de finesse impossible à obtenir par d'autres techniques.

Les seconds concernent des marchés nouveaux, dont les premiers ont émergé au début des années 2000. Il s'agit d'intégrer ce type d'écrans plats miniaturisés dans un téléphone portable, sur des lunettes de chirurgien, etc. afin d'accéder à des informations électroniques riches, de formes variées. La technologie OLED permet de sortir des substrats de verre pour aller vers des substrats souples de type organique et ouvrir ainsi de nouveaux champs d'applications.

de voir une image précise se projeter en transparence dans le champ de vision. Les tests par les entreprises clients de Microoled sont en cours pour valider les performances et la qualité de l'offre. Il est prévu un développement commercial important à court terme.

Figure 1. Un écran Oled miniaturisé, Société Microoled

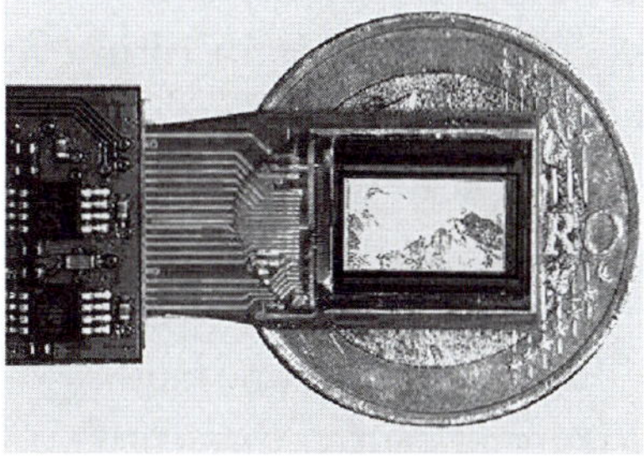

Pourtant, le fondateur et directeur général (DG) de la société ne se satisfait pas de ce développement sur des marchés établis impliquant de gros volumes et une concurrence intense. Au mieux, estime-t-il, le succès des solutions proposées apportera la convoitise d'un major qui réussira à avaler Microoled aisément. Ainsi, le directeur ressent la nécessité de se projeter plus loin dans le temps, à moyen-long terme, et d'identifier ce que pourrait être « une rupture apportée par Microoled, une nouvelle génération d'écrans miniaturisés », qui pourrait pérenniser l'entreprise. C'est ce qui se dit entre patrons de start-ups technologiques : il faut créer sa rupture à moyen terme si l'on veut survivre et se développer. Pour lui, il s'agit d'une offre qui permettra de se différencier très fortement sur de nouveaux marchés sur lesquels grandir sans que la concurrence ne puisse véritablement réagir dans les temps.

Intuitivement, le directeur exprime une vision de la rupture dans le champ des lunettes informatives pour le sport. Elles sont basées sur une nouvelle génération technologique et disposent d'une vision intégrée sur un œil (effet de projection d'une image translucide devant les lunettes), d'un écran à faible résolution amenant des informations présentes dans l'environnement par transmission sans fil. Le marché n'est pas véritablement défini. De nombreuses applications potentielles apparaissent en parallèle : l'information dans les villes « connectées », la mobilité, le sport ou encore des activités industrielles en B to B. Microoled a pu notamment conforter, par quelques entretiens ciblés, le fort intérêt en France et à l'international, du domaine du sport pour ce type de technologie. La solution proposée est dix fois plus performante que ce que l'on peut trouver de mieux actuellement pour les cyclistes, et ce, à plusieurs niveaux : taille de l'écran (faible encombrement et meilleure esthétique des lunettes), luminance malgré une taille réduite (grâce à une forte densité de pixels). Pourtant, le niveau de risque perçu par le DG reste extrêmement haut, l'investissement technique étant estimé à 1 million d'euros pour un retour commercial et financier très incertain. Il sollicite la responsable marketing de la start-up pour identifier, parmi toutes les applications possibles, dans et hors du sport, celles qui valoriseront le mieux l'avance technologique de l'entreprise. Il s'agit de valoriser trois caractéristiques de la solution : une faible consommation d'énergie, quatre fois inférieure aux autres dispositifs, une haute résolution d'image sur une surface réduite grâce à une forte densité de pixels, un faible encombrement. De préférence et du fait des premières offres de la société, les marchés de masse devraient être privilégiés – sans que ce soit une condition *sine qua non.*

La responsable marketing se fixe ainsi pour objectif d'identifier, de qualifier et de hiérarchiser les segments de marché des lunettes informatives dans deux domaines applicatifs : le sport et les villes communicantes. Elle démarre par une étude documentaire qui lui permet de faire les constats suivants :

- de nombreuses tentatives de lunettes informatives ont échoué par le passé, à l'exception de celles d'une entreprise japonaise remarquable, devenue leader du marché avec essentiellement des solutions pour les sportifs ;
- une des raisons de ces échecs résiderait dans les problèmes d'esthétique des premières lunettes qui ne sont pas compensés par l'utilité perçue des fonctions informatives ;
- à ce titre, le domaine du sport reste potentiellement plus prometteur car plus demandeur de fonctions informatives que le tourisme urbain. Les villes ont en effet du mal à identifier des contenus informatifs pertinents ;
- enfin, il est probable que le marché japonais constitue un premier segment propice au lancement commercial des innovations de lunettes informatives du fait de sa forte demande de nouveautés et sa relative moindre sensibilité aux problèmes d'esthétique pour ce type d'objet.

À ce stade, la décision est prise de focaliser l'analyse marketing sur le domaine du sport, ce qui conforte le DG dans ses intuitions. Il s'agit ensuite d'identifier les leviers de développement qui permettront de surmonter, dans des délais de l'ordre du semestre, les obstacles qui ont causé tant d'échecs par le passé. Trois types de leviers apparaissent : (1) la compréhension des éléments de succès de la société japonaise appropriables par Microoled ; (2) l'identification des segments de marché les plus demandeurs, c'est-à-dire ceux rencontrant un « problème critique » face auquel Microoled peut apporter un delta de performance significatif dans des conditions acceptables par le client ; (3) la constitution d'un écosystème d'acteurs spécifique à la trajectoire d'innovation de rupture portée par Microoled de sorte de fédérer un pouvoir d'influence de l'environnement et une chaîne de valeur complète pour la production et la diffusion de l'innovation.

Face à ces premiers constats, trois actions marketing sont lancées.

La première concerne l'organisation d'une mission au Japon pour apprendre du leader tout en expérimentant la précommercialisation d'une solution. Cette mission stratégique est facilitée par la nationalité japonaise de la responsable marketing qui obtient facilement des rendez-vous avec le leader japonais des lunettes informatives pour le sport. Elle le sollicite en proposant une éventuelle collaboration technologique avec Microoled qui présentera un démonstrateur. Cette mise en relation directe est déjà considérée par le DG comme une petite victoire par rapport à quelques mauvaises expériences antérieures. Les enseignements issus des entretiens et du voyage sont riches. Le Japon est un « lieu culte » pour la technologie OLED. Les acteurs et notamment les clients finaux sont bien au fait des fonctions informatives potentielles des lunettes munies d'OLED. Ils participent spontanément et activement à la définition de l'offre en achetant les premiers modèles et en apportant des pistes de progrès. C'est ainsi que les problèmes d'esthétique des premières lunettes équipées d'un dispositif électronique assez visible sont apparus comme importants sans pour autant « bloquer » les clients envers le concept lui-même.

En définitive, les « utilisateurs pionniers » du Japon semblent avoir ouvert la voie vers un marché de masse, quant à lui non limité au Japon, qui réclame des produits et des services de haute qualité, apportés par des professionnels réactifs, à des prix attractifs dans un contexte de concurrence intense. Particulièrement volatiles, les clients n'hésiteraient pas à changer de fournisseurs pour des solutions moins performantes mais avec des prix beaucoup plus attractifs. Les modalités de distribution de l'offre apparaissent comme un véritable déterminant du succès de cette innovation tout en gardant à l'esprit la nécessité d'une forte différenciation en terme de performance technique selon les critères de qualité d'image (contraste, luminance, saturation de couleur) et de solution complète avec contrôleur d'interface. Une autre conclusion marketing pour Microoled concerne la nécessité de s'implanter sur le marché japonais pour bénéficier en avance de phase de la facilité d'apprentissage par le marché. Ceci vient perturber la *roadmap* marché établie par l'entreprise qui ciblait en premier lieu l'Europe. Un autre point concerne l'impératif de qualité technique, gage de crédibilité et d'image, quitte à réduire le nombre des fonctions informatives des lunettes pour éviter tout risque de défaillance. Dès lors, la seconde action marketing présente un enjeu majeur : identifier les caractéristiques techniques distinctives des lunettes Microoled et les segments de marché que l'on peut cibler.

La deuxième action marketing consiste à réaliser une enquête qualitative auprès de sportifs pratiquant des activités fort différentes. La démarche retenue est celle préconisée par P. Millier dans son ouvrage « L'étude des marchés qui n'existent pas encore » (2004). Une étude documentaire et des brevets ont permis d'identifier de façon large les technologies, les applications et leurs fonctionnalités et les acteurs impliqués dans l'information aux sportifs en temps réel. Dès lors, une matrice d'applications a priori, basée sur l'imagination des équipes Microoled, a permis d'élaborer une liste de clients potentiels dans différents sports ainsi qu'un guide d'entretien pour mieux comprendre leurs besoins potentiels ainsi que leurs contraintes et comportements d'achat. Des sportifs, des associations et des fédérations sportives ont été consultées. Après une trentaine d'entretiens, une première segmentation est élaborée par la responsable marketing (figure 2).

Figure 2. La segmentation du marché des sports

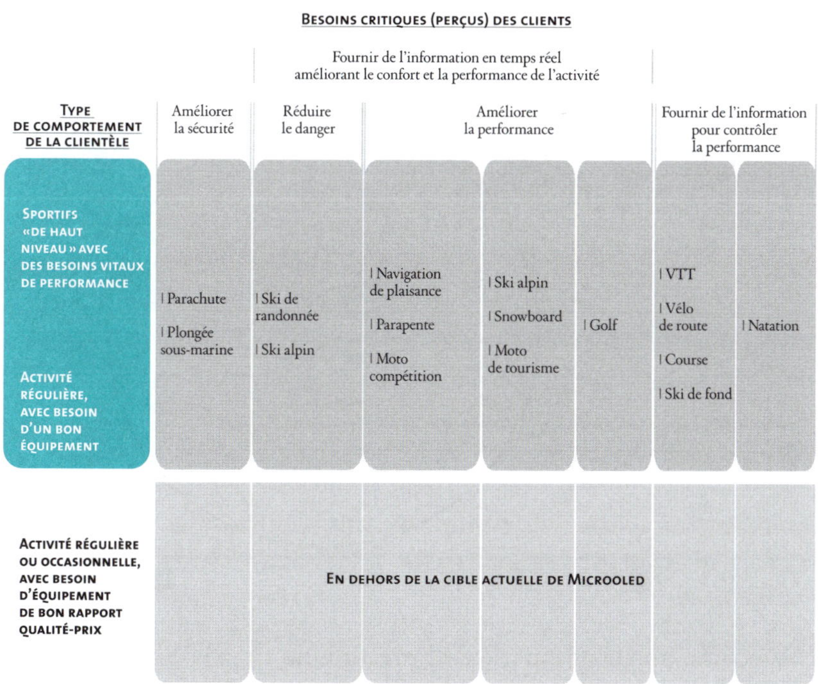

Source : Microoled

Chaque segment identifié a fait l'objet d'une analyse d'attraits, en fonction des bénéfices escomptés, et des atouts de Microoled vis-à-vis des solutions concurrentes. Systématiquement, les critères de l'autonomie et de la taille du dispositif informatif sont apparus comme des conditions fortes de l'acceptation et donc de l'achat potentiel par les utilisateurs. La caractéristique technique d'une faible consommation d'énergie développée par la société semble donc déterminante dans la solution finale. L'analyse marketing de chaque segment a ainsi permis d'aboutir à un positionnement de Microoled présenté dans la figure 3.

Figure 3. Positionnement des segments de marché Microoled

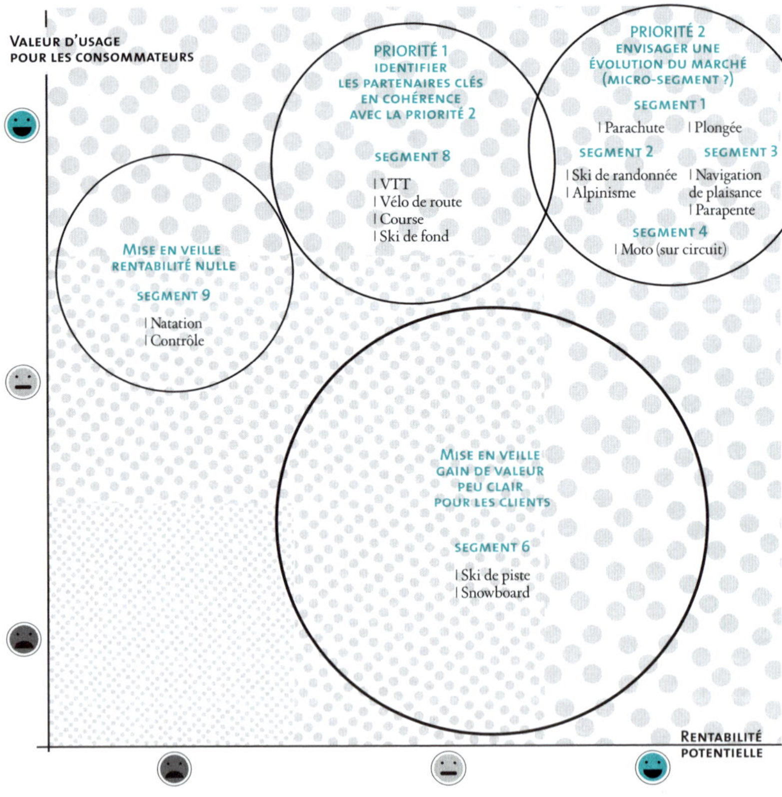

Les recommandations marketing préconisent de privilégier deux segments : le « monitoring » pour les sports de fond comme le cyclisme, la course à pied et le ski de fond et l'information d'alerte pour le parachutisme et la plongée sous-marine. Des scénarios de développement sur ces marchés peuvent dès lors être envisagés. Ils vont permettre aux dirigeants de passer à l'action de manière plus sereine qu'en se basant sur leur simple intuition. En vue de cette construction de scénarios et d'un passage à l'action, le marketing a en charge une troisième mission qui est l'identification de partenaires notamment de diffusion de l'innovation.

La troisième action marketing vise la constitution d'un écosystème d'acteurs pertinents et complémentaires autour des solutions techniques mises en avant par Microoled. Cette étape est cruciale mais difficile du fait que l'on est toujours en phase amont du processus d'innovation : Les segments de marché ciblés émergent et la société ne dispose pas (encore) de démonstrateur ou de prototype, ni d'études de marché ou de premiers clients pour convaincre des partenaires. Il s'agit alors de construire des partenariats à caractère exploratoire et non directement commercial ou de mutualisation de moyens. Microoled opte pour des acteurs inscrits dans la même dynamique d'innovation que la sienne, en favorisant une approche du réseau de valeur par les déposants de brevets. Une première liste de partenaires potentiels structurés selon une logique de filière est établie. Ces contacts font ensuite l'objet d'une hiérarchisation avant l'initiation d'un rendez-vous. Deux logiques prévalent : la facilité d'accès notamment via des dispositifs tels que les Pôles de Compétitivité et les missions économiques, et la compatibilité partenariale en termes d'objectifs de développement commerciaux et de ressources distinctives. Le marketing a ainsi préparé le terrain pour initier des partenariats et des alliances d'innovation.

2. Apprentissages de la démarche marketing de Microoled

Ce cas vient enrichir les démarches connues de marketing de l'innovation. Nous proposons le terme d'« *early marketing* » ici. Le cas souligne en effet le rôle fort du marketing très en amont dans le processus d'innovation ; ceci dans des contextes marqués par plus de ruptures, un niveau élevé d'incertitude et des rythmes d'innovation irréguliers. Les fonctions amont de cet « *early marketing* » émergent de ce cas essentiellement à trois niveaux.

A. Un marketing au service de la découverte de nouvelles trajectoires d'innovation

Il est admis que le marketing de l'innovation intervient bien avant l'élaboration d'un concept innovant, au stade de la recherche d'idées. Le cas Microoled ne présente pas cette recherche d'idées nouvelles comme une question prioritaire, ni même comme un problème. La véritable interrogation concerne la délimitation de l'espace dans lequel émettre des idées de sorte que celles-ci aient ensuite une chance d'être sélectionnées pour entrer dans les logiques stratégiques de l'entreprise. Il s'agit ici d'un marketing apte à capter des signaux divergents vis-à-vis des tendances établies, en provenance de sources d'information inattendues, non déterminées à l'avance (Bessant et Tidd, 2008). Dans le cas Microoled, le matériau initial d'une telle activité semble être l'intuition d'un dirigeant fortement connecté à un réseau d'entrepreneurs visionnaires et de dirigeants d'entreprises reconnues pour leur dynamique d'innovation. Il s'agit ici pour le marketing de sortir des logiques d'exhaustivité, de description factuelle et rationnelle des marchés et de leur dynamique d'évolution. Le marketing peut alors adopter un rôle d'aide aux décisions d'orientation stratégique par un effort d'amplification des intuitions et des émotions, des décisions basées sur la convergence de faisceaux d'indices. En ce sens, il s'agit d'un marketing plus anticipatif, capable d'étendre l'horizon temporel de la *roadmap* marchés et produits au-delà de deux à trois ans. À cet effet, sans doute qu'il serait enrichissant de s'inspirer des approches de veille stratégique basée sur les signaux faibles. Un des nouveaux défis du management de l'innovation est celui des dynamiques multiples requérant des organisations ambidextres au sens de Tushman et O'Reilly (1997)[1]. Le marketing a un rôle majeur à jouer dans le développement d'une telle capacité organisationnelle. Cette mission ne va pas de soi car elle remet fortement en question les connaissances et les savoir-faire acquis des équipes marketing.

1. Les organisations ambidextres sont définies comme des organisations ayant la capacité de conduire simultanément des activités d'exploitation et des activités d'exploration. Dans le cas de Microoled, il s'agit d'être capable de dégager des ressources et des compétences pour explorer des champs d'application inédits à partir de la technologie OLED maîtrisée.

B. Un marketing au service de l'émergence de nouvelles segmentations de marché

L'approche retenue par l'équipe Microoled est celle développée par P. Millier. Elle consiste en un travail de foisonnement puis de focalisation autour de deux éléments déterminants de la segmentation de marché :

- les applications innovantes qui sont à la croisée de fonctions techniques spécifiquement performantes et d'utilisations de ces fonctions dans des contextes particuliers générant des problèmes critiques ou de fortes insatisfactions. C'est par exemple la question des fonctions d'alerte vitale pour qu'un parachutiste soit informé de manière certaine, sans défaillance, lorsqu'il se rapproche dangereusement du sol ;
- les comportements et les critères d'achat des clients qui vont chercher le delta de valeur positif, résultant des bénéfices apportés par la solution face aux contraintes liées à son acquisition et à sa mise en œuvre. Cette notion est nécessairement subjective et requiert une confrontation directe entre la solution innovante et les clients potentiels.

Sur la base de ces éléments, l'analyse marketing permet de qualifier et hiérarchiser des segments de marché porteurs et accessibles pour l'entreprise innovante.

Le cas Microoled permet cependant de soulever quelques questions susceptibles d'enrichir la démarche proposée par P. Millier. Tout d'abord, les enseignements issus des échecs et des réussites passés semblent source d'apprentissage accéléré que l'on ne peut pas acquérir auprès des utilisateurs et des clients potentiels. Plus que des vérités sur le marché devant servir à reproduire ou éviter des stratégies et des marchés, ces enseignements issus de l'expérience passée d'autres acteurs permettent de comprendre des dynamiques de changement et des leviers d'action pour la start-up. Microoled est entrée dans un processus d'intelligence collective avec la société japonaise par des allers-retours entre le potentiel de la technologie proposée et la dynamique d'innovation du marché des lunettes informatives. Nous entrons ici dans la compréhension des mécanismes de co-émergence de solutions innovantes et de nouveaux segments de marché. Il convient d'accepter un niveau d'incertitude élevé, même en fin de segmentation, avec une analyse quantitative de la taille et du taux de croissance des segments forcément approximative, lorsqu'elle est possible et pertinente. À cet égard, il est intéressant de noter le manque d'attention porté aux chiffres clés constituant les critères habituels de décision marketing en faveur d'indicateurs relatifs aux orientations et aux comportements des acteurs. Ce dernier constat nous amène à la troisième contribution du marketing au processus d'innovation amont, celle du support à la sélection stratégique des opportunités d'innovation.

C. Un marketing au service de la sélection stratégique des opportunités d'innovation

L'enjeu est important aujourd'hui pour toute entreprise de ne pas réaliser deux types d'erreur de sélection : l'erreur par omission qui consiste à ne pas s'engager dans une voie (généralement une rupture), faute de lui avoir prêté suffisamment d'attention ou de crédit ; l'erreur par commission qui consiste à s'engager dans une voie qui s'avère un échec dont on ne retire aucune valeur. Le marketing s'attache généralement bien à ne pas commettre la seconde erreur en mettant en avant les enseignements tirés des expériences passées ce qui tend de fait à le rendre plutôt enclin au premier type d'erreur. Le cas Microoled suggère, pour aller dans le sens de l'ambidextrie, une autre façon de contribuer à la sélection des opportunités d'innovation pour de nouveaux marchés. Il s'agit de penser la sélection interne par les acteurs de l'organisation et la sélection externe par l'écosystème d'innovation, à travers la capacité à mobiliser les acteurs autour de l'innovation par des actions d'expérimentation communes. Le marketing peut avoir une contribution essentielle dans l'identification des partenaires externes sans lesquels l'innovation ne pourra sans doute pas voir le jour et encore moins être diffusée sur le marché. Ce travail nécessite un investissement temporel lourd face à des situations de rupture technologique où de nombreuses solutions concurrentes peuvent adresser un champ d'opportunités très ouvert. Il nécessite aussi que ces ruptures ne se fassent pas au détriment d'innovations incrémentales, permettant l'exploitation à court terme de l'activité – comme c'est le cas pour Microoled dans le domaine de l'électronique grand public et professionnelle.

Une question reste en suspens, celle du transfert des connaissances de ce marketing amont vers un marketing opérationnel rigoureux mais flexible à plusieurs niveaux :

– en ce qui concerne le produit, l'offre est fortement évolutive en terme de qualité, caractéristiques et options, service après-vente et garantie ;
– en ce qui concerne le prix, son niveau est relativement très élevé pour le premier segment, et évolue vers un niveau plus attractif ; les conditions promotionnelles (remise, rabais), les conditions de paiement et de crédit sont adaptées au segment cible ;
– en ce qui concerne la distribution, une forte proximité est nécessaire au départ et moindre selon les segments ;
– en ce qui concerne la communication, elle évolue du one-to-one avec des arguments à forte composante technologique, à une cible plus élargie, avec des arguments au contenu davantage commercial ;

Conclusion

Le cas Microoled nous montre la complémentarité des modèles classiques de management des processus d'innovation. En composant avec les outils de marketing de l'innovation, un nouveau processus plus itératif et pluri-directionnel est proposé (figure 4).

Figure 4. Processus de management de l'innovation pour le cas Microoled

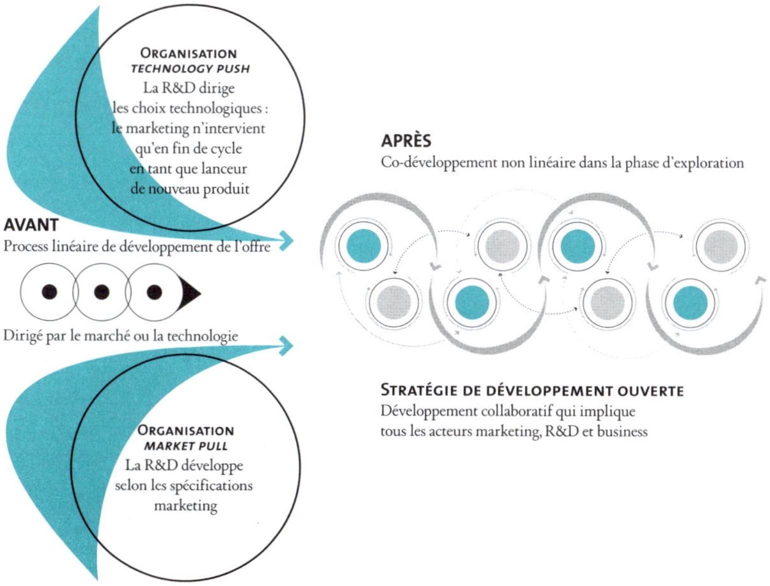

Il permet de maîtriser de façon plus systématique le processus avec une forte volonté d'orientation marché dans un paradigme de la construction dynamique et du changement plutôt que dans une approche plus descriptive d'une évolution prédéterminée par des facteurs statiques. Ce qui semble avéré aujourd'hui est la nécessité de prendre conscience de la contribution étendue du marketing au-delà du processus opérationnel notamment pour mieux combiner des approches incrémentales et radicales, court terme et long terme en interaction continue avec la stratégie d'innovation de l'entreprise. Ainsi, les questions d'ambidextrie organisationnelle au sens de Tushman et O'Reilly s'appliquent tout aussi bien au marketing qu'aux autres fonctions de l'entreprise ! En particulier l'« *early marketing* » pratiqué par Microoled a permis de faire des choix de développement, qui se sont avérés cruciaux, en amont des processus d'innovation.

Chapitre 4

CONSTRUIRE UN BUSINESS MODEL RENTABLE BASÉ SUR LA GRATUITÉ

L'utilisation du parrainage pour financer une plateforme Web 2.0 ; l'expérience de Sportganizer

→ *Valérie Chanal, Jean-Luc Giannelloni, Romain Parent*

RÉSUMÉ Ce travail s'intéresse au parrainage comme alternative à la publicité pour le financement des plateformes Web 2.0. Le cas Sportganizer illustre en quoi la problématique de financement de ces plateformes, évoluant sur des marchés bifaces, est centrale. La publicité et le parrainage sont ensuite comparés et il est montré en quoi le second est un modèle de revenu supérieur, notamment dans sa capacité à générer des externalités de réseaux croisés positives.

INTRODUCTION

Les sites Internet grand public dits du « Web 2.0 » ou « médias sociaux » tels que You Tube, Facebook ou Flickr se caractérisent notamment par la possibilité donnée aux internautes d'y déposer du contenu et de le modifier. Ce faisant, ils contribuent eux-mêmes à la valeur du service qu'ils utilisent (Tapscott et Williams, 2007). Dans la mesure où ce sont les utilisateurs qui créent et développent une grande partie du contenu, ces services ont été le plus souvent développés sur une base de gratuité. Ceci pose la question du financement et du modèle économique des plateformes qui les proposent.

Dans une logique économique proche de celle de la presse gratuite, les sites du Web 2.0 se financent essentiellement par la publicité. La gratuité et le partage d'un intérêt commun sur une plateforme favorisent une audience nombreuse et qualifiée. De plus les outils informatiques permettent de tracer l'activité des internautes, leurs comportements de clics ou d'achat, leurs centres d'intérêt. Ceci explique notamment que la croissance des dépenses de publicité sur Internet dépasse aujourd'hui largement celles des médias traditionnels.

Pour autant, la publicité sur Internet comme seul mode de financement se heurte à des critiques, tant du côté des annonceurs qui remettent en question le rapport coût/efficacité des bannières et liens sponsorisés, que des internautes qui développent une résistance à ces messages souvent perçus comme intrusifs. Face à ces limites, existe-t-il des modes de financement alternatifs à la publicité pour les services web gratuits ou quasi gratuits ?

L'objectif de ce chapitre est de répondre à la question en montrant en quoi le parrainage peut être une stratégie alternative à la publicité pour le financement du Web 2.0. Le parrainage est une forme d'association par laquelle une organisation met des moyens à disposition d'une entité impliquée dans une activité socioculturelle dans le but d'atteindre des objectifs de communication (Walliser, 2006). L'intérêt essentiel du parrainage est son ancrage dans la réalité de l'entité soutenue. Par exemple l'association de BNP avec le tournoi de tennis de Roland Garros n'est possible que parce que ce dernier existe. Et ce sont bien les représentations (valeurs, croyances…) suscitées par l'événement sur lesquelles le parrain compte bien capitaliser. *A contrario*, l'entité parrainée (et *a fortiori* le message), surtout lorsqu'il s'agit d'un événement, n'existerait pas, le plus souvent, sans le soutien du parrain. On a donc, à ce niveau, une réelle symbiose, presque au sens biologique, entre le parrain et l'entité soutenue. La « rencontre » entre le message et l'audience se fait également de manière moins passive que par la publicité et le parrain bénéficie du capital de sympathie accordé au support par le biais d'un phénomène de transfert.

L'intérêt du parrainage, dans ce contexte, sera analysé au travers de l'exemple de la plateforme Sportganizer. Son activité consiste à fournir des outils facilitant l'organisation de la participation à des manifestations sportives (par exemple, typiquement un entraîneur préparant un déplacement pour une compétition). Dans un premier temps, cette plateforme sera présentée, il sera montré en quoi elle est une plateforme biface et en quoi son financement s'avère problématique. Dans un second temps, les différences entre la publicité et le parrainage seront mises en évidence et la manière dont Sportganizer utilise le parrainage sera exposée. Dans un troisième temps, les conclusions montreront en quoi le parrainage paraît être mieux adapté que la publicité au financement de ce type de plateforme et comment il pourrait être développé pour servir de base à de nouvelles propositions de valeur.

1. Sportganizer : un service original qui doit se financer pour se développer

A. Sportganizer : un service pour les associations sportives

Au niveau national, le sport amateur est très structuré (fédérations, ligues régionales, comités départementaux et enfin associations locales). Au niveau local, en revanche, les associations sportives sont autant de petites communautés sociales où interagissent de manière informelle différents types d'acteurs (sportifs, entraîneurs, parents, professeurs d'EPS, arbitres, responsables d'associations, etc.). Mettre en lien l'ensemble de ces acteurs pour organiser un simple déplacement, une équipe de jeunes par exemple, nécessite rigueur et précision dans l'échange d'informations. À défaut, les conséquences financières (amende) et/ou sportives (déclassement) peuvent être lourdes. Or, pour des raisons budgétaires, les outils de communication des associations se limitent souvent à un simple panneau d'affichage.

À partir de ce constat, Sportganizer se devait de formuler une proposition de valeur simple en se focalisant sur les fonctionnalités les plus intéressantes pour les utilisateurs cibles. Une discussion approfondie avec des acteurs (un entraîneur de club de rugby, trois professeurs d'EPS, le responsable régional du sport universitaire de Rhône-Alpes et quatorze sportifs amateurs – six footballeurs, quatre handballeurs, deux rugbymen, deux joueurs de badminton) a montré que le processus « d'organisation d'événements sportifs » est un moment critique en termes de communication pour les clubs. Pour les sportifs il est souvent pénible de devoir se rendre au panneau d'affichage de leur club ou de leur établissement chaque semaine pour savoir s'ils sont conviés à un match. Pour les entraîneurs, il est toujours difficile de savoir qui a consulté le panneau d'affichage et donc qui a reçu l'information ou non. C'est pourquoi certains entraîneurs s'obligent à téléphoner à chacun des joueurs convoqués, ce qui leur demande beaucoup de temps.

Capitalisant sur ces observations, la première version de Sportganizer.com fut lancée en septembre 2008 avec, comme fonctionnalité centrale, la possibilité pour les entraîneurs d'organiser des événements sportifs en quelques clics.

Figure 1. Le site Sportganizer, créé en septembre 2008 (www.sportganizer.com)

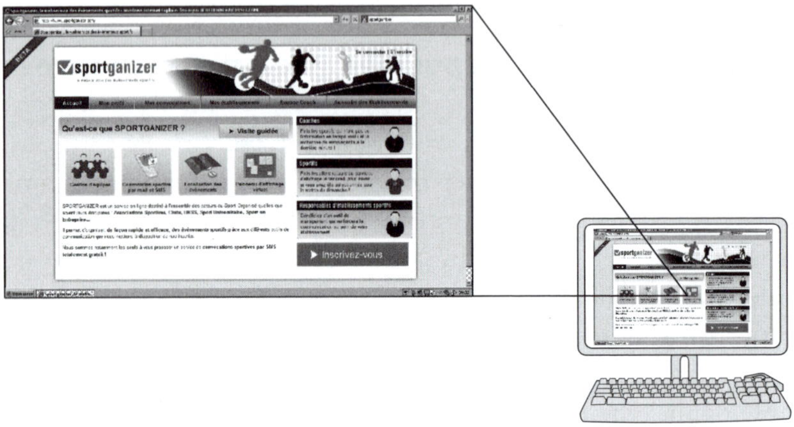

Concrètement, après avoir composé sa feuille de match en ligne sur le site (figure 1) un entraîneur a l'assurance que chaque sportif sélectionné sera prévenu automatiquement (par SMS et e-mail) et invité à faire connaître sa disponibilité en ligne. En cas de désistement l'entraîneur est lui-même informé par les mêmes moyens et peut, le cas échéant, convoquer d'autres joueurs afin d'éviter un forfait (figure 2 page ci-contre).

À cette fonctionnalité unique s'ajoutèrent peu à peu d'autres services complémentaires : calcul d'itinéraires pour les événements à l'extérieur nécessitant un déplacement, organisation de covoiturage, panneau d'affichage virtuel permettant le partage sécurisé de fichiers (modèles de certificats médicaux…) et d'informations.

Fonctionnellement, Sportganizer.com peut donc être défini comme un service permettant de créer rapidement, et sans aucune connaissance technique, l'intranet d'une association sportive. Après deux saisons, un premier bilan montre un succès réel. Près de 500 associations sportives se sont inscrites sur la plateforme, plus de 2000 événements sportifs ont été organisés et plus de 25000 convocations sportives ont été envoyées en France. Un bon nombre d'associations utilisent la plateforme de manière systématique, généralement sur une base hebdomadaire, pour organiser leurs événements. Pour répondre à cette demande de manière pérenne, la question du modèle économique de la plateforme s'est, évidemment, posée dès l'origine.

Figure 2. Exemple de feuille de match sur Sportganizer

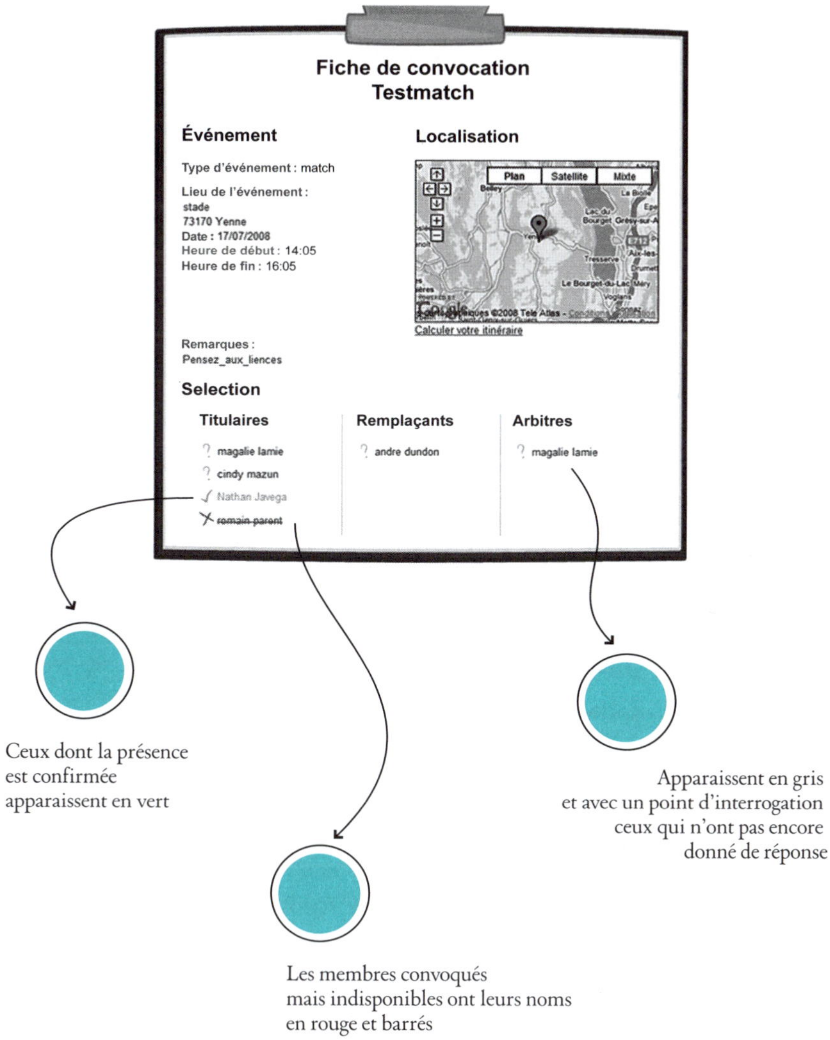

B. Sportganizer, une plateforme évoluant sur un marché biface

L'élaboration du modèle de revenu de Sportganizer s'est basée *a priori* sur la gratuité du service pour les clubs, en raison de leurs faibles moyens financiers. Il était donc nécessaire de faire financer le développement de la plateforme par des « acteurs tiers ». Dans le cas de Sportganizer, trois types d'acteurs économiques interagissent. Le gestionnaire de plateforme, à mi-chemin entre l'hébergeur de site et le fournisseur de contenu (Frochot, 2008), fournit l'espace et les outils de gestion de contenu et met en relation ceux qui apportent du contenu, ceux qui l'utilisent, et ceux qui financent le service. Les deux autres catégories d'acteurs sont, d'un côté, les utilisateurs du service (les membres des clubs locaux, qu'ils soient sportifs ou entraîneurs) et de l'autre ceux qui subventionnent le service. Ce modèle peut être assimilé à ce que les économistes nomment une plateforme biface (encadré 1). Elle met en relation deux faces du marché, l'une dite subventionnée (ici les utilisateurs), l'autre dite payeur (qui reste à identifier).

Encadré 1
Les marchés bifaces

Les marchés bifaces mettent en relation deux groupes d'agents dont l'interaction génère des gains. Une plateforme, en tant qu'intermédiaire, facilite les transactions, voire les rend possibles, en réduisant leur coût.

Sur ces marchés, la question de la structure de prix est centrale. En elle-même, elle doit affecter le volume de transactions réalisées sur la plateforme. Cela se produit, par exemple, si les prix appliqués sur une face du marché influencent la présence d'agents économiques sur l'autre face (Rochet et Tirole, 2006).

Le marché de la carte bancaire permet d'illustrer ce point. Les prix et le mode de facturation de la plateforme (l'infrastructure de gestion de la carte bancaire) sont différenciés sur chacune des faces. Les consommateurs paient un abonnement annuel, tandis que les commerçants paient un pourcentage sur chaque transaction.

Les marchés bifaces se caractérisent par la présence de quatre types d'effets d'externalité de réseaux (Shuen, 2008) :

- les effets directs : la valeur du bien augmente avec le nombre de personnes qui l'utilisent ;
- les effets indirects : l'augmentation de l'usage d'un bien augmente la valeur d'un bien complémentaire ;
- les effets de réseaux sociaux : un consommateur va être influencé par d'autres consommateurs pour l'utilisation d'un service ;
- les effets de réseaux croisés : la valeur du service sur une face dépend du nombre d'utilisateurs de l'autre face ;

Ces derniers sont typiques des plateformes bifaces. En effet, la valeur dépend certes du niveau de consommation des agents du même service (effet de réseau direct), mais également et surtout de la consommation des agents sur l'autre face du marché (Rochet et Tirole, 2006). Posséder une carte bancaire aura d'autant plus de valeur pour son détenteur que le nombre de commerçants qui l'acceptent est élevé. À l'inverse, un commerçant sera d'autant plus incité à accepter une carte bancaire que le nombre de détenteurs de cette carte est important.

.../...

Par conséquent, le gestionnaire de plateforme évoluant sur un marché biface doit concevoir un modèle de revenu tel que la structure des prix affecte de façon positive le volume de transactions (économiques ou non) réalisées sur la plateforme (en influant sur la présence d'individus issus de chacune des faces du marché). Pour cela, il doit favoriser la présence d'externalités de réseaux croisées positives et limiter les éventuels effets négatifs. La principale difficulté consiste, au moment du lancement de la plateforme, à faire « monter à bord » simultanément les deux catégories d'agents, par le biais de stratégies tarifaires et non tarifaires. Cette difficulté s'accroît par le fait que, généralement, l'une des faces du marché se caractérise par une propension à payer faible, voire nulle. Lorsque cette face présente un nombre de consommateurs déterminant pour la présence d'agents sur l'autre face, ceux-ci sont, par contre, prêts à payer pour le service. La première face est dite « subventionnée », l'autre est dite « payeur ».

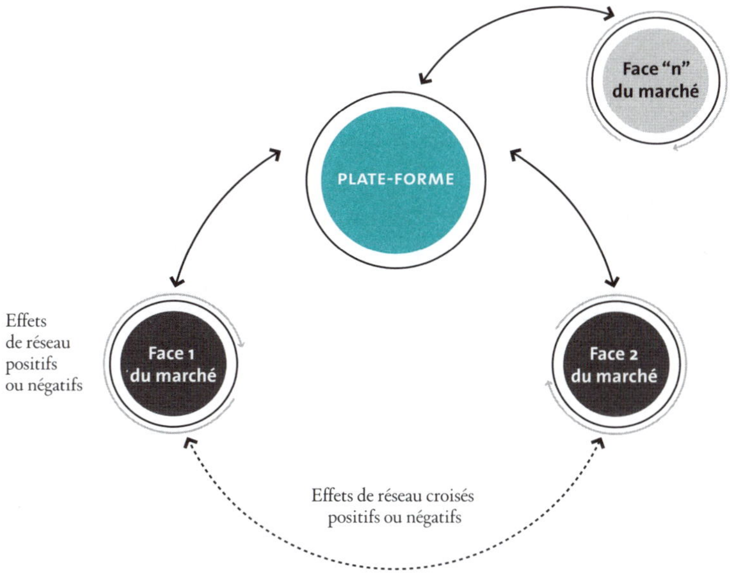

Figure 3. Effets de réseaux croisés sur les marchés bifaces

C. Quelle proposition de valeur viable pour Sportganizer ?

La proposition de valeur sur la face payeur doit ainsi s'adresser à une cible d'agents économiques pour laquelle la présence de sportifs (pratiquants et entraîneurs) sur l'autre face présente de la valeur. La présence d'internautes sur la face subventionnée peut être valorisée de quatre manières différentes, qui correspondent à des niveaux croissants d'implication de l'internaute vis-à-vis de la plateforme.

Il peut s'agir tout d'abord d'une audience qualifiée pour des campagnes publicitaires. En second lieu, il peut s'agir également d'une audience qualifiée, mais cette fois pour des stratégies de parrainage. En troisième lieu, les internautes peuvent être considérés comme un fichier d'acheteurs potentiels de produits à vendre sur la plateforme. Enfin, ils constituent également une communauté d'utilisateurs avertis qui peuvent fournir des informations sur l'usage de produits d'équipements sportifs voire contribuer à la conception de nouveaux produits.

Le problème consistait pour Sportganizer à identifier des agents économiques valorisant des externalités positives liées à la présence de nombreux utilisateurs de la plateforme et ayant une propension à payer plus élevée. Parmi les quatre stratégies évoquées, les responsables de la plateforme ont écarté les deux dernières qui, pour être viables, nécessitent une « masse critique » d'utilisateurs plus importante. Or il était nécessaire de générer des revenus assez rapidement pour permettre à la plateforme de continuer à exister. Il restait à choisir entre la publicité et le parrainage dont l'intérêt est de pouvoir fonctionner de manière progressive, en accompagnant l'augmentation du nombre d'utilisateurs de la plateforme, en attendant d'avoir sur les deux faces le volume d'utilisateurs nécessaire pour faire appel à des formes de monétisation plus élaborées.

La partie suivante présente et justifie le choix du parrainage, en montrant comment il permet de limiter les externalités négatives liées à la publicité tout en conservant la gratuité du service pour la face « subventionnée ».

2. SPORTGANIZER A FAIT APPEL AU PARRAINAGE PLUTÔT QU'À LA PUBLICITÉ

A. La publicité : le mode privilégié de financement des plateformes Web 2.0

Le modèle économique publicitaire, vu comme la « forme dérivée d'un marché biface sur lequel le médium propose *via* un seul et même support deux biens strictement complémentaires » est le plus répandu sur les plates-formes Web 2.0 (Wauthy, 2008). La publicité en ligne se présente généralement sous la forme d'un bandeau publicitaire, mais elle peut aller d'un simple lien textuel à une vidéo. Généralement, l'annonce publicitaire sur Internet propose un lien vers le site d'un annonceur. L'utilisateur n'a qu'à cliquer sur la bannière pour sortir du site hôte et se retrouver sur celui de l'annonceur. Ce dernier dispose ainsi des annonces, sur un ou plusieurs sites hôtes, afin de capter une partie de leur audience en échange d'une rémunération. Malgré une décélération depuis 2008, la croissance des dépenses de publicité sur Internet dépasse largement, en proportion, celle des médias traditionnels. En France, les investissements publicitaires sur Internet ont été de 3,9 milliards d'euros en 2009, en croissance de 8,2 % sur 2008 malgré le contexte de crise, et 98 % des plus gros annonceurs plurimedia communiquent également sur Internet[1], ce qui montre l'attractivité du média, fondée sur sa capacité à élargir et renouveler les cibles, sur sa réactivité et sur son effet innovant[2].

B. La publicité sur Internet a des limites, que le parrainage permet de pallier

Cependant, la publicité en ligne est loin d'être une panacée. Le rapport coût efficacité des liens sponsorisés est remis en question, principalement en raison de leur faible visibilité globale et des phénomènes de fraude qu'ils sont susceptibles d'occasionner (Viot, 2009). Le « taux de clic »[3] sur les bannières serait en moyenne largement inférieur à 1 %[4].

Par ailleurs, la publicité en ligne est largement perçue comme une intrusion, ce qui d'une certaine manière dégrade la valeur du service

1. Source : http://mailing.aden-france.org/Barometre.pdf (consultation du 2 juin 2010)
2. Source : http://www.journaldunet.com/cc/06_publicite/epub_marche_fr.shtml (consultation du 9 mars 2010)
3. Le taux de clic est le « pourcentage d'internautes exposés à un contenu publicitaire qui ont cliqué sur celui-ci afin de se rendre sur le site de l'annonceur ou de répondre à la sollicitation du message marketing ». Source : http://www.iabfrance.com/?go=edito&eid=69 (consultation du 15 mars 2010).
4. Le taux de clic moyen sur les bannières était en 2007 de 0,18 %, en baisse constante depuis 2004. Source http://www.davechaffey.com/Internet-Marketing/C8-Communications/E-tools/Interactive-Advertising/clickthrough-rates-online-advertising-uk-europe/ (consultation du 15 mars 2010) d'après une étude barométrique de European Interactive Advertising Association. De fait, un taux de 1 % est considéré comme une excellente performance par l'Interactive Advertising Bureau.

proposé. Comparé aux médias traditionnels, l'Internet est plus interactif et orienté vers des tâches spécifiques. La publicité y est perçue consommatrice de temps et de ressources matérielles (capacité de mémoire, bande passante...) et, par conséquent, susceptible de distraire l'internaute de l'objectif qu'il s'est fixé en allant sur le Web et ce d'autant plus que les formats récents sont de plus en plus intrusifs (*flash*, *pop-up*). On a ainsi pu mettre en évidence une stratégie délibérée d'évitement des bannières publicitaires par les internautes.

Ce comportement est d'autant plus sensible que la publicité est perçue comme un obstacle à l'accomplissement de la tâche en cours, que la pression publicitaire est forte et que l'internaute a développé une « résistance » préalable à la publicité, due à des expériences négatives sur Internet (Cho et Cheon, 2004).

Le parrainage est une forme d'association caractérisée par la mise à disposition de moyens (financiers ou non) par une organisation (à but lucratif ou non) à une entité (individu, organisation, événement) impliquée dans une activité socioculturelle (sport, social, humanitaire, arts...) dans le but d'atteindre des objectifs de communication (Walliser, 2006). L'intérêt essentiel du parrainage est son ancrage dans la réalité de l'entité soutenue, en dehors de laquelle le message n'existe pas. Celui-ci, généralement implicite car limité au nom de la marque et/ou de l'entreprise parrain, traduit ainsi l'idée que, sans ce soutien, l'essence même de l'entité parrainée pourrait être remise en question (par exemple la participation d'un sportif à un événement, la présence d'une équipe dans un championnat, ou l'événement lui-même). Contrairement à la publicité, média passif, le parrainage accompagne un support activement recherché par l'audience et doté, généralement, d'un très fort capital de sympathie (par exemple un match de football).

Au travers de formes de communication très diverses le parrainage permet d'atteindre des objectifs plus larges que ceux de la publicité (Fleck-Dousteyssier, 2007). La notoriété et l'image (de la marque et/ou de l'entreprise) sont les plus directement visées. La relation avec les différentes parties prenantes de l'entreprise (clients, banquiers, politiques, salariés...) est un autre objectif essentiel. Ce que l'on a appelé le « sponsoring de la preuve » en est un troisième dans une recherche de légitimité du produit au travers des événements parrainés (par exemple une marque de chronomètres et une compétition d'athlétisme). Il faut noter cependant que, tout comme la publicité, et contrairement aux actions de promotion des ventes, le parrainage n'a pas pour but de faire vendre directement.

Le message délivré par le parrainage est généralement implicite ou en tout cas traité de manière secondaire par une audience qui vient avant tout assister à un événement (sportif ou autre). Très peu d'attention est accordée au message et tout l'enjeu pour le parrain est d'aboutir à un processus de traitement conscient dont découle la formation d'inférences quant à la marque ou à l'entreprise. Dans ce contexte, il est indispensable que le couple « parrain / entité parrainée » soit congruent, c'est-à-dire que leur association soit perçue comme pertinente et soit acceptée par l'audience (Fleck-Dousteyssier, Roux et Darpy, 2005). Dans ce cas, le parrain bénéficie du transfert à son compte des représentations associées à l'entité parrainée. Par ailleurs, le contexte émotionnel intense et positif d'un événement sportif favorise la mémorisation du nom du parrain et crée une situation propice à ce transfert.

Ces principes restent valables pour le parrainage sur Internet. Par exemple, l'effet de la congruence sur le transfert des attributs d'image entre l'entité parrainée, le site du parrain et le parrain lui-même a déjà été validé empiriquement (Louis, 2005). La perception de la congruence peut par exemple s'appuyer sur des éléments descriptifs des produits du parrain (par exemple un producteur de vitamines) et la rubrique du site parrainée (la rubrique santé d'un site par exemple). Par contre, la visibilité du parrain sur le site, par nature plus limitée qu'autour d'un stade ou que sur une voile de bateau, semble avoir une importance essentielle. Elle a en effet un impact direct sur le nombre moyen de parrains retenu par événement, de moitié inférieur sur Internet à celui du parrainage traditionnel (Moinier, 2005). Autrement dit, la présence de multiples parrains brouille le message. Ceci suggère de réfléchir à une forme d'exclusivité accordée au parrain quand cela est possible et, à tout le moins, de valoriser le mieux possible sa présence à l'écran en le rendant parfaitement visible.

C. Le parrainage, une solution retenue par Sportganizer pour son modèle de revenu

Ces principes ont été mis en œuvre dans le but de présenter une proposition de valeur innovante à la face payeur du marché de la plateforme Sportganizer. Pour que le parrainage ne soit pas perçu comme une contrainte, il est important que les membres de la communauté gardent à l'esprit qu'en l'absence d'un tiers payeur, le service ne pourrait être gratuit. Sportganizer promet ainsi à ses parrains : « Vous ne serez pas de vulgaires annonceurs auxquels nos utilisateurs seront indifférents ou même hostiles ». La plateforme s'est approprié les principes énoncés ci-dessus. En échange d'un droit d'entrée, elle offre tout d'abord au parrain une exclusivité sur la partie convocation du service. Le partenaire choisit une partie des utilisateurs de Sportganizer pour qui il souhaite subventionner l'utilisation du service de convocation. Son choix porte sur trois critères : le sexe de la personne à qui la convocation est adressée, le pays auquel elle appartient et la discipline de l'événement auquel elle est convoquée. Par exemple, une entreprise peut devenir le parrain exclusif du service Sportganizer pour les convocations aux événements de type « football féminin » en « France ». Ces critères permettent d'assurer la congruence parrain – entité parrainée et, par voie de conséquence, de cibler au mieux l'utilisateur à qui la convocation parrainée est adressée. Par exemple, il pourrait être pertinent pour Nike Women (concepteur de produits pour le football féminin) d'obtenir cette exclusivité. Afin de donner un maximum de visibilité au sponsor (figure 4), celui-ci apparaît à chaque phase clé du processus de convocation et ce sur différents supports :

- sur le site lors de l'organisation de l'événement : il est rappelé au coach qui valide sa sélection qu'« un e-mail et un SMS de convocation sont adressés aux sportifs sélectionnés gratuitement grâce au sponsor » et le logo du sponsor est affiché ;
- sur l'e-mail et sur le SMS de convocation ;
- également sur la fiche de convocation récapitulant les informations sur l'événement (lieu, heure, composition de l'équipe…) et postée sur le panneau d'affichage virtuel de l'établissement ;
- sur la version imprimable de la fiche de convocation et donc potentiellement à l'intérieur même des établissements sportifs où ces fiches de convocation seront affichées.

Figure 4. Exemple de feuille de match avec logo du sponsor et option d'espace supplémentaires pour offres optionnelles

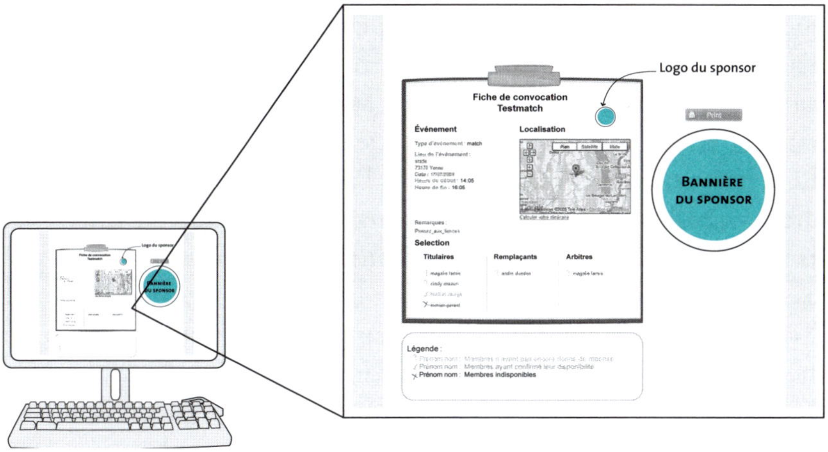

De cette façon, Sportganizer propose à ses parrains au minimum d'attirer l'attention des utilisateurs dont ils subventionnent l'utilisation du service et, potentiellement, de provoquer un transfert d'affect entre le site et le parrain. Si ceci est avéré, par exemple au travers de mesures spécifiques, il sera possible aux parrains de présenter leurs produits (des emplacements sont prévus sur le site à cet effet). Il est fait l'hypothèse que ce couplage entre publicité produit et parrainage sera d'autant plus efficace que la publicité sera ciblée en fonction du profil de l'utilisateur (âge, sexe, statut : entraîneur ou simple sportif...) et de l'événement auquel il est convoqué, et qu'elle n'entrera pas en concurrence avec celles d'autres annonceurs.

Conclusion

Au travers de Sportganizer.com, c'est toute la difficulté de bâtir un modèle économique rentable pour des plateformes Web 2.0 évoluant sur des marchés de type biface qui est évoquée. Destinées à faciliter la rencontre « virtuelle » d'acteurs économiques ou sociaux divers par nature, ces plateformes se heurtent souvent au manque de moyens financiers de ces acteurs, en particulier quand ils œuvrent dans le milieu associatif où le bénévolat est la règle plutôt que l'exception. Les animateurs de ces plateformes doivent donc formuler des propositions de valeur originales, qui leur permettent d'attirer des acteurs sur la face payeur du marché. À cet égard, le cas Sportganizer apporte un certain nombre d'enseignements.

Il a été montré d'une part que le parrainage peut être mieux adapté que la publicité au financement des plateformes Web 2.0. Il y a tout d'abord une différence de nature entre la publicité perçue comme intrusive et le parrainage, ancré dans la réalité et dans la dynamique socioculturelle de l'entité soutenue. De ce point de vue, la crédibilité du parrain est supérieure à celle de l'annonceur. Il y a ensuite un effet d'échelle qui permet au parrainage d'être efficace à différents niveaux d'investissement. Un parrainage de niveau mondial (par exemple Adidas, Emirates ou Sony sur la coupe du monde de football 2010) va produire des retombées quantitativement sans commune mesure avec un parrainage de niveau local (par exemple CKT et son soutien de clubs cyclistes amateurs[5]) mais qualitativement de même nature. Sportganizer peut ainsi attirer des sponsors « locaux » aussi bien que des sponsors nationaux et leur procurer sensiblement les mêmes bénéfices. Le parrainage est, enfin, vecteur d'externalités de réseaux croisés positives. En effet, le nombre croissant d'utilisateurs sur la face subventionnée (sportifs, clubs…) bénéficie aux parrains dont la visibilité se trouve renforcée. Ces derniers en retirent des bénéfices d'image par le biais des mécanismes de transfert évoqués ci-dessus (à condition d'être congruents avec le sport soutenu). Plus généralement, leurs interactions avec les utilisateurs sportifs sont plus nombreuses et, potentiellement, plus intenses et plus riches, ce qui permet d'envisager d'autres formes d'intervention. À l'inverse, la présence de bannières publicitaires peut s'accompagner d'un effet croisé négatif : plus il y a d'annonceurs (donc plus il y a de publicité) et moins le service a de valeur pour l'audience. Le parrainage limite voire annule cet effet négatif, car il ne rencontre pas les mêmes phénomènes de rejet de la part de cette dernière et, sous réserve de maintenir un niveau de visibilité maximal (donc peu de parrains), il peut même aboutir à un effet croisé positif au sens où la présence des parrains a une certaine valeur pour l'audience (par exemple un essai gratuit sur le lieu de l'événement).

5. Source : http://www.ckt-carbon.com/index.php/les-clubs-ckt.html, consultation du 19 mai 2010.

D'autre part, le parrainage peut être un tremplin pour de nouvelles propositions de valeur, plus impliquantes pour l'internaute. La co-innovation est particulièrement intéressante et peut être source de valeur pour des parrains potentiels. Le potentiel d'innovation de la communauté virtuelle constituée par les utilisateurs pourrait en effet être exploité par des entreprises ne possédant pas leur propre communauté de consommateurs, dès lors que leur projet d'innovation est proche des centres d'intérêt de la plateforme. Dans le cas de Sportganizer, une fois les deux faces du marché « installées à bord », il sera possible d'améliorer les effets positifs de réseau en considérant les sportifs comme des sources d'innovation potentielles pour les équipementiers sportifs, par exemple au travers de l'utilisation de trousses à outils virtuelles (Von Hippel, 2001). Ce rôle a déjà été mis en évidence au sein d'un certain nombre de communautés de sportifs (Franke et Shah, 2003).

En troisième et dernier lieu, et à l'inverse, les caractéristiques du parrainage en font un modèle de financement (donc une source de valeur) prometteur pour l'ensemble des plateformes Web 2.0, au-delà du seul cas Sportganizer. En effet, le parrainage ne véhicule pas l'image négative de la publicité, dont l'intrusivité perçue a été mesurée dans des secteurs très différents du sport (Cho et Cheon, 2004). Quel que soit le domaine d'activité, il permet à la plateforme de se développer et de rendre un service à ses utilisateurs, que ces derniers valorisent. Plus généralement, l'absence d'effet repoussoir du parrainage n'obère pas la capacité du gestionnaire de plateforme à faire « embarquer » les acteurs sur les deux faces simultanément. Le risque de générer des effets de réseaux croisés positifs dans un sens et négatifs dans l'autre est donc limité. Pour cela, la congruence entre le parrain et l'objet de la plateforme concernée paraît essentielle. La proximité ou la complémentarité des représentations associées à l'activité et au parrain permet d'une part le transfert des premières sur les secondes. Elle permet d'autre part au parrain de mettre en place plus facilement et plus efficacement une stratégie de création de valeur par des services associés (diagnostics, essais gratuits, vente en ligne…) ou, comme cela a déjà été évoqué, de profiter de sa présence sur la plateforme pour identifier les *lead users* du domaine et renforcer ainsi sa capacité d'innovation.

Chapitre 5
Réussir à capturer de la valeur dans un marché dominé par des leaders

Le positionnement de la start-up Eveon
au sein du réseau de valeur de l'industrie du médicament

→ *Corine Genet, Valérie Roux-Jallet*

Résumé Parvenir à évaluer la répartition de la valeur entre les différents acteurs impliqués dans le processus d'élaboration, de production et de mise sur le marché d'une offre innovante reste un défi de taille pour une start-up. Ce partage de la valeur est d'autant plus difficile pour une start-up quand les acteurs déjà en place sont des entreprises de grandes tailles avec un fort pouvoir de négociation. C'est dans un écosystème comparable qu'Eveon, start-up pionnière dans la conception de dispositifs médicaux automatisés, cherche à s'imposer face aux « géants » de l'industrie du médicament. Ce cas montre comment, face à différentes options stratégiques de business models, une start-up construit son positionnement dans la chaîne de valeur.

Introduction

On sait que les porteurs de projets d'innovation doivent concevoir, le plus tôt possible, le business model qui leur permettra de capturer la valeur de leur innovation. Quels sont les segments de clients à viser ? Quels sont les critères de valeur de ces clients ? Quels sont les processus et les ressources clés à mobiliser ? Avec quels partenaires faut-il s'associer ? Comment apprécier la valeur que l'entreprise sera en mesure de capter ? Autant de questions auxquelles les porteurs de projets innovants doivent apporter des réponses suffisamment tôt pour construire le business model qui permettra le lancement de leur start-up. Parmi les différentes étapes de construction d'un business model, celle qui consiste à choisir le positionnement de la start-up au sein du réseau de valeur semble particulièrement délicate. La difficulté tient moins à l'identification des acteurs à impliquer dans le processus d'élaboration, de production et de mise sur le marché de l'offre innovante qu'à l'évaluation de la répartition de la valeur entre ces acteurs et la start-up. Ce partage de la valeur est d'autant plus difficile pour une start-up quand les acteurs déjà en place sont des entreprises de grandes tailles avec un fort pouvoir de négociation. C'est dans un écosystème comparable qu'Eveon, start-up pionnière dans la conception de dispositifs médicaux automatisés, cherche à s'imposer face aux « géants » de l'industrie du médicament. Ce cas montre comment, face à différentes options stratégiques de business models, une start-up construit son positionnement dans la chaîne de valeur.

1. La start-up Eveon, son marché et sa chaîne de valeur

Eveon, qui signifie « injection » en grec, est une start-up qui développe un dispositif médical intelligent et sécurisé d'administration de médicament sans seringue. L'idée de créer un tel dispositif s'appuie sur un double constat :

- les seringues traditionnelles et leurs évolutions telles que les seringues préremplies ou les stylos injecteurs comportent des inconvénients majeurs en termes de sécurité et de fiabilité (un million d'accidents d'aiguilles en 2006 aux États-Unis) ;
- des travaux sur l'observation des systèmes de capteurs, de pompe et de prélèvement des moustiques ont montré qu'un moustique parvient toujours à piquer au bon endroit, à la bonne profondeur et sans douleur. Par analogie avec ces travaux, les fondateurs d'Eveon ont imaginé un nouveau dispositif d'injection.

A. Un marché porteur

Eveon se situe sur un marché porteur. Le vieillissement de la population dans les pays riches, l'accroissement de la population et l'amélioration du niveau de vie dans les pays émergents, maintiennent la croissance du marché des médicaments et des dispositifs d'injection à un taux de 5 % par an. Cette croissance incite les gouvernements à maîtriser leurs dépenses de santé en diminuant entre autre les coûts et la durée des séjours hospitaliers. Le dispositif d'Eveon répond à cette tendance en proposant une solution d'injecteur totalement automatisé pour des traitements individualisés et pouvant se faire à domicile. Les premiers brevets sont déposés en 2007 et l'idée se transforme en projet d'entreprise récompensé par le prix émergence et le prix création-développement du concours national d'aide à la création d'entreprise de technologies innovantes du ministère de l'Enseignement supérieur et de la recherche.

B. Un produit qui repose sur des innovations technologiques majeures

Le dispositif médical d'injection (DMI) et de prélèvement entièrement automatisé et sécurisé permettant de généraliser l'auto injection du sous-cutané à l'intradermique, l'intramusculaire et l'intraveineux d'Eveon repose sur quatre innovations majeures.

- **Un microsystème (MEMS)** permet d'injecter avec précision des volumes variant du µl au ml. Le paramétrage du MEMS assure un temps d'injection contrôlé afin de s'adapter à la viscosité des solutions et d'éviter la dégradation des molécules sensibles par cisaillement. Contrairement aux seringues mécaniques avec piston, l'injection ne nécessite pas l'utilisation de silicone ni de caoutchouc.
- **Des capteurs** intégrés détectent et analysent les tissus (épaisseurs, profondeur, consistance...) afin de différencier de façon précise un muscle, d'un nerf, du derme, d'une veine...
- **Une aiguille rétractable** standard ou façonnée pénètre à la bonne profondeur uniquement lorsque le dispositif est en contact avec la peau. Après injection, l'aiguille se rétracte et est auto neutralisée grâce à une double sécurité, mécanique et électronique.
- **Une cartouche** contient un ou plusieurs flacons standards pour s'adapter aisément et à moindre coût aux chaînes de remplissage de l'industrie pharmaceutique. La cartouche est adaptée pour des produits mono ou multidoses.

C. Un marché dominé par des groupes internationaux et des dispositifs classiques

Les concurrents directs du DMI d'Eveon sont les développeurs de dispositifs tels que les services d'ingénieries et R&D des grands groupes internationaux comme Becton Dickinson, Novo Nordisk mais également les sociétés conceptrices telles qu'Ypsomed ou encore Crossject. Les fournisseurs sont les fabricants d'aiguilles, de capteurs, de micropompes...

Le marché des dispositifs d'injection est couvert à 85 % par des seringues plastiques classiques vendues quelques centimes d'euros. Même si en 2002 les dispositifs d'injection « élaborés » ne représentaient que 15 % du marché de l'injectable, cette proportion a tendance à augmenter. La croissance globale du marché de l'injectable est estimée à +3,4 % par an sur la période 2002-2008 ce qui représente un marché d'environ 100 milliards de dollars en 2008. Les seringues classiques restent majoritairement utilisées et le plus fort développement concerne les seringues préremplies.

1) Des systèmes d'injection plus sophistiqués pour répondre aux besoins du marché

Dans un souci constant d'innovation et de traitement à domicile, les nouveaux dispositifs d'injection visent à :
- augmenter le confort d'utilisation : diminution de la sensation de douleur, amélioration de la simplicité d'utilisation (auto-injection),
- proposer de nouvelles technologies : systèmes sans aiguilles et sécurisés, voies d'administration (ID),
- s'adapter aux nouveaux produits : développement de médicaments à injecter moins fréquemment, développement de produits lyophilisés.

Sur le marché des dispositifs d'injection, l'accent est donc mis sur les dispositifs élaborés pour s'adapter aux nouvelles réglementations et à la demande du personnel médical pour des systèmes plus sécurisés et auto-injectables.

2) Sélectionner des segments de marché prioritaires

Dans le domaine de la santé humaine, Eveon a identifié six applications potentielles de son dispositif d'injection : les biomédicaments, les vaccins, l'insuline, l'héparine, la cosmétologie/dermatologie, l'urgence pour l'armée. Sur les six segments potentiels identifiés, Eveon a choisi de se focaliser sur deux segments prioritaires le marché des vaccins (1) et celui des biomédicaments (2).

Le marché des vaccins (1), estimé à 6 milliards d'euros aujourd'hui, devrait passer la barre des 20 milliards en 2012. De tous les produits pharmaceutiques, ils sont aujourd'hui les plus dynamiques : leurs ventes progressent chaque année de 14 %, deux fois plus que celles des médicaments traditionnels (Joly, 2006). Ce marché est très réceptif à l'innovation et les acteurs sont particulièrement intéressés par de nouveaux dispositifs d'injection médicaux pour la nouvelle génération de vaccins à haute valeur ajoutée (vaccins thérapeutiques, prophylactiques pour de nouvelles pathologies).

Figure 1a.
L'envolée du marché mondial des vaccins (en millions de dollars)

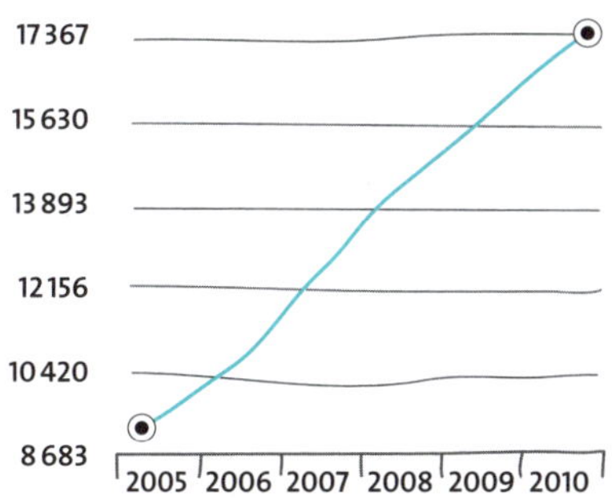

Sources : Joly J. (2006)

Figure 1b.
Les grands acteurs du marché (en 2003, en millions de dollars)

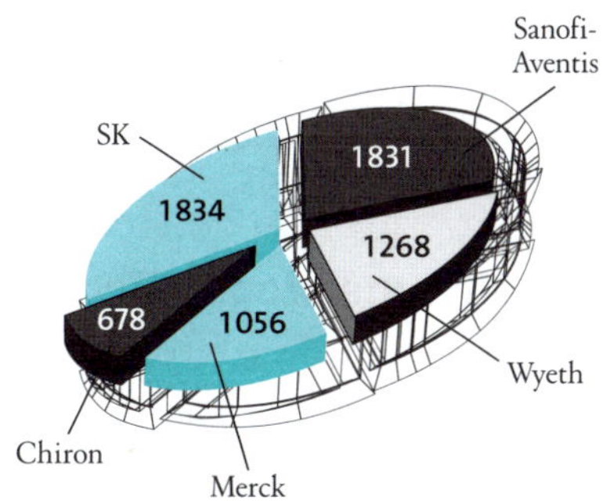

Sources : Joly J. (2006)

Le marché des biomédicaments (2) constitue également un segment cible pour Eveon. En effet, les biomédicaments (substances actives issues des techniques qui utilisent les ressources du vivant appelées biotechnologies par opposition aux substances actives issues de procédés de chimie organique) sont majoritairement administrés par voie injectable et affichent des prix élevés (de 200 €/ml pour le Copaxone de Sanofi Aventis – sclérose en plaque – à 1 500 €/0,5 ml pour la Somatuline de Ipsen Beaufour – endocrinologie). Ces biomédicaments sont ou seront utilisés dans de nombreux domaines thérapeutiques tels que l'oncologie, les maladies inflammatoires et auto-immunes (polyarthrite rhumatoïde, sclérose en plaque…), les maladies infectieuses (HIV, hépatite…), le diabète, les maladies cardio-vasculaires. Ce marché est très dynamique avec une croissance estimée à 7,7 % par an en moyenne. Les acteurs de ce marché sont de grands laboratoires pharmaceutiques et biotechnologiques tels que Genentech, Amgen ou encore Merck Serono. Sur ce marché à fort volume, à forte rentabilité et en forte croissance, le DMI d'Eveon dispose d'avantages économiques majeurs. Il permet de réduire jusqu'à 75 % les pertes de volumes actifs très coûteux et de réduire la durée d'hospitalisation des patients en leur permettant d'être traités à domicile.

Le degré technologique avancé du DMI d'Eveon est davantage en adéquation avec les exigences liées aux traitements à haute valeur ajoutée, là où le prix du dispositif médical est moins sensible par rapport au prix de la solution à injecter. Le marché des biomédicaments constitue de ce fait la cible prioritaire d'Eveon. Une stratégie de volume, basée sur la domination par les coûts pour les segments de marché tels que l'héparine ou l'insuline ne correspond pas au positionnement stratégique du dispositif médical d'injection (DMI) d'Eveon. Comme David face à Goliath, Eveon a su adopter un positionnement qui lui permet de ne pas affronter directement des concurrents de tailles importantes comme Becton Dickinson.

3) Formuler une proposition de valeur attractive

La chaîne de valeur étendue de l'industrie des biomédicaments étant complexe, la valeur créée par l'offre d'Eveon se traduit différemment pour le client, le prescripteur et l'utilisateur. Le client est représenté ici par le laboratoire pharmaceutique qui choisit de conditionner son médicament dans un DMI Eveon. Le prescripteur est le médecin qui va accepter de prescrire le médicament contenu dans le DMI Eveon. L'utilisateur, quant à lui, est le patient ou l'infirmière qui se sert du DMI pour lui-même ou dans son cadre professionnel.

Tableau 1. La proposition de valeur du DMI Eveon

Valeur du DMI Eveon pour	Le client Laboratoire pharmaceutique	Le prescripteur Médecin	L'utilisateur Patient et/ou infirmière
Aiguille sécurisée	Avantage concurrentiel : baisse des risques d'accident, effet positif sur la réputation	Suppression de risques de piqûres accidentelles pour son patient	Réduction de l'anxiété (phobie des aiguilles) Suppression de risques de piqûres accidentelles pour son patient
Maniabilité : injection en 3 étapes	Injection aisée du produit auprès des patients	Adoption de l'observance du traitement par le patient Peu de formation et implication limitée des personnels soignants	Facilité d'utilisation Auto-administration à domicile
Reconnaissance automatique des tissus	Différentiation par la technologie	Garantie de l'injection réalisée au bon endroit (éviter une veine...)	Facilité d'utilisation Auto-administration à domicile
Volume mort minimisé	Économie de produit	Peu d'intérêt	Peu d'intérêt
Grande précision du volume injecté	Avantage concurrentiel : optimisation de l'efficacité du médicament à moindre coût	Garantie de l'adéquation entre le DMI et le traitement	Surdosage impossible Effets secondaires limités

Source : Roux-Jallet (2009)

4) Insertion dans le réseau de valeur et la capture de la valeur créée

Eveon a sélectionné un segment de clientèle cible et formulé une proposition de valeur, il convient désormais d'apprécier quelle valeur Eveon va pouvoir capturer à partir d'une représentation de la répartition de valeur au sein du réseau de valeur des fabricants de dispositifs médicaux. Pour ce faire, il convient de modéliser le réseau de valeur d'Eveon qui englobe les acteurs que l'entreprise implique dans le processus d'élaboration, de production et de mise sur le marché de l'offre. Il s'agit d'une part des acteurs qui composent la chaîne de valeur étendue, depuis les fournisseurs en amont, jusqu'à la distribution et des acteurs concurrents et « complémenteurs » (fournisseurs de produits ou services complémentaires). À ces acteurs du réseau de valeur s'ajoutent également d'autres parties prenantes telles que les prescripteurs ou l'AFSSAPS (Agence française de sécurité sanitaire des produits de santé) qui ont un rôle clé dans le domaine de la santé humaine (figure 2).

Figure 2. Réseau de valeur des fabricants de dispositifs médicaux

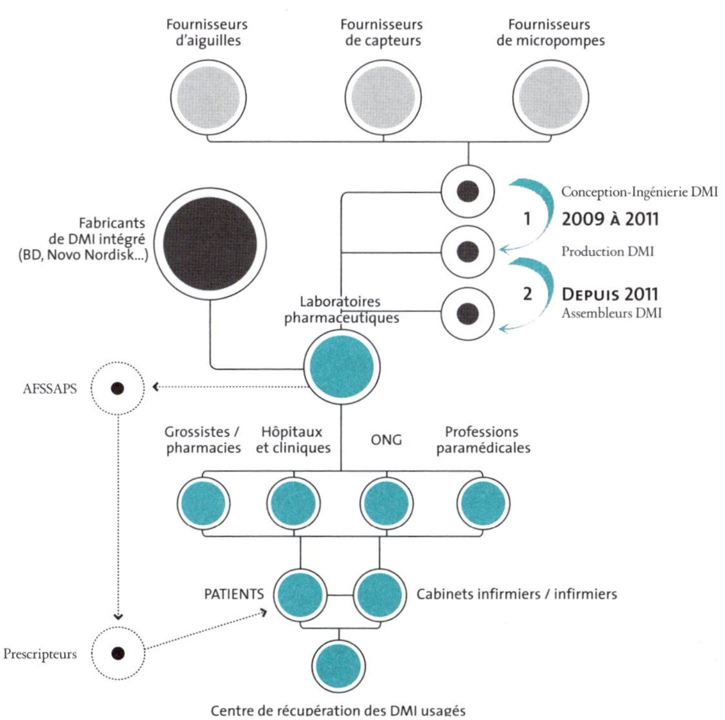

Source : Roux-Jallet (2009)

À partir de cette modélisation du réseau de valeur des fabricants de dispositifs médicaux, Eveon peut envisager différents positionnements :

(1) SOCIÉTÉ DE R&D

Eveon vendrait son savoir faire (six brevets) sous la forme de licence d'exploitation. Une part importante de la valeur créée par Eveon serait captée par l'acquéreur de la technologie qui pourrait en développer le potentiel. La part de la valeur captée par Eveon dépendrait de sa capacité à négocier les clauses de propriété industrielles avec ses clients. Eveon deviendrait une société de R&D dont la survie dépendrait de sa capacité à innover et à valoriser ses brevets.

Insertion dans la chaîne de valeur étendue d'Eveon comme Société de R&D

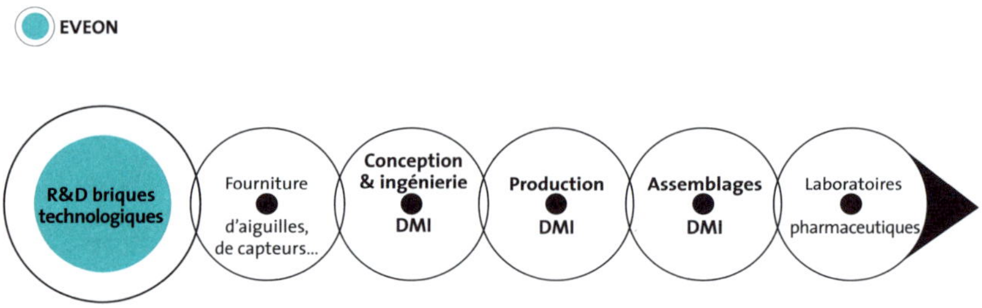

(2) SOCIÉTÉ D'INGÉNIERIE

Eveon réaliserait des études d'ingénierie pour développer à façon des solutions de DMI sur mesure pour les laboratoires pharmaceutiques. La capture de la valeur par Eveon serait faible au profit des clients, les laboratoires pharmaceutiques, et des fabricants de DMI. Un tel positionnement aurait l'avantage d'éviter à Eveon d'investir dans des infrastructures industrielles coûteuses avec toutefois le risque de voir son savoir-faire, transféré vers les fabricants de DMI, lui échapper à terme.

Insertion dans la chaîne de valeur étendue d'Eveon comme Société d'ingénierie

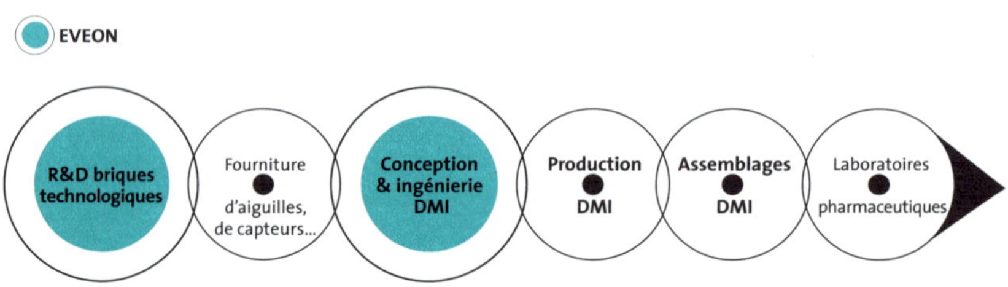

(3) Société intégrée (conception, assemblage, distribution)
Eveon vendrait des DMI qu'elle aurait conçus sur mesure pour ses clients et assemblés. Pour ce faire, Eveon devra maîtriser l'ensemble des étapes de la chaîne de valeur de son produit. Ce positionnement permettrait à Eveon de capturer la quasi-intégralité de la valeur générée par son innovation. Une telle configuration implique des besoins financiers importants et la mobilisation d'actifs complémentaires.

Insertion dans la chaîne de valeur étendue d'Eveon comme Société intégrée

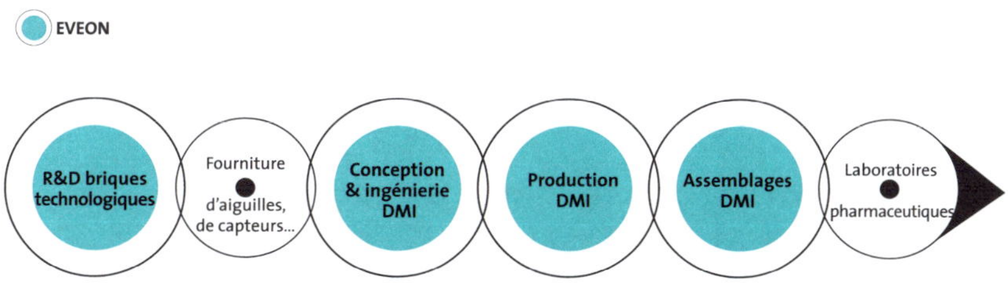

(4) Société de production d'un DMI standard
Eveon fabriquerait des DMI standards adaptables à tous médicaments et distribués en pharmacie. La large diffusion du produit qui dépendra de l'acceptation du produit par les prescripteurs et les patients augmentera la valeur créée et capturée par Eveon. La start-up devra non seulement maîtriser toutes les étapes de la chaîne de valeur, mais elle aura également à faire face à un marché de volume fortement concurrentiel où l'avantage compétitif se fait sur les prix. Un tel positionnement implique dès le départ des investissements conséquents.

Insertion dans la chaîne de valeur étendue d'Eveon
comme Société de production d'un DMI standard

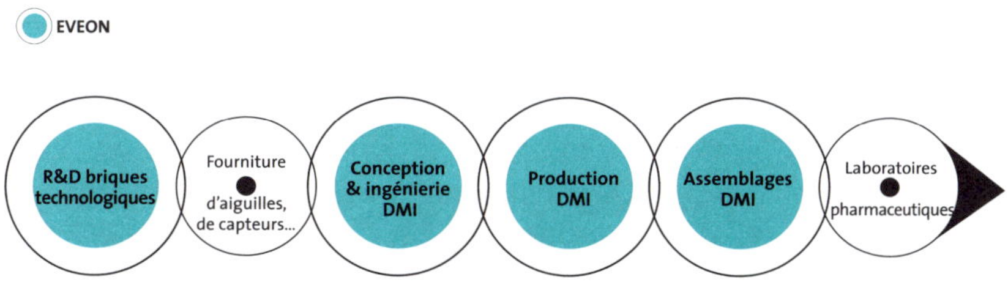

Compte tenu de la valeur capturée dans chacun des quatre positionnements envisageables et des contraintes associées, Eveon a choisi de

devenir une entreprise intégrée à partir de 2011 avec une phase de transition de 2009 à 2011 où Eveon assurera uniquement l'ingénierie et le co-développement de DMI sur mesure.

2. Analyse des choix stratégiques d'Eveon

À la lumière des choix qui caractérisent le parcours entrepreneurial d'Eveon, les deux paragraphes qui suivent proposent d'apporter des éléments d'analyse. Cette analyse éclairera les choix stratégiques d'Eveon quant à son insertion dans son réseau de valeur à partir de d'une notion, celle de tâtonnement stratégique, et du modèle de Teece (1986).

A. Positionnement dans la chaîne de valeur : un tâtonnement stratégique ?

À partir du cas d'une start-up positionnée sur le cinéma numérique, Barthélemy et Paris (2006) mettent en évidence les difficultés liées à la construction d'un business model pour une start-up. Pour ce faire, ces auteurs mobilisent la notion de tâtonnement stratégique qui rend compte de la façon dont « une start-up s'efforce de tirer profit de toutes les opportunités qui se présentent, et qui sont autant d'occasions de tester un modèle économique et d'apprendre sur certaines de ses dimensions ». D'après ces auteurs, l'invention d'un business model ne semble pouvoir relever que du tâtonnement stratégique. Ce qui s'explique par le nombre important de déterminants extérieurs imprévisibles inhérents à la construction d'un marché tels que la réaction des consommateurs et le lancement d'offres concurrentes. À ce tâtonnement stratégique s'ajoute un processus d'apprentissage opportuniste : l'entreprise se positionne sur un modèle « temporaire » dans l'attente que le marché se structure, prête, si nécessaire à en adopter un autre qui se révélera plus porteur.
Le choix du positionnement d'Eveon sur la chaîne de valeur résulte en partie de ce processus. Compte tenu de fortes incertitudes telles que la réaction des consommateurs face à ses produits ou la propension de ses clients à accepter d'introduire les DMI sur leur marché ou encore ses impératifs de rentabilité, Eveon a choisi d'adopter un positionnement transitoire de société d'ingénierie et de co-développement de DMI sur mesure avant de se positionner en tant que

société intégrée. Cette insertion « temporaire » au sein de son réseau de valeur doit permettre à Eveon d'implémenter sa stratégie d'alliances avec ses fournisseurs et ses clients et de progressivement internaliser les compétences clés dont elle a besoin pour devenir à terme une société intégrée. Pour mener à bien cette transition Eveon devra faire preuve de souplesse et de flexibilité pour s'adapter aux besoins de ses clients, répondre aux impératifs de rentabilité, et tirer profit de toutes les opportunités qui se présentent. C'est dans ce sens que la stratégie d'insertion d'Eveon dans son réseau de valeur peut être qualifiée de tâtonnement stratégique et de processus d'apprentissage opportuniste.

B. Capturer la valeur créée par l'innovation : la mobilisation du modèle de Teece (1986)

Un des articles majeurs de Teece (1986) fait le lien entre création et capture de la valeur. Pour ce faire, il développe un cadre pour comprendre pourquoi, et dans quelles conditions, des firmes innovatrices créatrices de valeur échouent à capturer la valeur de leur innovation alors que des clients, imitateurs ou autres acteurs de l'industrie, en bénéficient. Il met en lumière le rôle de la possession des actifs complémentaires, des régimes d'appropriabilité et du stade de développement de l'industrie. Il identifie deux facteurs clés permettant d'expliquer la capture de la valeur de l'innovation :

- le régime d'appropriabilité : correspond à la facilité avec laquelle une technologie peut être imitée. Pour Teece (1986), une firme dotée d'un régime d'appropriabilité faible implique que sa technologie est facilement imitable, la captation de la valeur créée par l'innovation technologique est alors aléatoire. Au contraire une firme dotée d'un régime d'appropriabilité fort rend la technologie difficilement imitable, la captation de la valeur créée par l'innovation technologique est alors assurée. Selon Teece (1986), le régime d'appropriabilité est fixe et dépend d'éléments exogènes que sont la nature de la technologie et le régime de protection intellectuelle.
- les actifs complémentaires et la dépendance de l'innovation par rapport à ces actifs : les circuits de distribution, les compétences marketing, l'image de marque ou les capacités de production peuvent être considérées comme des actifs complémentaires. Pour innover, l'entreprise ne peut plus seulement compter sur

elle-même, elle doit accéder à des ressources qu'elle ne possède pas, mais dont elle a besoin. L'accès à de telles ressources (toutes les compétences dont la firme a besoin pour exploiter une technologie), est un élément clé pour une start-up dans sa capacité à diffuser son innovation technologique.

À partir de ces deux facteurs, le modèle de Teece détermine qui sera en mesure de capturer la valeur créée par l'innovation (figure 3).

Figure 3. Qui capture la valeur de l'innovation ?

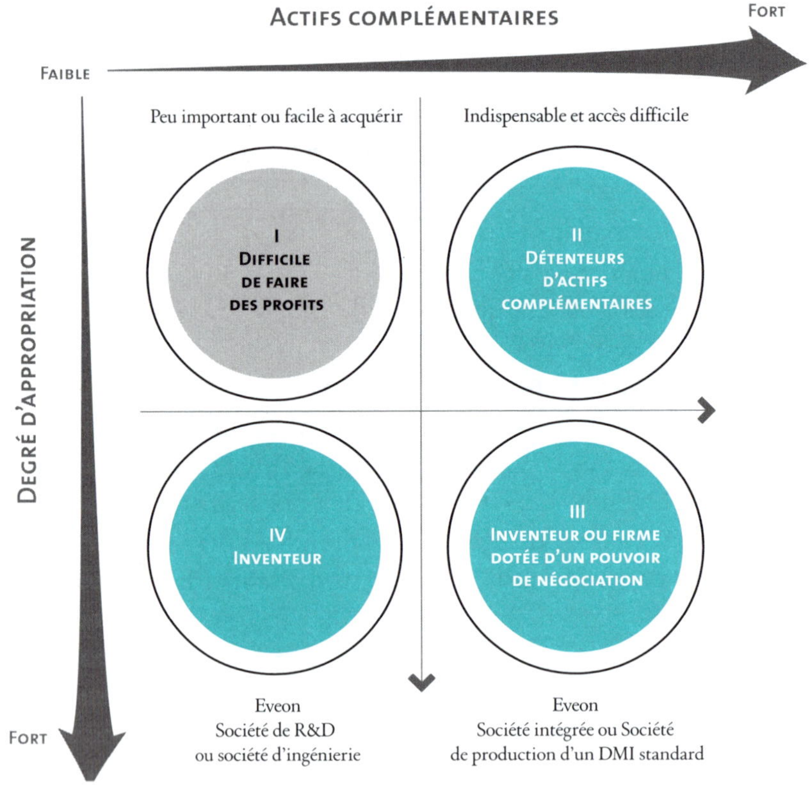

Schéma adapté d'Afuah (2003)

Lorsque le régime d'appropriabilité est faible et que le besoin d'actifs complémentaires est faible, la technologie peut alors être facilement imitée, et l'innovateur aura du mal à faire des profits (figure 3 case I). Par contre, si le besoin en actifs complémentaires est élevé et qu'ils sont difficiles d'accès, alors c'est le détenteur de ces derniers qui capturera la valeur de l'innovation (figure 3 case II). À l'opposé, quand le régime d'appropriabilité est fort et que les actifs complémentaires nécessaires à l'innovation sont peu importants ou faciles d'accès, alors l'innovateur capture la valeur créée (figure 3 case IV). Mais lorsque les actifs complémentaires nécessaires sont importants et d'accès difficile la valeur sera capturée soit par l'entreprise qui détient un fort pouvoir de négociation, soit par l'innovateur (figure 3 case III). Sur cette base, Teece définit des modèles de décision stratégique et organisationnelle pour les firmes. Il formalise notamment un processus décisionnel visant à choisir entre le développement en interne de l'innovation (case I de la figure 3) et la mise en place de coopérations (cases II et III de la figure 3).

C. Eveon : un besoin d'actifs complémentaires qui varie en fonction de son positionnement

Dans le cas d'Eveon, le régime d'appropriabilité est fort et se base à la fois sur un portefeuille de six brevets internationaux couvrant tous les aspects innovants de sa technologie et sur des savoir-faire très pointus. Par contre, en fonction du positionnement d'Eveon dans son réseau de valeur, le besoin d'actifs complémentaires varie. Il est faible si Eveon s'insère en tant que société de R&D ou société d'ingénierie mais il est fort si Eveon adopte une position de société intégrée ou société de production d'un DMI standard. Dans ces deux derniers cas, des actifs complémentaires tels que les circuits de distribution ou des capacités de production seront nécessaires. Pour les circuits de distribution, Eveon sera dépendant de ses clients, les laboratoires pharmaceutiques : si aucun médicament n'est conditionné dans ce DMI, ce dernier ne sera pas acheté. À l'inverse, le laboratoire ne pourra pas diffuser son produit aussi largement s'il n'utilise pas un DMI Eveon, le seul à pouvoir injecter soit de très petites doses de médicaments soit faire des auto injections en intramusculaire. Pour les capacités de production, Eveon sera dépendant de partenaires industriels bien spécifiques tels que les fabricants de MEMS, les fabricants de capteurs, les intégrateurs etc., pour fabriquer ses produits. Pour adopter une position de société intégrée ou de société de production d'un DMI standard, Eveon doit donc s'assurer l'accès à ces actifs complémentaires. Pour ce faire, Eveon devra notamment établir des stratégies de partenariats avec ses clients, les laboratoires pharmaceutiques, détenteurs des circuits de distribution. La capture de la valeur de l'innovation par Eveon dépendra alors des conditions contractuelles que la société sera en mesure de négocier.

Conclusion : David parviendra-t-il encore à battre Goliath ?

Tel David face à Goliath, Eveon a su adopter un positionnement stratégique qui lui a permis de ne pas affronter directement des concurrents d'envergure internationale contre lesquels la start-up aurait eu peu de chance de s'imposer. La stratégie de positionnement d'Eveon tient tout d'abord à son choix de segment d'accès au marché : le segment des biomédicaments plus exigeant au niveau technologique, moins sensible au prix et encore peu développé. Elle tient également à son choix d'insertion dans le réseau de valeur. Alors qu'il était plus aisé de choisir un positionnement de société de R&D ou de société d'ingénierie peu consommateur en infrastructures industrielles coûteuses, Eveon a choisi de se positionner comme une société intégrée. Devenir une société intégrée permettra à Eveon de capturer la quasi-intégralité de la valeur générée par son innovation. Un tel positionnement exige toutefois qu'Eveon s'assure l'accès à des actifs complémentaires incontournables comme les circuits de distribution détenus aujourd'hui par ses principaux clients : les laboratoires pharmaceutiques. La part de la valeur capturée par Eveon dépendra alors de ses capacités à négocier avec ces grands groupes multinationaux : David parviendra-t-il encore à battre Goliath ?

Chapitre 6
Modéliser le réseau de valeur pour concevoir un nouveau business model profitable

Le prototypage de business models au service de la stratégie de Schneider Electric dans le domaine de l'efficacité énergétique

→ *Meyer Haggège, Valérie Chanal, Dominique Socquet, Bernard Cartoux*

Résumé Dans certains cas la valeur apportée par une technologie est évidente en raison de ses caractéristiques supérieures ou de son originalité. Il peut arriver cependant que l'entreprise innovante ne parvienne pas in fine à capturer suffisamment de valeur à partir de son innovation. Ce chapitre montre comment un business model innovant a été conçu pour capturer la valeur d'une solution permettant de réaliser des économies d'énergie. La méthode présentée s'appuie sur la formalisation d'une proposition de valeur, sa mise en scène dans un scénario, puis la cartographie d'un réseau de valeur en plusieurs étapes. Partant de là, un outil de simulation financière basé sur ce réseau de valeur permet de se représenter comment la valeur sera partagée entre les acteurs du réseau. Cette démarche, représentative de ce que l'on appelle le prototypage de business models, a été conduite dans une équipe d'innovation du groupe Schneider Electric. Elle permet de partager des hypothèses au sein d'une équipe d'innovation sur les modalités de partage de la valeur.

Introduction

Le groupe de fabrication de matériel électrique Schneider Electric a amorcé depuis quelques années un changement dans sa vision stratégique : il entend devenir un leader dans les solutions d'efficacité énergétique. Cela suppose de concevoir et de développer des offres globales associant matériels, logiciels et services, et de les déployer à une échelle mondiale avec profit. Ceci dans un contexte où d'autres grands groupes mondiaux, qu'ils viennent ou non du secteur de l'énergie (par exemple Google) orientent leur stratégie sur des questions similaires liées aux économies d'énergie. C'est un challenge pour les différentes divisions du groupe et en particulier pour les équipes chargées de l'innovation, car elles doivent concevoir et développer des offres innovantes et vraiment différenciatrices, alignées sur cette nouvelle vision. Dans ce contexte, le Plateau d'Innovation Industrie mène des recherches pour concevoir de nouvelles offres pour l'activité Industrie du Groupe. Cette équipe est chargée de proposer des concepts ambitieux, d'en démontrer la faisabilité technique et commerciale et de transférer ces concepts aux divisions opérationnelles pour l'industrialisation et la commercialisation. La tâche n'est pas aisée, car plus les concepts sont innovants et s'éloignent potentiellement des business models traditionnels des divisions, plus il est difficile de convaincre ces dernières de les adopter pour les exploiter. Ainsi l'équipe doit faire preuve de conviction et de pédagogie en interne, pour pousser les innovations qu'elle considère les plus prometteuses et alignées à la nouvelle vision stratégique du groupe.

L'équipe dispose d'une solution technologique d'efficacité énergétique permettant d'améliorer la performance énergétique de machines à production de froid : Calorie. Le cas Calorie développé dans ce chapitre illustre la difficulté que peut rencontrer une équipe d'innovation pour transférer un concept innovant dans une division opérationnelle en faisant la preuve de son potentiel de valeur. Les outils méthodologiques mobilisés pour ce cas s'inspirent de la notion de prototypage stratégique développé par Chesbrough et Rosenbloom (2002). Il s'agit de modéliser et de tester différents business models possibles autour d'une brique technologique en utilisant à la fois le principe de la mise en récit et la cartographie des réseaux de valeur permettant d'ébaucher de premières modélisations financières des logiques de génération de revenus. La démarche décrite combine ce que Joan Magretta (2002) appelle le test narratif (vérifier que l'histoire de la proposition de valeur et du business model fait sens) et le test financier (faire tourner plusieurs hypothèses pour apprécier les ordres de grandeur de capture de valeur possible selon différentes options de business models).

Nous situerons tout d'abord le contexte stratégique et les caractéristiques du cas Calorie. La démarche de prototypage de business models pour l'offre Calorie sera ensuite présentée. Nous conclurons sur l'apport que peut avoir ce type de démarche pour des équipes chargées d'imaginer des offres qui viennent bousculer les business models traditionnels de grands groupes comme Schneider Electric.

1. Calorie : une solution innovante qui vient bousculer les business models habituels de l'entreprise

A. Le contexte stratégique de Calorie

Encadré 1
Le Groupe Schneider Electric et sa nouvelle vision stratégique

Présent dans plus de 100 pays, Schneider Electric offre des solutions intégrées pour de nombreux segments de marchés dont l'objectif est de rendre l'énergie sûre, fiable, efficace, productive et verte. Schneider Electric bénéficie d'une position de leader dans l'énergie et les infrastructures, les processus industriels, les automatismes du bâtiment, les centres de données et réseaux ainsi qu'une large présence dans les applications du résidentiel. Avec 15,8 milliards d'euros de chiffre d'affaires en 2009, le groupe compte plus de 100 000 collaborateurs dans le monde.

Le groupe Schneider Electric a initié un virage stratégique de grande ampleur. Le groupe a pour ambition de devenir un des leaders mondiaux de l'efficacité énergétique. En effet, le groupe a pris conscience que les enjeux environnementaux sont de plus en plus forts et que son savoir-faire lui donne les moyens de proposer des offres innovantes en phase avec des préoccupations de développement durable.

Chez Schneider Electric, l'équipe du Plateau d'Innovation Industrie mène des activités d'exploration afin de développer de nouvelles offres pour l'activité Industrie. Cette petite équipe mêle des profils d'ingénieurs et des profils marketing. Elle maîtrise les techniques de créativité et les outils du marketing amont (veille, tests de concepts par des focus groupes, réalisations d'entretiens exploratoires, etc.). Depuis que l'équipe oriente ses efforts sur le développement de nouvelles offres répondant à l'impératif de la vision stratégique, elle est amenée à repenser la manière dont elle travaille et les outils qu'elle utilise. En effet, les problématiques d'efficacité énergétique peuvent se traduire par la nécessité de concevoir de nouveaux business models. Dès lors le travail d'exploration et de conception de l'équipe ne se limite plus aux dimensions technologiques et marketing amont, mais doit intégrer désormais les dimensions stratégiques, à travers le prototypage de business models. Le cas Calorie illustre bien cette évolution. En effet, voici une technologie performante qui génère une valeur client importante (économies d'énergie substantielles). Cependant, si elle devait être valorisée en suivant les business models existants de l'entreprise, celle-ci ne pourrait capturer qu'une faible part de la valeur créée pour le client. Ainsi l'équipe du Plateau d'Innovation Industrie doit être en mesure de proposer des business models qui maximisent la valeur capturée pour l'entreprise.

B. Le potentiel de valeur élevé de l'innovation technologique Calorie sous-exploité

Le Plateau d'Innovation a exploré le champ de l'efficacité énergétique en s'intéressant au fonctionnement des machines de production de froid ou machines HVAC (Heating Ventilation Air Conditionning). Ces appareils sont à la fois très présents dans notre environnement et consommateurs d'énergie. On les retrouve par exemple dans les chambres froides, les systèmes de climatisation, les systèmes de refroidissement des centres de données, mais aussi dans les process industriels de la pharmacie ou de l'agroalimentaire. Rendre ces appareils moins énergivores est devenu un enjeu mondial de développement durable.

Un ingénieur-chercheur du Plateau d'Innovation a travaillé sur l'amélioration de la performance de ces machines de production de froid. Il a développé un boîtier de commande basé sur des modélisations complexes qui permet de réduire en moyenne de 10 % la consommation d'énergie de ces machines. Le champ d'application de cette technologie est potentiellement large. Cependant il a été décidé de focaliser l'exploration de business models sur le marché de la climatisation de bâtiments tertiaires car l'entreprise fournit déjà des solutions aux fabricants de machines HVAC.

La solution Calorie, dédiée aux systèmes de climatisation, consiste en un boîtier de commande qui intègre des logiciels permettant de piloter le fonctionnement de la machine et d'offrir une meilleure régulation du système. Des tests ont montré que cette solution permet de réaliser des économies annuelles d'énergie de l'ordre de 2000 euros pour un bâtiment d'une surface moyenne de 4000 m². Ceci nous donne une indication de la valeur créée pour celui qui paie l'énergie d'un bâtiment de taille moyenne : il économise 2000 euros par an soit 10 000 euros sur cinq ans.

Le groupe Schneider Electric n'a pas accès directement à ce marché diffus des occupants de bâtiments tertiaires. Les fabricants de machine HVAC pourraient avoir un intérêt d'intégrer la solution Calorie dans des machines neuves et se différencier ainsi sur le marché avec des machines plus efficaces. Le chef de projet Calorie a donc rencontré des personnes travaillant pour ces fabricants pour leur présenter la solution. Ils se sont déclarés prêts à acheter la solution Calorie pour l'intégrer à leurs machines, mais à un prix ne dépassant pas 400 euros.

Le chef de projet a présenté ces premiers résultats à sa direction. Celle-ci s'est livrée à un calcul rapide : si l'on propose un dispositif qui permet des économies récurrentes de l'ordre de 2000 euros par an et qu'on ne capture qu'une valeur de 400 euros en une seule fois, c'est que l'on n'a pas trouvé le bon business model ! L'équipe projet Calorie doit maintenant imaginer des moyens innovants de valoriser pleinement le dispositif Calorie, c'est-à-dire explorer des business models alternatifs pour capturer plus de valeur.

Après réflexion, le chef de projet comprend pourquoi les fabricants de machine HVAC ne sont pas prêts à acheter la solution à un prix acceptable pour Schneider Electric. Tout simplement parce que cela n'intéresse pas leurs clients directs. Nous allons en faire la démonstration.

Dans le marché du bâtiment, ce ne sont généralement pas les mêmes acteurs qui supportent les coûts d'investissement liés à la conception et la construction du bâtiment (appelés CAPEX) et les coûts d'exploitation liés à l'entretien et au fonctionnement du bâtiment (appelés OPEX). Les promoteurs immobiliers cherchent à minimiser les coûts de construction pour maximiser le rendement de leur investissement. À l'inverse, les coûts d'exploitation sont pris en charge par l'occupant, propriétaire ou locataire qui est inconnu lors de la construction du bâtiment. Dans certains cas, la tâche d'exploitation peut être déléguée soit à un gestionnaire de bâtiment soit à un facility manager[1]

1. Les facility managers sont des prestataires de services spécialisés qui proposent d'assurer les fonctions support de l'entreprise. La palette des prestations proposées est large (gestion technique des bâtiments, maintenance, entretien, espace-vert, sécurité, restauration...).

ou encore à un installateur climaticien pour la partie chauffage et climatisation. Ces derniers chercheront également à minimiser l'OPEX.

On constate donc un conflit d'intérêt entre les acteurs qui supportent les coûts d'investissement et ceux qui supportent les coûts d'exploitation. Comme l'investissement précède l'exploitation, les promoteurs minimisent les coûts liés à l'achat des machines HVAC et ne sont pas prêts à payer dans des solutions énergétiquement plus efficaces qui augmentent le prix au m^2 de leurs offres. Pour cette raison, le fabricant de machine ne souhaite pas augmenter le prix des machines neuves. En revanche, la valeur générée par le dispositif Calorie concerne les acteurs qui prennent en charge les factures d'énergie liée au fonctionnement des bâtiments. Il faut donc trouver un moyen de cibler ces acteurs directement pour maximiser la capture de valeur.

Le chef de projet a donc contacté des gestionnaires de bâtiments qui ont montré un vif intérêt pour le dispositif. En effet, certains d'entre eux ont des objectifs concrets de diminution des factures d'électricité. Une étude réalisée par le groupe montre que la performance énergétique est un des rares leviers de baisse des coûts d'exploitation d'un bâtiment. Comme les budgets d'exploitation sont reportés d'années en années et ne prennent guère en compte l'inflation, les administrateurs du budget d'exploitation préfèrent jouer sur ces coûts plutôt que d'autres postes de dépense comme l'entretien, qui sont difficilement compressibles. Certains d'entre eux lui ont indiqué qu'ils seraient prêts à investir dans des solutions énergétiquement efficaces offrant un retour sur investissement de deux à trois ans. Autrement dit, un gestionnaire de bâtiments tertiaires est disposé à payer entre 4 000 et 6 000 euros une solution qui lui permet d'économiser 2 000 euros par an. On est loin des 400 euros consentis par les fabricants de machine ! Une fois ces éléments obtenus, il est devenu clair que l'offre Calorie devait cibler prioritairement les gestionnaires de bâtiment. La réflexion a donc été menée dans ce sens avec l'idée en plus de s'intéresser non plus aux machines neuves, mais au parc existant de machines. Le marché des machines installées est naturellement plus grand, mais il nécessite un travail d'adaptation des machines avec le dispositif Calorie. Dans le jargon, cette adaptation s'appelle *Retrofit*.

Comme en France, 50 % des bâtiments actuels existeront dans cinquante ans, mettre à niveau les machines existantes représente donc un potentiel de marché intéressant. Pour le gestionnaire, cela permet d'améliorer le rendement de la machine HVAC sans changer de machine. Pour un bâtiment de 4000 m², la surface moyenne des bâtiments, une machine HVAC est un investissement important qui représente environ 30 000 euros hors installation.

2. Démarche de prototypage de business models sur le cas Calorie

Le cas Calorie est un cas d'école pour le plateau d'innovation qui doit trouver une solution pour capturer une valeur acceptable pour l'entreprise à partir d'une innovation. C'est ce qu'on appelle ici le prototypage stratégique, au même titre que l'on fait généralement des prototypes de nouveaux produits en développement. Selon Chesbrough et Rosenbloom (2002), le prototypage stratégique vise à émettre des premières hypothèses sur les modalités de création et de capture de valeur autour d'une proposition de valeur. Il ne s'agit pas d'établir un business plan très précis à ce stade mais bien d'obtenir des ordres de grandeur et de donner des pistes vraisemblables de livraison de la proposition de valeur finale. Cette partie vise à présenter pas à pas la démarche mise en œuvre sur ce cas.

La démarche se déroule en quatre étapes.

1. Élaborer et formaliser des propositions de valeur innovantes pour des cibles de marché clairement identifiées.
2. Mettre en récit les business models possibles pour délivrer les propositions de valeur.
3. Cartographier des réseaux de valeur pour mettre en évidence les mécanismes de création, de partage et de capture de valeur.
4. Élaborer des hypothèses financières et développement d'un outil sous tableur pour tester la viabilité économique du prototype stratégique élaboré.

A. L'élaboration de propositions de valeur innovantes

L'élaboration de propositions de valeurs innovantes a suivi la logique suivante (figure 1).

Figure 1. Articulation de la proposition de valeur autour d'une cible, d'une description d'offre et de critères de valeur clairement définis

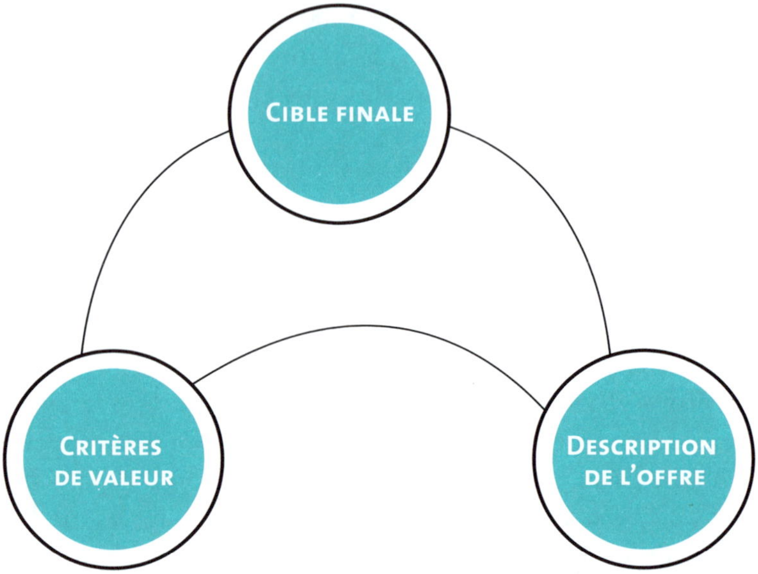

Le groupe de travail a constaté qu'il est difficile de répondre à ces questions dans l'ordre. On est dans le cas d'un raisonnement en boucle dans lequel l'offre, la cible finale et les critères de valeur sont inter-reliées. Le raisonnement de l'équipe projet a suivi plusieurs itérations que l'on ne développera pas ici. Mais disons que la cible finale a changé plusieurs fois au cours de la réflexion.

La cible finale est constituée des personnes chargées de la gestion technique de bâtiments dont la taille est de l'ordre de 4000 m².

Ces gestionnaires gèrent des parcs de machines déjà installées et se chargent du paiement de la facture énergétique. Cette segmentation relative à la taille du bâtiment s'explique par l'intérêt de cette cible pour minimiser les coûts d'exploitation. En dessous de 4000 m², la recherche de performance énergétique est moins forte. Bien au-delà de 4000 m², les grands bâtiments sont contrôlés par des systèmes de gestion technique des bâtiments. Les bâtiments de taille moyenne constituent donc bien une cible adaptée à ce type d'offre.

Pour décrire la proposition de valeur (c'est-à-dire l'ensemble des éléments de l'offre qui a de la valeur pour le client ciblé), nous proposons d'utiliser la représentation de Kaplan et Norton (1996), en distinguant les différents éléments qui contribuent à la création de valeur : les attributs du produit et du service, l'image (marque, certification, etc.) et la relation client.

ENCADRÉ 2
DESCRIPTION DE L'OFFRE CALORIE

Attributs du produit et service

- Le dispositif technique qui régule le fonctionnement de la machine HVAC
- Les éléments logiciels nécessaires pour paramétrer le fonctionnement de la machine
- L'installation du dispositif en retrofit

L'image

- La marque Schneider Electric
- La certification du produit par les agences de certification

La relation client

- La démarche commerciale
- Le service après-vente

Les sources de valeur permettent de vérifier le caractère innovant de l'offre par rapport à d'autres solutions concurrentes. En l'occurrence, il n'existe pas pour l'instant de solution de substitution pour le dispositif technologique Calorie.

ENCADRÉ 3
LES SOURCES DE VALEUR POUR LE CLIENT FINAL

- Calorie est un système qui permet de faire 2 000 € d'économie par an d'électricité pour un bâtiment de 4 000 m².
- La meilleure régulation de la machine permet de diminuer les risques de panne. Le dispositif allonge donc la durée de vie de la machine.
- Chez les collaborateurs de l'entreprise équipée, la promotion d'actions d'efficacité énergétique peut créer un sentiment de travailler dans un bâtiment plus respectueux de l'environnement.

Formuler la proposition de valeur permet de se focaliser sur les points principaux de création de valeur pour le client ciblé. Cependant, à ce stade, la manière dont la proposition de valeur sera délivrée n'a pas encore été établie. La mise en récit du business model permet de le faire.

B. La mise en mise en récit du business model

Pour Joan Magretta (2002), concevoir un business model revient à raconter une histoire vraisemblable qui explique comment l'entreprise va s'y prendre pour délivrer une proposition de valeur. Sur des projets stratégiques, la mise en récit permet à un groupe de travail de se créer une représentation commune des choix stratégiques à faire, de partager des hypothèses, et de tester du caractère vraisemblable de ces hypothèses.

La mise en récit s'appuie sur les formes canoniques des histoires telles que nous les connaissons depuis notre enfance. Le modèle de Greimas (1966) nous donne la structure de base de tout récit autour d'un héros qui poursuit une quête. Dans sa quête, il rencontre des obstacles (ou opposants), mais aussi des objets ou des personnages qui vont l'aider (ou adjuvants). Si nous appliquons ces principes de base à la mise en récit d'un business model, le héros de l'histoire est l'entreprise. Sa quête consiste à capturer de la valeur dans un contexte incertain où elle fait face à des opposants (les concurrents, des difficultés techniques, un manque de ressources financières, etc.). L'histoire va devoir identifier les étapes à suivre et les adjuvants (ressources internes, partenaires etc.) pour réussir la quête.

Selon ces principes, le cas Calorie a été mis en récit par le groupe de travail. L'encadré ci-contre donne une synthèse de l'histoire ainsi rédigée.

Nous avons obtenu un scénario où différents moyens ont été trouvés (adjuvants) pour délivrer la proposition de valeur. À chaque étape, des obstacles peuvent être identifiés (opposants) pour lesquels le groupe devra formuler une solution plausible afin que la quête progresse. Cette mise en récit permet de ne pas faire d'impasse sur des problèmes importants pour la mise en service de la solution. Tel quel, il fait sens auprès du groupe de travail et pourra servir de base pour communiquer le concept auprès des décideurs qui vont avoir à se prononcer sur le déploiement du projet. Ceci étant, cette histoire ne dit pas si le business model établi est viable économiquement et pérenne. Les deux dernières étapes de la démarche visent à valider la viabilité économique du scénario élaboré.

ENCADRÉ 4

LA MISE EN RÉCIT DE LA PROPOSITION DE VALEUR DE CALORIE

Schneider Electric souhaite commercialiser avec profit le dispositif Calorie aux gestionnaires des bâtiments d'environ 4 000 m² *(quête principale)*. Calorie est un système qui permet de faire 2 000 € d'économie par an d'électricité pour un bâtiment de 4 000 m². Mais pour y parvenir, l'entreprise doit résoudre plusieurs problèmes. En premier lieu, elle fait face à une cible diffuse et ne possède pas de circuits de distribution en propre permettant d'adresser cette cible. Comment faire alors *(quête secondaire)* ?

Les installateurs climaticiens sont des entreprises qui se chargent de l'entretien des machines HVAC. Ils ont donc accès aux clients et pourraient jouer le rôle d'installateur du dispositif. Ils ont généralement des compétences techniques en plomberie et en mécanique, mais sont peu spécialisés en électronique. Or pour installer le dispositif, il faut avoir des connaissances minimales dans ce domaine. En conséquence, en l'état actuel, Schneider Electric ne peut pas mobiliser tel quel ce réseau existant. Ainsi, ces installateurs climaticiens devront être formés par Schneider Electric qui leur délivrera un label.

Dans le cas de la France, les fournisseurs d'énergie peuvent être des prescripteurs du dispositif car ils sont incités par l'État à mener des actions de performance énergétique chez leurs clients. Or pour être référencée chez les fournisseurs d'énergie, la solution doit être d'abord certifiée ce qui implique que Schneider Electric mène des actions de certification auprès des organismes compétents.

Une fois formé et avec le label, l'installateur climaticien peut prospecter les potentiels clients dans la zone d'intervention qui lui a été attribuée. Il mettra en avant la marque Schneider Electric et la certification du système Calorie comme gage de qualité. Il argumentera autour des différents piliers de la valeur client : les économies d'énergie, l'augmentation de la durée de vie de la machine, le label Schneider Electric, l'image. De plus, le client sera d'autant plus incité à acquérir cette solution qu'elle lui permet d'obtenir des incitations fiscales de la part des administrations locales.

À partir du moment où un client convaincu décide d'acquérir la solution à un installateur climaticien, ce dernier va se fournir pour la partie matériel chez un distributeur local et télécharger sur Internet les pilotes logiciels pour programmer le dispositif. Ces pilotes logiciels nécessitent d'enregistrer des paramètres techniques sur le fonctionnement des machines, paramètres qui sont spécifiques à chaque modèle fabriqué. Schneider Electric devra acheter ces informations aux fabricants qui seront ainsi intéressés par la diffusion du système.

C'est en intersaison que l'installateur réalisera l'opération de *retrofit* qui nécessite un arrêt de la machine. Le client paiera l'équivalent de deux années d'économies d'énergie générées en une seule fois soit environ 4000 euros. En cas de problèmes techniques, le client s'adressera à l'installateur climaticien pour la maintenance du système.

C. Traduire le scénario en cartes de réseau de valeur

L'argumentation d'un business model en rupture auprès des décideurs nécessite une argumentation financière. Comme l'indique Magretta, précédemment citée, il s'agit de faire le lien entre l'histoire que l'on raconte et un modèle de revenu viable pour l'entreprise. Mais mettre des chiffres autour d'une histoire comme celle présentée ici ne se fait pas directement. Il faut une étape intermédiaire de modélisation qui consiste à repérer l'ensemble des acteurs qui vont intervenir dans la chaîne de valeur et les liens entre eux. Si l'on considère un business model comme une logique d'affaires permettant de créer et de capturer de la valeur au sein d'un réseau de valeur (Shafer *et al.*, 2005), on comprend l'importance du réseau de valeur dans le prototypage d'un business model. En effet, le réseau de valeur permet de se représenter les jeux de coopétition des firmes en présence qui peuvent coopérer pour créer de la valeur mais être en concurrence sur le partage de la valeur créée (Brandenburger et Nalebuff, 1995 ; Vanhaverbeke et Cloodt, 2006).

Nous avons développé un modèle de représentation graphique d'un réseau de valeur, à partir de différents outils présentés dans la littérature (Brandenburger et Nalebuff, 1995; Allee, 2003; Chesbrough, 2006; Jouison et Verstraete, 2008), que nous avons enrichis pour répondre aux spécificités du cas. En particulier, nous proposons de distinguer les acteurs nécessaires pour la mise en place du business model (1), de ceux qui seront directement impliqués dans la livraison de la proposition de valeur (2), des flux de valeur financiers (3) et des acteurs qui favoriseront la diffusion de l'offre (4).

1) Les acteurs et relations nécessaires pour la mise en place du business model

Les discussions qui ont lieu lors de la construction du récit ont fait émerger des acteurs et des relations d'un type bien particulier que la littérature sur les réseaux de valeur met peu en avant. Il s'agit des acteurs et des relations qui sont nécessaires à la mise en place du business model (figure 2 page 121).

Ces acteurs sont en quelque sorte des « passages obligés » avec lesquels il faut conclure des accords pour que le démarrage de l'activité soit possible. Les relations peuvent prendre la forme de certifications ou agréments obtenus auprès de tel ou tel organisme, de partenariats technologiques ou commerciaux, d'agréments de formation, de contrats de franchise, etc. Dans le cas de Calorie, les acteurs et les actions identifiés par le groupe de travail sont les suivantes :

- former et agréer un réseau d'installateurs climaticiens ;
- mettre en place une plateforme web de téléchargement des logiciels pour les installateurs climaticiens agréés ;
- fournir une assistance technique aux installateurs climaticiens en cas de difficultés rencontrées sur le terrain ;
- faire certifier la solution technique par un centre de certification ;
- négocier des partenariats avec les fournisseurs d'énergie et obtenir qu'ils soient prescripteurs de la solution auprès de leurs clients ;
- établir des partenariats avec les fabricants de machine HVAC pour obtenir les informations pour le paramétrage des machines en échange d'une rémunération.

Ces acteurs et ces relations constituent des éléments structurants pour la mise en œuvre du business model. Il s'agit en quelque sorte de l'ossature initiale du réseau de valeur qui devra être mis en place pour délivrer la proposition de valeur aux clients. La mise en place d'une telle ossature peut conférer un avantage concurrentiel pour l'avenir. Ces relations conditionnent en partie l'accès à des ressources externes stratégiques qui pourront former des barrières à l'entrée à d'éventuels concurrents. Par exemple la constitution d'un réseau d'installateurs compétents et formés sera difficile pour un éventuel suiveur. D'un autre côté, ces relations structurent et engagent l'avenir de l'activité de l'entreprise avec cette technologie. Leur mise en place suppose un investissement significatif. Par exemple, la certification d'un réseau d'installation nécessiterait de démarcher des installateurs climaticiens sur un territoire, d'évaluer leurs compétences, puis de mettre en place une procédure de démarchage de clients et d'installation du dispositif pour enfin les former à ces procédures.

2) Les acteurs et relations impliqués dans la livraison de la proposition de valeur

L'ossature du réseau de valeur définie, il s'agit ensuite d'identifier les acteurs impliqués dans la livraison de la proposition de valeur et leurs relations ainsi que la place de Schneider Electric dans ce réseau.

C'est le cœur du réseau de valeur tel qu'il est généralement décrit dans la littérature (figure 3 page 122).

Plusieurs acteurs contribuent à délivrer la proposition de valeur finale telle que nous l'avons définie dans le scénario. Cette proposition de valeur pour le client final peut se décomposer en propositions de valeur intermédiaires qui décrivent le contenu de l'offre qu'un acteur de la chaîne délivre à un autre acteur. Par exemple, dans le cas de la relation entre Schneider Electric et l'installateur climaticien, Schneider Electric devra fournir au travers des distributeurs de matériel électrique un boîtier de commande étudié pour une installation facile tout comme une procédure de réglage de la machine facilitée. Ainsi, au-delà de la valeur pour le client final, il faut penser à une valeur de l'offre pour l'intermédiaire.

3) Les flux financiers

Généralement les propositions de valeur intermédiaires impliquent en contrepartie des flux financiers (figure 3 page 122) associés à des modèles de génération de revenus.

L'étude quantitative des mécanismes de création, partage et capture de la valeur fera l'objet de la partie suivante.

4) Les flux communicationnels

Les flux d'image ou communicationnels ou encore les flux d'influence (figure 4 page 123) désignent l'ensemble des actions de communication qui favoriseront la diffusion du produit. Il peut s'agir de campagnes de publicité (stratégies marketing « *pull* »[2]) ou encore d'actions de prescription et de démarchage (stratégies marketing « *push* »[3]). Dans le cas Calorie, nous avons opté pour une stratégie « *push* » de conquête de clients par deux moyens : par les fournisseurs d'énergie qui sont incités à prescrire le dispositif Calorie et par les installateurs climaticiens qui doivent jouer un rôle commercial.

Cette modélisation par étapes (infrastructure, acteurs de la chaîne de valeur, flux financiers, flux d'influences) permet d'accompagner la réflexion du groupe de travail. Dans notre cas, les membres

2. La stratégie « *pull* » invite à investir massivement en publicité de façon à développer chez le client une préférence pour la marque.

3. La stratégie « *push* » consiste à utiliser la force de vente et le réseau de distribution pour promouvoir activement le produit jusqu'au consommateur final.

du groupe ont considéré que les cartographies ainsi élaborées ont servi de support à une réflexion stratégique collective.
Par ailleurs, comme nous allons le voir, ces représentations graphiques servent de socle pour émettre des hypothèses financières et donner une première évaluation économique de la validité du business model exploré.

D. Évaluer le potentiel de capture de valeur

À ce stade de la réflexion, les données disponibles, de nature encore très qualitative, ne permettent pas de réaliser des projections financières précises. L'idée n'est donc pas de réaliser un business plan à l'euro prêt mais plutôt de se doter d'ordres de grandeur permettant d'apprécier la capacité de l'entreprise à capturer une valeur suffisante.
Le travail réalisé ici par le groupe de travail a consisté à prendre chacun des flux financiers représentés dans la cartographie du réseau de valeur et à formuler des hypothèses. Ces hypothèses se posent à trois niveaux : les mécanismes de création de valeur, de partage de la valeur et de capture de valeur par l'entreprise. Cette logique de création de valeur et de répartition de la valeur entre les acteurs du réseau est d'abord modélisée sur une seule affaire potentielle (figure 5 page 124). Les hypothèses de taille de marché accessible sont posées dans un second temps. Partant de là, un modèle a été développé sous tableur. Cet outil permet de réaliser des simulations et d'affiner les hypothèses au cours des réunions de travail du groupe.

1) Mécanismes de génération de valeur

Comme indiqué plus haut, nous raisonnons tout d'abord sur une seule affaire. Il s'agit d'apprécier le consentement à payer des clients visés. Cette information est souvent difficile à obtenir mais il est important d'avoir un ordre de grandeur de la valeur créée pour ensuite réaliser le partage au sein du réseau. Dans le cas Calorie, le potentiel de valeur a été évalué en interrogeant plusieurs clients potentiels qui ont indiqué un consentement à payer correspondant à deux à trois ans de retour sur investissement. Par ailleurs, dans certains pays comme la France, les clients peuvent bénéficier en plus de déductions fiscales. Cela nous permet de poser une hypothèse d'un consentement à payer éventuellement plus important. Une fois que nous avons une indication sur le « combien » les clients sont prêts à payer, il s'agit d'imaginer « comment » ils vont payer, c'est-à-dire le modèle de génération de revenus. Le groupe de travail a étudié différentes options allant du paiement classique à l'avance en une seule fois, au paiement à l'usage. Dans le secteur de l'efficacité énergétique, on peut également envisager un modèle financier où l'entreprise est rémunérée sous forme d'un pourcentage des économies qu'elle permet de réaliser. Cela s'appelle dans le jargon le « *performance contracting* ». Dans le cas présent, cette solution n'a pas été retenue par le groupe de travail qui a opté pour un modèle de paiement classique de paiement en une seule fois à l'achat de la solution par le client. Pour autant, la réflexion approfondie du groupe autour de différentes modalités de facturation permettra à l'entreprise de faire évoluer son business model le cas échéant dans l'avenir.

2) Mécanismes de partage de la valeur

Il s'agit d'identifier les logiques de partage de cette valeur créée au niveau du client final entre les différents intermédiaires. Le groupe a émis ainsi des hypothèses sur les coûts engagés par les acteurs qui contribuent à la livraison de la proposition de valeur. Par exemple il a été estimé que l'installation du dispositif sur les machines HVAC nécessiterait deux jours de travail de l'installateur climaticien. Le modèle prend ensuite en compte les normes de rétribution dans le secteur visé, typiquement les marges des installateurs et des distributeurs de ce type de matériel. Ces marges doivent se situer dans une fourchette haute afin que les acteurs soient motivés à fournir ce type de prestations au détriment d'autres. Enfin, comme nous l'avons vu plus haut, certains acteurs possèdent des actifs indispensables à la mise en œuvre du modèle. Ici, par exemple, les fabricants de machine doivent délivrer des informations techniques nécessaires au paramétrage de la solution Calorie. Les fabricants de machine ne livreront pas cette information stratégique sans contrepartie financière. L'accès à ces informations peut être considéré comme un point critique. Il imposera donc des négociations délicates avec ces acteurs.
Par ailleurs, nous noterons que les problématiques traitées ne nous ont pas amenés à étudier les relations avec les acteurs qui se situent

en amont du réseau de valeur. En effet, il n'y a dans ce cas que peu d'intérêt à les étudier parce que l'industrialisation du produit passerait par un processus standardisé du groupe.

3) Mécanismes de capture de la valeur

Le modèle doit enfin mettre en évidence les flux financiers qui rémunèrent directement l'entreprise. Dans le cas de Calorie, deux sources de flux ont été identifiées : celles provenant de la vente de matériel (le boîtier) et celles provenant de la vente du logiciel. Les mécanismes de partage de valeur identifiés plus haut permettent de définir une répartition de valeur entre matériel et logiciel qui soit la plus favorable à l'entreprise tout en étant acceptable par les autres acteurs du réseau. Cette étape de modélisation est préalable à l'élaboration de business plans. C'est une étape intermédiaire entre le business model et le business plan, étape peu décrite dans la littérature sur l'innovation ou l'entrepreneuriat. Cette étape est précieuse car elle prépare un travail plus approfondi basé sur des hypothèses de volume, le calcul plus précis des coûts internes pour aller ensuite vers des estimations de marge plus fines. Les calculs réalisés permettent de fournir des estimations acceptables pour l'entreprise à ce stade. De plus, ce type de modélisation permet au groupe de partager des hypothèses qui vont au final structurer la réflexion collective.

Conclusion

Nous avons illustré dans ce chapitre l'intérêt de se doter d'outils de modélisation pour élaborer des prototypes de business model en phase d'exploration. La démarche proposée suit quatre étapes : la formulation d'une proposition de valeur, la mise en récit du business model, la cartographie du réseau de valeur, le développement d'un outil de simulation financière. Le prototypage de business model prépare ainsi à la fois le business plan mais aussi le plan d'action concret, notamment grâce à la modélisation des réseaux de valeur à plusieurs niveaux. Les premières interactions du chef de projet avec différents décideurs ou sponsors en interne montrent que les modèles générés facilitent grandement la compréhension du concept et du business model qui pourrait le valoriser. Les débats et questions suscités par le projet à différents niveaux, que ce soit au sein de l'équipe projet, ou plus largement dans l'entreprise ont permis de remettre en question les orthodoxies portées par la culture des business models dominants.

Ce type de démarche structure une réflexion collective au sein d'un groupe de travail et permet de partager des connaissances, mais aussi permet de construire une vision et des hypothèses structurantes sur l'avenir du business. Cela nous paraît contribuer à la création d'espaces de délibération stratégique à un niveau opérationnel, indispensables à la mise en œuvre de la nouvelle vision du groupe.

Ainsi, en réalisant ce type de prototypage de business model, le Plateau d'Innovation devient en quelque sorte un laboratoire de la stratégie, c'est-à-dire un lieu où la vision stratégique du groupe peut être testée, expérimentée et mise à l'épreuve du réel sur des cas concrets d'innovation.

Figure 2. Premier niveau du réseau de valeur : l'infrastructure nécessaire au démarrage de l'activité

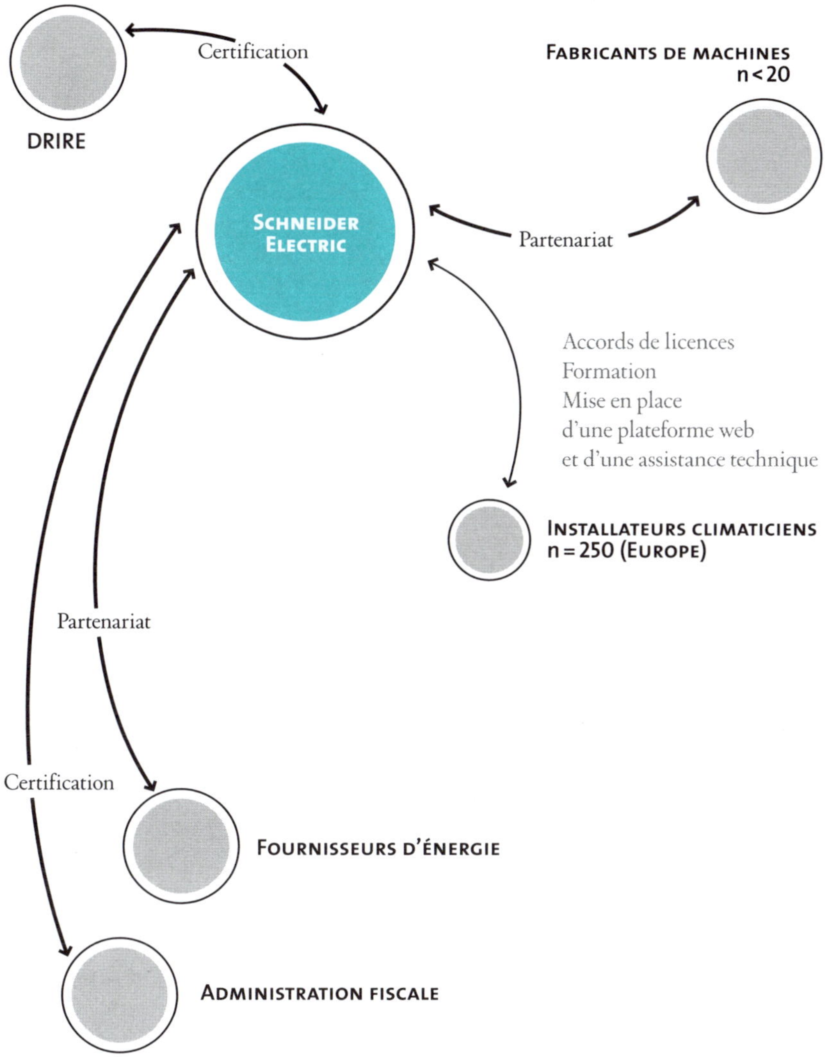

Figure 3. Deuxième niveau du réseau de valeur : les acteurs économiques impliqués et leurs relations

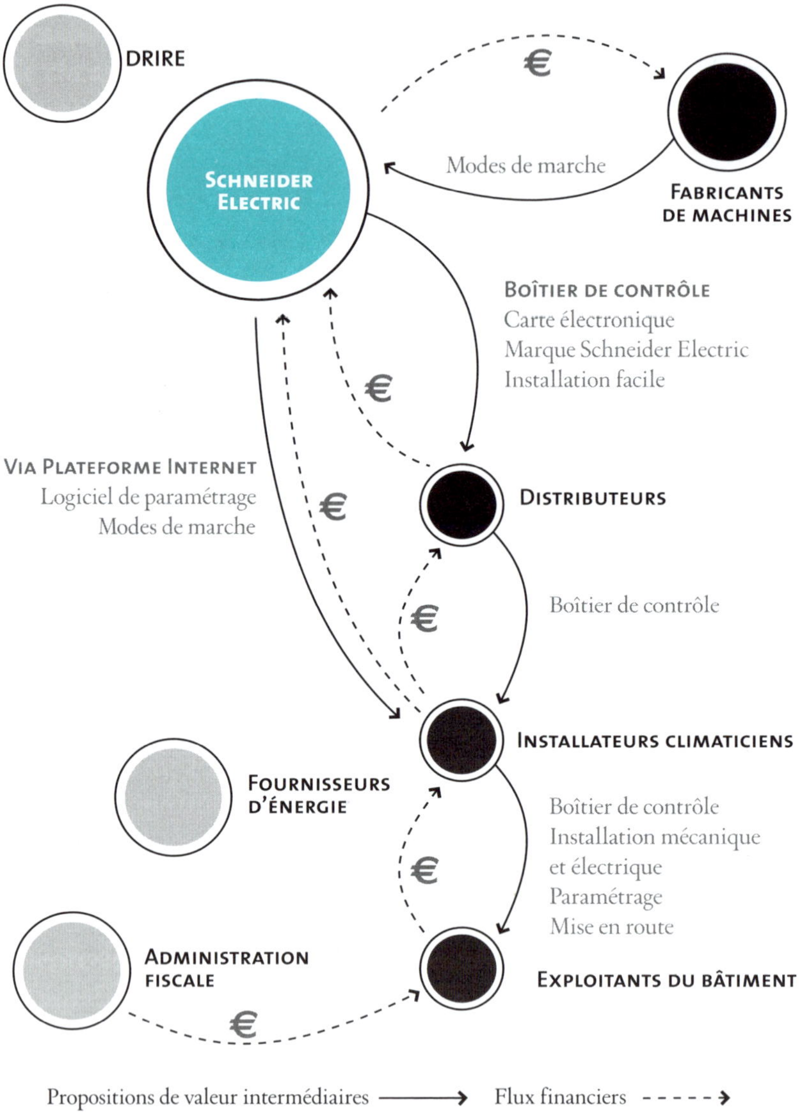

Figure 4. Réseau de valeur complet intégrant les flux d'influence

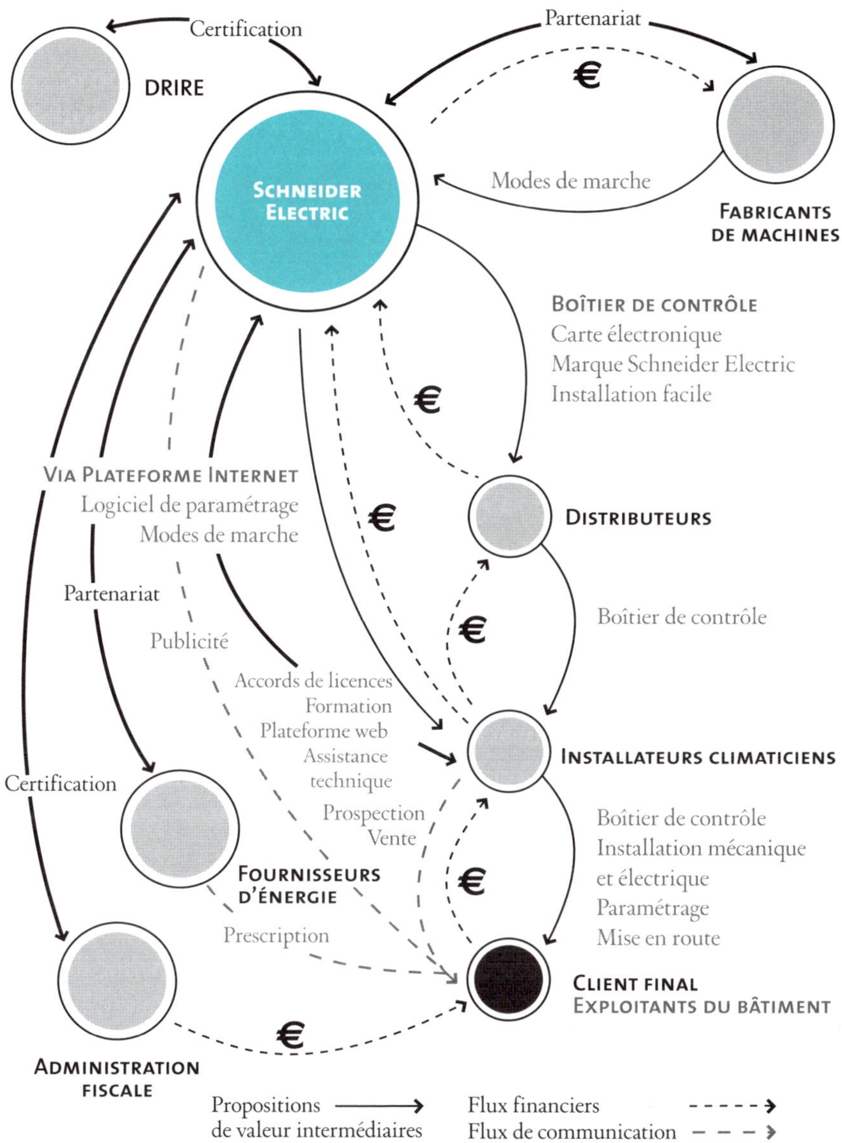

Figure 5. L'architecture des flux financiers complétée par des hypothèses financières[4]

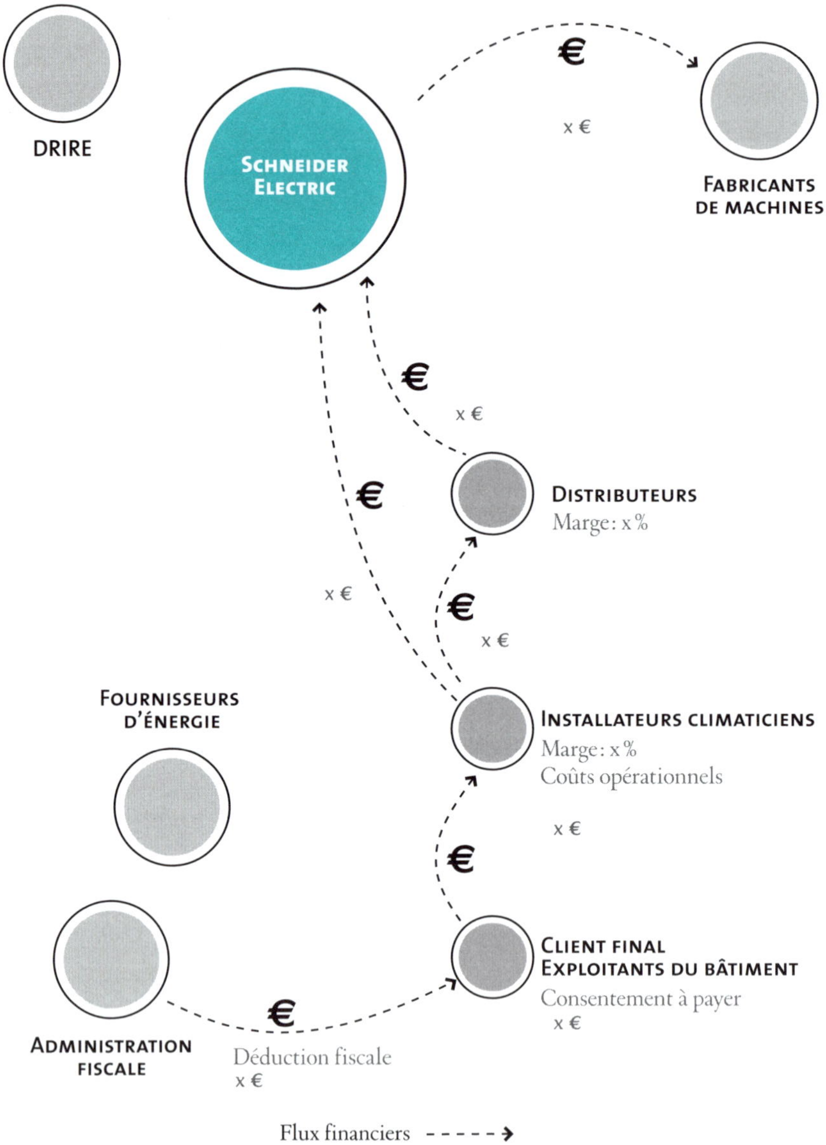

4. Pour des raisons de confidentialité, le lecteur comprendra que les données financières obtenues ne peuvent pas être dévoilées sur ce cas réel.

Chapitre 7

Intégrer différentes propositions de valeur pour renforcer son business model

L'évolution du business model de Predictys : d'un fournisseur de base de données à une agence web intégrée

→ *Marie-Laurence Caron-Fasan, Jean-Marc Francony, Nathalie Quinette*

Résumé Caractérisé par une concentration croissante et la présence d'acteurs très puissants, le marché de la publicité en ligne est très concurrentiel. Devenir un acteur de ce marché suppose de développer une activité de niche via une offre de services novatrice appuyée sur une technologie innovante. C'est le pari qu'a tenté Predictys, partant d'un business model classique d'infomédiaire, elle a fait évoluer son offre pour devenir une agence web intégrée. Elle a ainsi cherché à développer une offre de gestion de campagnes marketing couplée à un enrichissement et une monétisation des bases de profils d'internautes.

Introduction

Nouvelle venue dans le paysage publicitaire, la publicité en ligne est en passe de révolutionner le secteur de la publicité. Les principaux acteurs de ce secteur ne s'y sont d'ailleurs pas trompés. Ils se sont lancés dans des stratégies de rachats plus spectaculaires les unes que les autres : prise de contrôle du réseau RightMedia par Yahoo pour 680 millions de dollars, d'Aquantive par Microsoft pour 6 milliards de dollars ou du réseau DoubleClick (70 % des publicités en ligne aux États-Unis) par Google pour 3,1 milliards de dollars. La tendance de l'e-publicité est donc au regroupement des réseaux de publicité en ligne ce qui implique que ces réseaux puissent élargir leur capacité à suivre et collecter des données sur les internautes (Peyrat, 2009).

La publicité en ligne est traditionnellement répartie en sept techniques. Le « *search* » (achat de mots clés), le « *display* » (bannières publicitaires), les annuaires (vente d'adresses mail), l'affiliation (présence d'un site marchand sur les écrans d'un ou de plusieurs sites affiliés), les comparateurs de prix, le e-mailing et les mobiles.

C'est l'activité d'e-mailing qu'a choisie Predictys pour rentrer sur ce marché en 2007. Limitant pour l'instant son activité à la France, l'entreprise s'est positionnée comme éditeur[1] au sein de ce marché.

Ce chapitre propose d'expliquer comment Predictys s'est développée depuis 2007 jusqu'à aujourd'hui et comment elle a développé un positionnement original sur un marché déjà encombré par de grands acteurs. Nous explicitons les deux temps forts de son développement : une première phase lors de laquelle Predictys s'est positionnée en tant qu'acteur classique du marché de la publicité en ligne. Une seconde phase, durant laquelle Predictys a cherché à se différencier plus fortement de ses concurrents en produisant de la connaissance fine sur les internautes et leurs comportements.

1. PREDICTYS : UN NOUVEL ENTRANT SUR LE MARCHÉ FRANÇAIS DE L'E-MAILING

L'e-mailing n'est pas le segment d'activité le plus attractif au sein de la publicité en ligne. En 2009, il ne représentait que 52 millions d'euros contre 240 pour le display. De plus, dès 2007, le journal du net pointait la baisse continue de la performance de ce support (baisse du taux d'ouverture, hausse du taux de désabonnement, etc.) et annonçait l'arrivée de ce marché à la phase de maturité. Pourtant, si 2008 et 2009 devraient être des années de recul pour ce segment, l'e-mailing renoue avec la croissance dès 2010 (voir encadré page ci-contre).

Parmi les multiples possibilités de générer des revenus sur le web (Rappa 2006) et notamment sur le marché de l'e-mailing, la vente d'information sur les cibles marketing connaît un développement rapide. Ce service est fourni par des infomédiaires (Deephouse et Heugens, 2008). Leur rôle est de fournir à des sociétés clientes des informations sur leurs consommateurs, informations qu'elles sont incapables de collecter par elles-mêmes. Ce type d'intermédiaire collecte et analyse les informations relatives aux comportements d'achat des internautes pour les revendre aux sociétés désireuses de mieux comprendre les comportements et habitudes d'achats de leur cyber-clients. Un infomédiaire peut également, sur des sujets très ciblés, être amené à construire des communautés de consommateurs.

1. Dans le domaine du Web, l'éditeur est une personne physique ou morale qui dispose d'un site web et incluant dans ses revenus l'affichage de publicités en ligne.

Encadré 1
Les acteurs majeurs du marché de l'e-mailing

Une campagne d'e-mailing est réalisée lorsqu'un annonceur[1] décide de diffuser via Internet un message publicitaire à une cible d'internautes. La chaîne de valeur est la suivante :

Figure 1. Acteurs intervenants dans la réalisation d'une campagne d'e-mailing

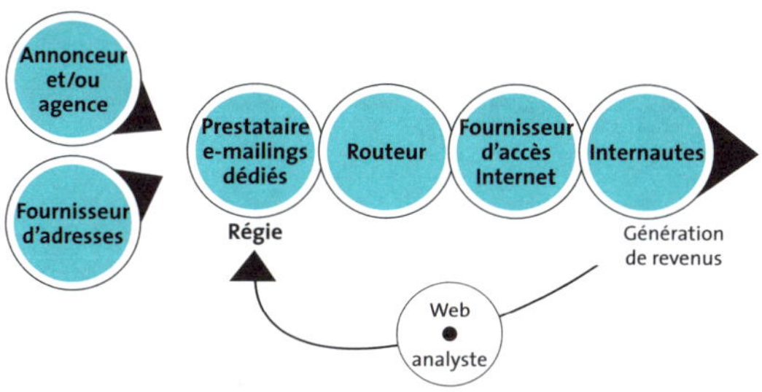

L'annonceur et/ou son agence de communication web créent le message. Celui-ci est transmis à la régie[2], avec les objectifs de la campagne et les caractéristiques de la cible. La régie se tourne vers des fournisseurs qui lui fournissent les adresses e-mail d'internautes correspondant à la cible. Elle transmet l'ensemble à un ou plusieurs routeurs qui expédient les e-mails aux internautes via les fournisseurs d'accès Internet (FAI). Des web analystes enregistrent les comportements des internautes face à ces e-mails (clics, ouvertures, etc.) et les transmettent aux régies.

La réussite d'une campagne dépend de plusieurs facteurs, dont les plus importants sont :

- la pertinence du message, c'est-à-dire sa capacité à provoquer l'intérêt de la cible,
- la qualité de la base d'adresses,
- la capacité à contourner les obstacles dressés par les FAI[3] afin de protéger leurs clients internautes.

1. L'annonceur est la personne physique ou morale souhaitant réaliser une campagne de communication. Dans la communication sur le web, l'annonceur propose généralement un support visuel publicitaire redirigeant le trafic sur son site (bannière, interstitielles, pop-up, pop-under.)
2. La régie publicitaire (en ligne) est un intermédiaire entre annonceur et éditeur. La définition du métier n'est pas très différente de celle du domaine traditionnel : le support est la ressource que rend disponible la régie.
3. Fournisseur d'accès à Internet (FAI). Ces sociétés fournissent un bouquet de services d'accès au Web. En particulier, ce sont les FAI qui gèrent les adresses IP et les adresses mails et qui fournissent des espaces de stockages (dont les boîtes aux lettres).

Ainsi, en complément des interactions directes que peut avoir une société avec ses clients, les infomédiaires aident les sociétés à constituer des bases de données clients plus volumineuses afin d'affiner la compréhension du processus de prise de décision d'achat des consommateurs.

Dès sa création, Predictys s'est positionnée sur le marché de la publicité en ligne avec un business model d'infomédiaire. Nous décrivons ce positionnement en reprenant les principaux éléments de son business model.

A. Une proposition de valeur classique de prestataire de e-mailing

Predictys a d'abord développé une première activité très classique de prestataire d'e-mailing dédié[2]. Cette activité se subdivise elle-même en deux activités complémentaires :

- une activité de régie e-mailing par l'acheminement d'e-mails publicitaires, pour le compte de clients annonceurs, auprès de leurs clients ou prospects. L'offre de service est l'acheminement d'e-mails à partir de bases de données *opt in*[3], fournies par l'annonceur ou achetées auprès de fournisseurs.
- une activité de monétiseur[4] dont l'objectif est de contribuer à la valorisation des bases de données de sociétés commerciales. Ici, l'offre de service consiste à valoriser les bases de données clients par l'amélioration de leur qualité (suppression des NPAI[5] et enrichissement des données personnelles).

2. L'e-mail dédié correspond à l'envoi d'un contenu publicitaire unique clairement identifié et associé à un annonceur.
3. Une base de données clients est dite opt in si l'ensemble des adresses électroniques qu'elle contient a fait l'objet d'un consentement préalable explicite de la part de leur propriétaire pour une utilisation précise.
4. Personne physique ou morale dont la fonction est d'organiser la valorisation financière d'une base de données clients.
5. « N'habite pas (ou plus) à l'adresse indiquée… » par analogie avec le courrier postal, désigne les adresses ne permettant pas de délivrer dans la boîte au lettre le courrier électronique quelle que soit la raison de l'échec.

B. Les ressources et compétences mobilisées

Le cœur du projet de création de la société Predictys est la création d'une plateforme éditoriale. Composée d'un environnement logiciel et d'une infrastructure technique, cette plateforme intégrée est destinée à soutenir les deux métiers de l'entreprise.
Partant du constat que d'un point de vue technique, l'acheminement d'un e-mail marketing et celui d'une newsletter ne présentaient pas de différence majeure, la plateforme éditoriale a été conçue pour supporter une diversité de formes de messages ainsi qu'une diversité de canaux de diffusion possible (web, mobile, etc.).

Outre l'acheminement de contenu (e-mail, newsletter, etc.), la plateforme a été conçue pour permettre l'enrichissement et la valorisation des bases de données. Elle intègre en effet :

- des indicateurs de performance (statistiques sur les taux de clics, d'ouvertures, taux de délivrabilité…), permettant d'évaluer l'impact des messages,
- une procédure de qualification des contenus à diffuser, c'est-à-dire que chaque contenu est analysé selon un ensemble de critères (sujet central, style de rédaction, impact espéré sur le lecteur, etc.), permettant d'étudier quels messages ont le plus d'impact,
- l'identification de destinataires de contenus sur la base de critères de ciblage, permettant d'identifier sur qui les messages ont le plus d'impact.

C'est donc une ressource tangible, au sens de Grant (2005) qui a été développée par l'entreprise pour soutenir son développement stratégique.

C. La place de Predictys dans le réseau de valeur de l'activité de régie publicitaire

Predictys n'intervient pas dans la création du contenu à diffuser (c'est le rôle de l'annonceur ou de l'agence web) mais dans la diffusion de ce contenu. Son rôle (et la valeur associée) consiste donc à diffuser les messages publicitaires. Predictys achète ou loue des bases de données d'adresses auprès de fournisseurs spécialisés. Notons que Predictys propose également, en retour, un service d'amélioration qualitative de la base de données (élimination des NPAI, dédoublonnage, complétion de champs, etc.), ce qui en fait à la fois un client et un fournisseur de ces acteurs.

Figure 2. Place de Predictys dans le réseau de valeur de l'e-mailing

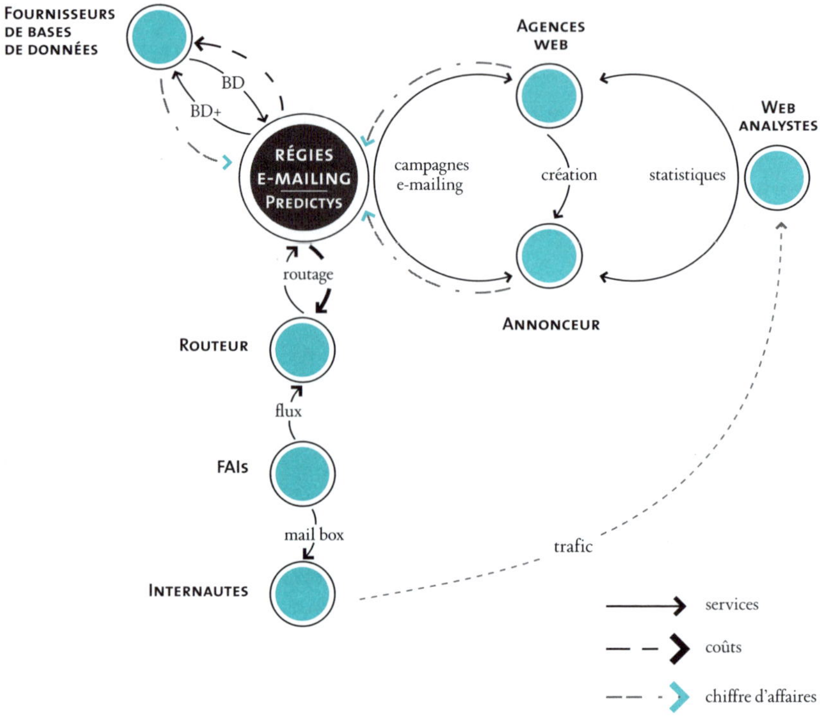

Dans l'acheminement des messages aux internautes, Predictys dépend de deux acteurs difficilement contournables : les routeurs et les FAI. Par leur activité régulière auprès des FAI, les routeurs sont des acteurs essentiels de l'acheminement des e-mails. Leur expérience et la connaissance qu'ils ont des mécanismes de l'acheminement leur permettent de garantir des taux élevés d'acheminement, notamment par la maîtrise des méthodes de filtrage mises en place par les FAI. Au sein du réseau de valeur de la diffusion d'e-mailings publicitaires, la position de Predictys demeure limitée. La valeur qu'elle propose est principalement fondée sur la quantité et la qualité des bases de contacts qu'elle gère.

D. Le modèle de génération de revenu

Dans ce premier modèle, Predictys retire sa rémunération des différents fournisseurs de contenus pour lesquels elle diffuse des messages publicitaires (figure 2). Seules ses activités de régie d'e-mailing et de monétiseur lui confèrent donc un revenu.

En tant que régie d'e-mailing, son modèle de rémunération est caractéristique des modèles de rétribution du Web 2.0. Predictys n'est en effet pas rémunérée en fonction de sa prestation mais en fonction des résultats obtenus. Ce modèle, dit modèle de génération de revenu à la performance, est rendu possible par la propension naturelle du web à produire des traces et des données quantitatives permettant d'envisager de nombreuses métriques.

Par l'intermédiaire des web analystes, il est possible de mesurer l'ensemble des comportements de réponse des internautes. Par exemple, si un annonceur choisit d'investir dans une campagne d'affichage par encarts publicitaires sur plusieurs sites, il pourra connaître précisément le nombre de fois que son encart aura été vu, site par site. S'il opte pour une campagne d'e-mailing, il aura, en moins de 72 heures, une estimation du nombre de personnes qui auront reçu le message, de celles qui l'auront ouvert et de celles qui l'auront lu.

La rémunération de Predictys dépend donc de sa capacité à identifier les actions qu'a effectivement engagées l'internaute destinataire. Par exemple, il faudra évaluer le nombre de clics (CPC)[6], ou une action élaborée telle que le remplissage d'un formulaire, une souscription à abonnement, un achat, etc. (CPA, Coût par action).

En fonction du nombre d'acteurs impliqués dans la campagne de communication, les délais d'acquittement peuvent être plus ou moins longs. Chaque intermédiaire se rémunérant au passage, il est indispensable d'intégrer le plus de services possibles afin d'intervenir au plus prêt de l'annonceur et de bénéficier de délais de paiement réduits et d'une marge plus importante.

La monétisation des bases de données correspond au même modèle de performance. Predictys rémunère les fournisseurs de bases de données sur la base d'un ratio (40 à 60 %) de sa propre rémunération. L'importance du ratio s'explique par le rôle central des possesseurs

6. Coût par clic.

de bases de données qui fournissent les adresses e-mail. Il s'explique également par le fait que le recrutement direct d'un internaute représente un coût élevé : entre 0,5 à 1 euro par internaute.

Ce mode de rétribution à la performance vient influencer la répartition des risques encourus par les différents intervenants. Dans notre cas, les intérêts des fournisseurs de contenus commerciaux (annonceurs) sont garantis, tandis que Predictys supporte le risque en cas de performance décevante. C'est elle qui engage les ressources et supporte les coûts afférents, sans connaître à l'avance sa rémunération. La génération de revenus est donc aléatoire, ce qui fragilise le modèle économique de Predictys.

2. La nécessité de se différencier par une activité d'éditeur de contenu

Dès le départ, l'entreprise a réalisé les limites intrinsèques d'un tel modèle, peu différenciateur. Elle a donc très rapidement mis en place un programme ambitieux de R&D afin de développer une activité innovante d'éditeur de contenu. S'appuyant sur la création et la diffusion de sa propre newsletter, « Ma News », l'entreprise a avant tout cherché à apprendre le métier de créateur de contenus éditoriaux personnalisés et comprendre comment exploiter la newsletter pour créer un lien fort et durable avec les internautes.

Cette seconde activité, dont le développement a commencé sur la première période de son activité, consiste en la mise en forme et la diffusion de contenus informationnels. Elle a surtout été l'occasion de développer une plateforme éditoriale de diffusion ciblée de contenus élaborés et fortement personnalisés. Pour cela, Predictys a « appris en marchant », c'est-à-dire que « Ma News » a été effectivement proposée au marché, avec adaptation et mise au point en temps réel.

Une newsletter a pour objectif de fidéliser les internautes qui y sont abonnés. Cette fidélisation n'est envisageable que si l'internaute retire une réelle satisfaction de la réception et de la lecture de la newsletter. Cet équilibre repose donc sur la délivrance de contenus et d'avantages clients (jeux, coupons de réduction, « bons plans », etc.) représentant une valeur pour l'internaute.

Une newsletter est constituée de plusieurs éléments : des contenus, une charte éditoriale, une charte graphique, chacun pouvant être sous-traité selon les objectifs et la fréquence de délivrance.

Pour valoriser cette publication, l'éditeur peut vendre une partie de l'espace éditorial à des agences web gérant un réseau d'affiliation. Enfin, et dans le but d'étendre l'audience de sa newsletter, l'éditeur peut développer des accords de co-registration (offre d'abonnement conjoint) avec des annonceurs eux-mêmes éditeurs.

Le service d'éditeur que propose Predictys consiste à envoyer une newsletter à une cible pour le compte d'un annonceur, qui peut être, par exemple, une entreprise souhaitant informer régulièrement ses clients. Les entreprises qui y souscrivent se trouvent ainsi déchargées des contraintes d'une production régulière de contenus éditoriaux tout en restant clairement identifiées comme l'émetteur de la newsletter. Dans ce réseau de valeur (figure 3), Predictys intervient à la fois en tant qu'éditeur d'une marque propre (Ma News) et en tant que régie capable d'héberger potentiellement la gestion et la diffusion de newsletters.

Figure 3. Place de Predictys dans le réseau de valeur de la newsletter

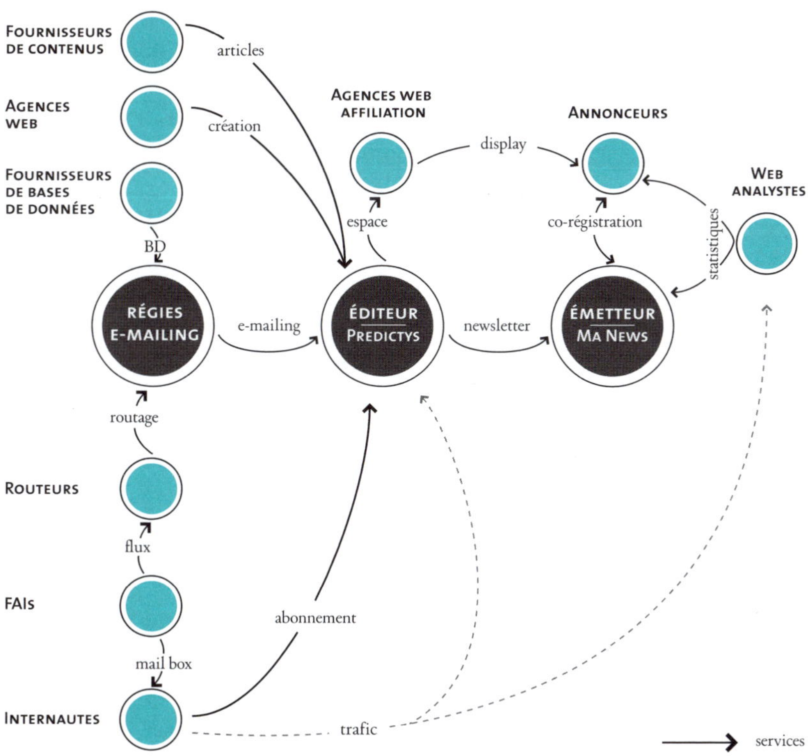

Notons que l'une des particularités de la lettre « Ma News » est de permettre à l'internaute de personnaliser sa newsletter c'est-à-dire de choisir le contenu et la forme des articles qu'il reçoit. Au moment de son inscription, il a en effet la possibilité de déterminer, parmi une liste de rubriques thématiques allant de « actualités » à « voyages » en passant par « finances » ou « people », celles qu'il souhaite pouvoir lire. Par la suite, il a le loisir de modifier son choix à tout moment.
Dans cette première phase de développement, cette activité d'éditeur ne génère aucun revenu pour Predictys. Il s'agit surtout d'un investissement dans une activité susceptible de générer des connaissances fines sur les internautes, connaissances qui seront valorisées dans le second business model de l'entreprise.
Ainsi, Predictys a développé de front deux activités disjointes aux objectifs différents comme le montre la figure 4. Ces deux activités trouveront une synergie dans la seconde phase du développement de l'entreprise.

Figure 4. Predictys dans sa première phase de développement

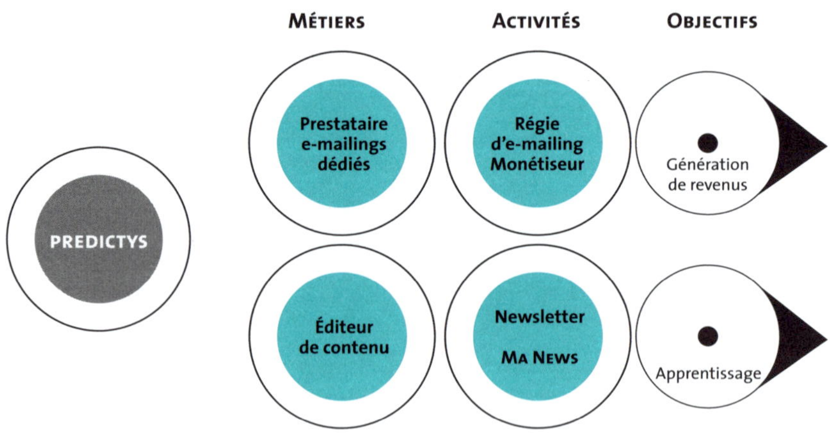

3. La deuxième phase du développement de Predictys : un business model d'infomédiaire différenciateur

A. Les évolutions de Predictys

Durant les deux premières années de son existence, Predictys a pu acquérir une double compétence : mieux connaître et comprendre son marché d'une part et mieux maîtriser ses activités de régie et d'éditeur d'autre part. Après deux années difficiles, 2008 et 2009, le marché de la publicité sur Internet est reparti à la hausse en 2010. Aux yeux de Predictys, deux facteurs clés conditionnent cette croissance :

- Sur le plan technologique, les acteurs prévoient de maintenir leurs investissements sur 2011 tout en se tournant vers des médias riches comme la vidéo, et en mobilisant de nouveaux supports, par exemple les réseaux sociaux ou encore le mobile.
- Les campagnes de e-mailing ont connu une baisse continue de la performance (baisse des taux d'ouverture, de clic et de réactivité). Plusieurs facteurs expliquent ce phénomène, parmi lesquels : la lassitude des internautes face aux pop-ups intrusifs ou aux boîtes aux lettres surchargées, les filtres toujours plus sévères mis en place par les FAI[7] afin de limiter les courriers « indésirables », le ciblage déficient des campagnes.

Ces deux facteurs suggèrent à Predictys un double mouvement. Le premier est un élargissement de l'offre de service de l'activité régie afin d'inclure les nouvelles attentes des annonceurs ; le second rend impérative la qualification des bases de données internautes, c'est-à-dire la richesse et la précision des informations qu'elles contiennent, afin de permettre de cibler avec la plus grande précision.

Predictys a beaucoup appris de son activité d'éditeur de la newsletter « Ma News ». Non seulement cette activité lui a permis d'acquérir les compétences sur les métiers d'éditeur et de diffuseur de contenu, mais elle a de plus tiré de riches enseignements sur le marché de la personnalisation de contenus.

L'activité éditoriale sur le web offre une opportunité intéressante : la possibilité de qualifier le message par le biais de méta-données et de collecter les réactions des internautes face à ces messages maîtrisés. Il est ainsi imaginable d'identifier et de différencier, sur le long terme, les internautes intéressés par les rubriques people de ceux qui préfèrent lire sur l'entretien de leur jardin. Ainsi, l'envoi régulier

7. D'autant plus que les FAI ne captent que très peu de valeur pour le service qu'ils rendent. Certains indices suggèrent qu'ils chercheraient à en capter une part plus importante. En créant des goulots d'étranglement (limitation de volume, filtrage en fonction des NPAI, etc.) légitimés par une qualité de services auprès des internautes, les FAI se mettent en position de force dans une négociation qui ne devrait plus tarder.

de contenus édités devient l'occasion d'améliorer la connaissance individuelle de chacun des internautes.

Enfin, l'activité d'infomédiaire a permis à l'entreprise de s'implanter sur le marché en tant que régie d'e-mailing et monétiseur, et ainsi de développer :

- la plateforme éditoriale et son exploitation industrielle. La figure 5 page 139 présente cette plateforme et ses capacités ;
- le test des fonctionnalités majeures de la plateforme à l'échelle d'une exploitation massive et la stabilisation des savoir-faire techniques ;
- la connaissance de l'ensemble des acteurs et de leurs interactions ;
- une compétence dans les processus d'enrichissement des bases de données internautes.

Pour autant, des difficultés subsistent, principalement liées au comportement des internautes. L'entreprise a en effet rencontré deux difficultés :

- proposer une personnalisation s'avère très difficile surtout lorsque le public est très hétérogène et vaste, car cela implique de toucher des sujets extrêmement divers ;
- même si le lecteur des newsletters a la possibilité de personnaliser son contenu, il ne le fait pas. Il reste un consommateur de masse, qui lit, ou non, ce qui lui est proposé.

Fort de ce constat et des nouvelles compétences acquises, Predictys a souhaité évoluer vers une activité à plus forte valeur ajoutée tout en étant plus différenciatrice par rapport aux offres existantes sur le marché. Elle a ainsi fait évoluer son business model.

B. Une nouvelle proposition de valeur basée sur l'enrichissement de l'offre

Sur la base de deux activités indépendantes, régie et édition, Predictys a construit une nouvelle proposition à partir de deux rôles coordonnés : agence et enrichisseur (tableau 1). L'activité d'agence est un élargissement de l'activité de e-mailing, en proposant l'organisation de campagnes multicanales[8] sur le web. L'activité d'enrichisseur a pour objet de produire des connaissances individuelles et personnelles sur les internautes.

8. Les campagnes marketing multicanales exploitent différents canaux de communication (e-mailing, newsletter, etc.) afin d'améliorer l'impacte de la campagne auprès des prospects.

Tableau 1. Les rôles complémentaires de Predictys

	Rôles	
	Agence (1)	Enrichisseur (2)
Concept	Prendre en charge la gestion des campagnes publicitaires	Enrichir la connaissance client individuelle
Proposition de valeur	Optimiser les campagnes multicanales en s'adressant à un interlocuteur unique	Proposer une qualification fine des comportements attitudes, pratiques et valeurs des internautes
Clients	Annonceurs Agences	Sociétés commerciales (possesseurs de sites)

L'aspect novateur du rôle d'agence se situe dans la capacité à proposer une gestion globale de campagnes multicanales optimisées. Outre la création du contenu, l'entreprise propose de planifier la campagne et d'évaluer l'incidence d'une action sur le résultat global et le cas échéant, d'apporter les modifications qui s'imposent. Les clients de Predictys sont donc assurés d'une meilleure efficience de leur campagne publicitaire.

Le rôle d'enrichisseur consiste à collecter des données personnelles supplémentaires afin d'améliorer la qualité des bases de contacts et de pouvoir proposer un ciblage plus efficient fondé sur une qualification fine des comportements, attitudes, pratiques et valeurs individuelles des internautes. C'est, pour Predictys, un rôle clé dans sa seconde phase de développement.

L'enjeu est d'être en mesure de construire une compréhension de l'internaute à partir des informations multiples et variées que sont les traces qu'il laisse sur le web. En constante interaction avec les internautes, Predictys promet de donner du sens à des informations qui initialement n'en ont pas. Son travail consiste à formuler ce que sont les internautes (ou ce qu'ils pourraient être) dans le but d'amener à ses clients une compréhension plus poussée et ciblée de leurs propres clients et de leur situation (vie personnelle, économique, etc.).

Cette compétence dans le domaine de l'enrichissement des bases de données étaye la proposition de valeur « agence ». Les compétences de caractérisation acquises en tant qu'agence trouvent tout naturellement un débouché opérationnel en tant qu'enrichisseur en permettant notamment, un routage plus efficient. Il y a donc une synergie entre le rôle d'agence et le rôle d'enrichisseur.

Predictys demeure cependant toujours dépendante des acteurs susceptibles de lui fournir des bases de données. Pour atténuer cette dépendance et le risque associé, Predictys a cherché à développer et enrichir sa propre base de données. Forte de son apprentissage en tant qu'éditeur de contenu (phase de développement 1), elle a intensifié son activité éditoriale via sa newsletter « Manews » afin de renforcer mais aussi créer de nouveaux liens avec les internautes. Elle s'est ainsi dotée d'un outil de fidélisation en propre, outil indispensable au développement de son rôle d'enrichisseur de bases de données.

L'objectif de Predictys est à terme de glisser du rôle d'infomédiaire vers celui d'innomédiaire au sens de Sawhney *et al.* (2003). Plutôt que de collecter des informations très factuelles sur, par exemple, les processus d'achat des cyberconsommateurs, elle cherche à agréger des informations sur les clients eux-mêmes afin d'être en mesure d'en construire une connaissance fine. Ainsi, en captant et en analysant les modes de consultation des e-mails envoyés, on peut déterminer l'organisation et les rythmes de vie de l'internaute.

Ainsi, Predictys tente d'élaborer sa connaissance client tout au long de sa relation avec lui et à chaque fois qu'elle est en interaction avec lui. Les enjeux de cette connaissance client portent à la fois sur l'individualisation et sur l'identification de communautés de clients spontanées présentant des caractéristiques similaires.

Son but est de pouvoir cibler ses envois et réaliser une segmentation compatible avec les enjeux opérationnels du routage et avec les enjeux économiques et marketing.

C. Le développement de nouvelles ressources technologiques

L'enjeu technologique est désormais de permettre la diffusion de contenus fortement individualisés et personnalisés ainsi que l'organisation et le suivi de campagnes d'information microciblées. Pour atteindre un tel objectif, il est nécessaire d'acquérir une connaissance de l'individu qui va bien au-delà des informations nominatives et factuelles constituant classiquement les bases de données de clients.

1) Ressources technologiques : une ingénierie de pointe

Mettre en œuvre un dispositif de caractérisation fine des comportements de l'internaute impose de concevoir un système sophistiqué de gestion de l'historique des interactions avec celui-ci. Ce système doit être capable d'interpréter dynamiquement les actions des internautes dans un temps de traitement très faible. En effet, le temps de traitement des données collectées à l'issue d'une action doit être compatible avec la mise en œuvre de l'action suivante sans quoi le système s'engorge, et l'actualité des données de ciblage n'est plus de mise. Dans ce contexte, la performance est celle du volume d'activité que la plateforme peut maintenir.

Figure 5. Schéma fonctionnel de la plateforme

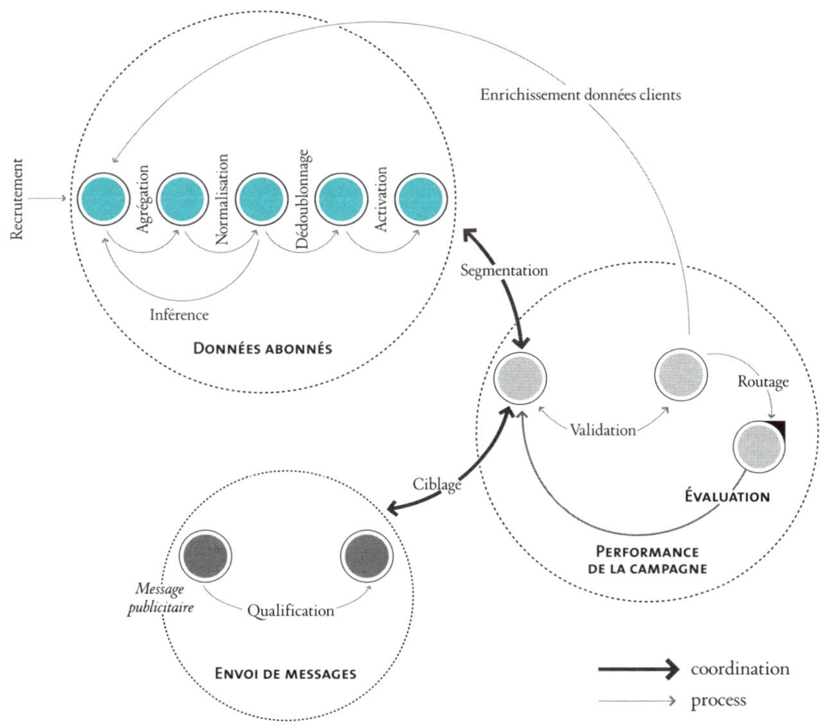

La figure 5 présente la logique de fonctionnement de la plateforme. Celle-ci se situe au confluent de trois flux de données : les adresses des internautes, leurs attentes et les contenus informationnels à diffuser.

Qu'ils proviennent de l'annonceur (ou de son agence) ou de fournisseurs de contenus, les contenus sont qualifiés en fonction du contenu thématique, du style de rédaction, de la mise en forme, etc. Le processus de qualification et les méta-données qualifiantes constituent une ressource stratégique de l'entreprise.

Ces contenus sont alors expédiés aux internautes, dont les réactions (ouverture, clics, etc.) sont collectées pour une double utilité : évaluer la performance de la campagne et améliorer la connaissance de l'internaute. En effet, le contenu étant qualifié, l'activité enregistrée de ce dernier permet de formaliser ses comportements, d'identifier ce qui le fait réagir et est susceptible de l'intéresser. Ces informations individuelles viennent enrichir la base de données d'internautes, permettant, sur la durée, de proposer aux clients (annonceurs) des actions marketing ou éditoriales micro-ciblées.

2) La R&D : une démarche empirique

La personnalisation de la connaissance des internautes soulève trois défis technologiques majeurs auxquels Predictys a cherché à répondre par la mise en œuvre d'une démarche de R&D. Le premier concerne l'élaboration et la mise en œuvre d'un modèle capable d'acquérir des informations sur les internautes. Le second concerne la capacité de la plateforme à gérer et exploiter une grande quantité de données. Enfin, le troisième est d'être capable de développer des modèles d'exploitation des connaissances sur les internautes.

Répondre à ces trois défis technologiques suppose de mobiliser des connaissances et une expertise issues de différents domaines (marketing, sociologie, sciences de l'information, informatique). Dès lors, la démarche d'élaboration ne peut être qu'empirique, c'est-à-dire fondée progressivement sur les retours d'expériences.

De cette démarche empirique naît une expertise propre à Predictys difficilement transférable et imitable par ses concurrents. Ainsi Predictys cherche à développer un avantage concurrentiel par la construction d'une ressource intangible : le modèle de création d'une connaissance client affinée.

D. Évolution de la place de Predictys dans le réseau de valeur de l'e-mailing

Les nouveaux services et les nouvelles compétences associées permettent à Predictys de modifier sa place et son rôle dans le réseau de valeur (figure 6). Elle intègre désormais le rôle de plusieurs acteurs (routeur, régie e-mailing, éditeur, web analyste) ce qui lui permet de mieux capter la valeur qu'elle crée mais également de maîtriser d'avantage son image de marque et sa légitimité en tant que nouvel entrant sur ce marché. En amont, Predictys organise désormais une offre de services dans le domaine de la création de contenus et dans celui de la gestion stratégique de campagnes publicitaire. En aval, Predictys intègre les fonctions de routeur et d'analyste pour son propre compte. Ainsi, Predictys maîtrise une plus grande partie de la chaîne de l'e-mailing, ce qui constitue un argument de valorisation auprès de ses clients : les annonceurs publicitaires et les émetteurs des contenus éditoriaux.

Figure 6. Évolution de la place de Predictys dans le réseau de valeur de l'e-mailing

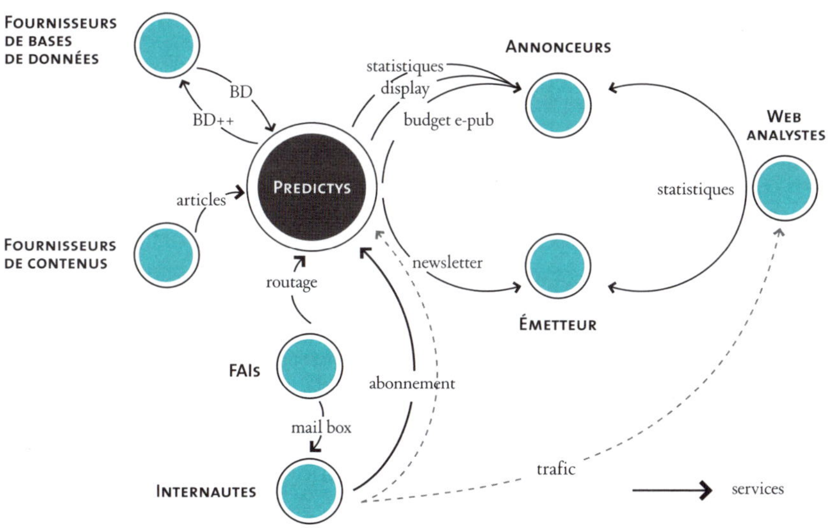

L'intégration des différents rôles dans la réalisation de campagnes permet à Predictys de maîtriser l'information (en quantité et en qualité) afin de mettre en œuvre les moyens nécessaires à la caractérisation des internautes. Cette possibilité représente pour Predictys une opportunité de nouveau positionnement stratégique.

Elle lui permettrait aussi d'être en mesure de répondre aux nouveaux besoins du marché : la personnalisation et la fidélisation de la gestion de la relation client. Cette nouvelle situation devrait lui permettre d'acquérir un avantage compétitif distinct de ses concurrents.

E. Génération de revenus

Cette nouvelle phase de développement permet à Predictys de générer des revenus complémentaires issus d'une part de l'organisation et de l'optimisation d'une campagne multicanale auprès d'annonceurs et d'autre part de l'enrichissement de bases de données clients comme le montre la figure 7 ci-dessous.

Figure 7. modèle de rémunération de Predictys en tant qu'agence Web

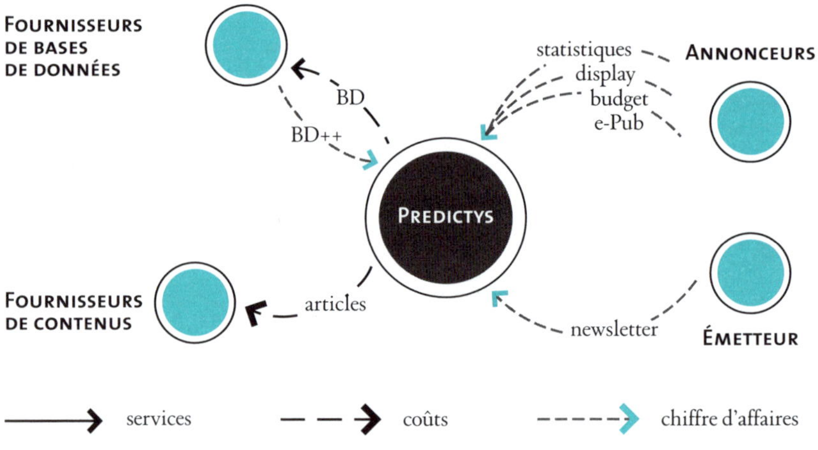

Ces nouveaux flux monétaires sont intéressants à plusieurs titres :

- ils sont plus nombreux car Predictys propose à ses clients de nouveaux services qu'elle est en mesure de valoriser ;
- ils sont plus rentables : en développant un rôle d'agence, Predictys diminue le nombre d'intermédiaires nécessaires à la réalisation du service proposé et devient un interlocuteur direct des annonceurs. Elle devient ainsi un des acteurs majeurs du réseau de valeur et capte à ce titre une bonne partie de la valeur créée c'est-à-dire de la marge ;
- ils sont plus rapides car la diminution des intermédiaires permet à Predictys de raccourcir les délais de rémunération.

Si ce nouveau modèle de rémunération ne vient pas diminuer les risques encourus par Predictys face à sa dépendance vis-à-vis des annonceurs, il permet toutefois de générer des revenus diversifiés, plus importants et également plus rapides.

Conclusion

D'un rôle d'infomédiaire classique, Predictys a évolué vers un business model différenciateur et en phase avec les évolutions du marché de la publicité en ligne. D'un rôle de régie e-mailing et de monétiseur de bases de données, elle a évolué vers les métiers d'agence web et d'enrichisseur de base de données. Cela lui a permis de répondre aux exigences actuelles d'un marché en constante évolution en proposant des services de gestion de campagnes multicanales et surtout de personnalisation, véritable activité de différenciation. Ces deux activités sont désormais liées et en forte synergie de manière à poursuivre l'objectif final de Predictys d'une connaissance fine des internautes (figure 8).

Figure 8. Predictys dans sa deuxième phase de développement

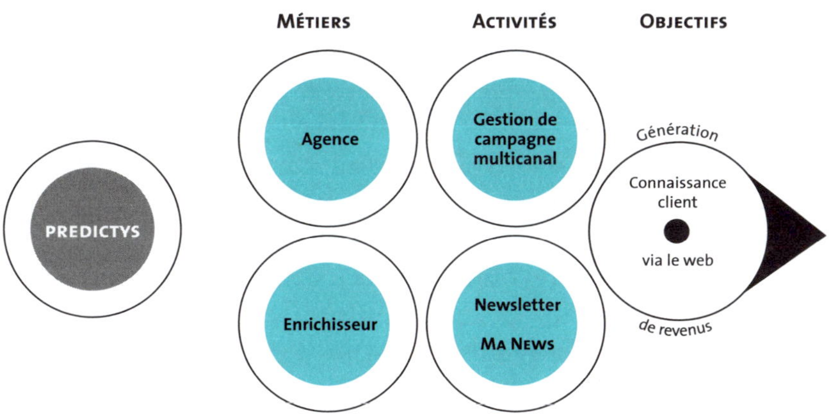

Jeune société dans le domaine du e-marketing, Predictys a donc réussi, grâce à un processus d'apprentissage, à développer un business model différenciateur en accord avec les pratiques des acteurs du domaine du web. Aujourd'hui, Predictys est en mesure de prendre en compte trois tendances majeures du marché, présentées ci-après.

La généralisation de modèles de revenus à la performance

Predictys tire son revenu du résultat des campagnes publicitaires qu'elle diffuse et non pas du nombre d'e-mails qu'elle est capable d'envoyer. Ce modèle de rémunération à la performance est possible à condition d'être en mesure d'évaluer le résultat des messages diffusés auprès des internautes par la mise en place de métriques fiables et incontestables. Dès lors, l'enjeu se situe dans la capacité des différents acteurs du web et notamment des infomédiaires comme Predictys à développer des outils d'évaluation anticipée et de ciblage de plus en plus perfectionnés, capables de restituer au mieux la réalité des résultats de la diffusion des messages.

De nouvelles questions autour de l'économie des données personnelles

Les données numériques associées à chaque internaute constituent un enjeu de premier plan pour le devenir de l'économie numérique. Leur possession apparaît comme un sésame ouvrant accès à l'intime des « besoins » du consommateur et à une relation privilégiée. L'absence de réglementation contraignante dans le secteur et l'incitation à la surexploitation que constitue le faible coût de leur reproduction (Rochelandet, 2010) est à l'origine d'une situation abusive entraînant différentes réactions et la proposition de plusieurs cadres de régulation.

Le premier de ceux-ci découle de l'adaptation des comportements des internautes qui organisent de mieux en mieux le contrôle de leurs données personnelles en démultipliant leurs identités virtuelles sous la forme d'avatars éphémères. Cette tendance marquée, notamment en France, contribue à augmenter le coût de collecte des données personnelles.

Le second cadre est le code de déontologie que se définissent les professionnels du marketing direct afin d'encadrer leur activité et dont on trouve un exemple dans la charte de l'e-mailing (http://www.ufmd.org/charte.html). Ce cadrage, proposé en amont d'un dispositif légal, apparaît comme plus contraignant, ce que les professionnels redoutent.

L'évolution du rôle des FAI

On peut constater, du côté des internautes, un usage intensif de la création d'espaces et de services privatifs (boîtes aux lettres, filtres anti spam, etc.) et du côté des éditeurs, une surcharge de la bande passante et des espaces de stockage. Face à cette réalité, les FAI, acteurs incontournables, deviennent de plus en plus exigeants vis-à-vis des données qui circulent, imposant un mode de fonctionnement de plus en plus contraignant pour les éditeurs. Ainsi l'acheminement gratuit est peut-être en passe d'évoluer vers un modèle payant basé sur le volume impliqué.

On peut penser que le système ainsi décrit est amené à s'autoréguler et qu'un cadre légal plus contraignant que celui qui existe déjà n'est pas nécessaire. Néanmoins, différentes propositions de loi sont à l'étude au niveau européen. Le principe d'une taxe sur le courrier électronique n'est plus à exclure. Dès lors, la sélection des destinataires deviendra incontournable.

Face à ces évolutions, Predictys, société emblématique des nouveaux acteurs *pure player*[9], réussit à prendre une place dans la chaîne de valeur du e-marketing en captant ou développant une partie de la valeur ajoutée.

Cette société a fait un pari audacieux en s'engageant résolument dans la voie de la qualification des bases de données et de la segmentation comportementale. Elle s'est projetée en tant qu'intermédiaire à forte valeur ajoutée dans un marché qui semble désormais porteur[10]. Le cas de la société Predictys montre ainsi qu'il est possible pour une start-up de se développer dans un marché à très forte intensité concurrentielle, sur la base d'un business model innovant.

9. Termes d'origine américaine pour désigner les acteurs « purs » dont l'existence et l'activité sont liées au web.

10. Voir les statistiques du Journal du net : 52 % des annonceurs prévoient un budget e-mailing en hausse voire forte hausse. Également 52 % des annonceurs jugent ce levier du marketing de plus en plus satisfaisant en termes de retour sur investissement.

Chapitre 8
MANAGER UN PORTEFEUILLE DE BUSINESS MODELS

La maîtrise de l'évolution stratégique de PX'Therapeutics par la diversité de ses business models

→ *Valérie Sabatier, Vincent Mangematin, Tristan Rousselle*

RÉSUMÉ Le management d'un portefeuille de business models peut permettre à des petites et moyennes entreprises de haute technologie de prendre des décisions stratégiques. Le cas présente comment PX'Therapeutics, entreprise de biotechnologie française, construit sa stratégie et la traduit dans son portefeuille de business models. Ce chapitre met en avant la démarche méthodologique d'utilisation d'un portefeuille de business models pour assurer la viabilité de l'entreprise à moyen terme et son développement à long terme, en utilisant la grille d'équilibre des business models. Cette grille confronte le niveau de promesses et le niveau de risque global pour chaque business model. À l'aide d'un diagramme représentant niveau de risques et de promesses, un manager pourra mettre en évidence l'équilibre de son portefeuille.

INTRODUCTION

Les petites et moyennes entreprises de haute technologie sont souvent confrontées à des problématiques spécifiques : la prise de risque dans un environnement qui évolue très vite, des investissements importants, le lancement de projets de recherche et développement incertains, etc. Les outils d'aide à la décision, et plus particulièrement de gestion de portefeuille d'activités ou de projets, peuvent rencontrer des limites. Par exemple, une approche du type portefeuille selon la matrice du Boston Consulting Group (BCG) est difficilement applicable pour une PME de haute technologie : un des écueils de la matrice BCG est de considérer la position de l'entreprise selon sa part de marché par rapport aux leaders du marché. Or, pour une start-up en microélectronique, la comparaison avec un géant du semi-conducteur conduit à minimiser tout attrait du marché. Autre exemple, la matrice Arthur D. Little pose le problème d'un outil long à documenter et dont la subjectivité des évaluateurs peut influencer grandement les résultats de l'analyse. Toutes les approches par des outils de conception de la stratégie peuvent être critiquables, il convient d'utiliser un outil qui soit adapté au contexte et à l'entreprise. Pour une PME de haute technologie, l'outil proposé ici est facile à utiliser et aide à équilibrer chiffre d'affaires à moyen terme et investissements en R&D à long terme. Un portefeuille de business models est défini comme l'éventail des différentes possibilités pour une entreprise de délivrer de la valeur à ses clients, en assurant à moyen terme sa viabilité et à long terme son développement (Sabatier, Mangematin, Rousselle, 2010). Cette approche est illustrée ici par le cas de l'entreprise PX'Therapeutics (dénommée ci-après PX). C'est, à l'origine, une start-up issue de l'Institut de Biologie Structurale de Grenoble. Créée par Tristan Rousselle et Nicolas Mouz en 2000, elle évolue dans l'industrie du médicament. Nous verrons dans ce chapitre comment PX a créé son portefeuille de business models, d'abord lors d'une première analyse en 2004, puis aujourd'hui en 2010.

L'utilisation d'un portefeuille de business models cherche à équilibrer pour chaque business model, le niveau de promesses faites aux parties prenantes, et le niveau de risques associés et, au niveau de l'entreprise, la viabilité à moyen terme et le développement à long terme. Le niveau de promesses fait référence au chiffre d'affaires attendu. Le niveau de risques est plus complexe : il prend en compte les risques liés à l'interdépendance de l'entreprise avec une autre organisation, les risques liés à la faisabilité et à la réalisation technique et les risques liés aux investissements financiers. Il faut évaluer l'intensité de chaque critère (faible – moyen – fort) en tenant compte des caractéristiques de l'industrie, comme nous allons le voir dans le cas de l'industrie du médicament. Un portefeuille équilibré devra associer à moyen terme des business models peu ou moyennement risqués mais assurant un niveau de promesses faible à moyen et à long terme des business models plus risqués mais beaucoup plus prometteurs.

1. CONTEXTE : L'INDUSTRIE DU MÉDICAMENT

Les biotechnologies[1] peuvent avoir de nombreux domaines d'application tels que la santé, l'agroalimentaire, les énergies renouvelables, les cosmétiques, etc. Dans ce chapitre, nous nous consacrons essentiellement à l'industrie du médicament qui est aujourd'hui le principal domaine d'application des biotechnologies. Les entreprises françaises du médicament ont réalisé en 2007 un chiffre d'affaires de près de 45 milliards d'euros dont 47 % à l'export (Rapport du LEEM, 2008). Ce chiffre d'affaires est en croissance continue depuis plus de vingt ans. En 2008, 107 médicaments issus de protéines recombinantes et anticorps monoclonaux sont commercialisés en France. 76 % du marché pour les entreprises de biotechnologie est aux États-Unis contre 16 % en Europe, et 82 % des dépenses de R&D se font aux États-Unis contre 13 % en Europe (Ernst & Young, 2007).

Dans l'industrie du médicament, le niveau de promesses le plus haut est le médicament *blockbuster*, c'est-à-dire un médicament dépassant 1 milliard de dollars de chiffre d'affaires pour l'entreprise qui le commercialise. Par exemple, des médicaments ciblant le diabète assurent ce chiffre d'affaires : le nombre de diabétiques dans le monde est grand et en constante augmentation, ce qui en fait un marché large et en croissance. D'autres médicaments peuvent traiter des maladies moins répandues et avoir un niveau de promesses moyen. Il faut également considérer les entreprises qui proposent un service ou des équipements aux autres entreprises. Elles peuvent avoir des niveaux de promesses faibles (par rapport à un médicament atteignant le marché) ou moyen.

Le niveau de risque prend en compte trois critères.

- Le niveau d'interdépendance. Lorsque l'entreprise a besoin de compétences externes pour réaliser un business model, elle a des degrés de dépendance variables : si les compétences sont faciles à trouver sur le marché alors sa dépendance est faible ; *a contrario* si les compétences dont elle a besoin sont spécifiques alors elle est fortement liée à son partenaire et l'interdépendance est forte. Dans ce cas,

1. Les biotechnologies sont définies par l'Organisation de coopération et de développement économiques comme « l'application de la science et de la technologie aux organismes vivants à d'autres matériaux vivants ou non vivants, pour la production de savoir, biens et services. »

l'interdépendance peut complexifier le contrôle de l'activité, mais aussi la capacité de la firme à s'approprier la valeur qu'elle créé puisque celle-ci doit être partagée avec d'autres acteurs.
- Le niveau de risque technique : pour le médicament, les risques sont d'autant plus élevés que l'activité est dépendante de la réussite même du médicament, or un candidat médicament peut échouer à n'importe quelle étape du développement (encadré 1 : la chaîne de valeur externe du médicament).
- Le niveau de risque financier : lorsque l'entreprise doit investir pour des équipements, des unités de fabrication, des essais cliniques, des droits de propriété intellectuelle, etc., les investissements peuvent être très importants, accroissant le risque financier. De plus, le temps écoulé entre investissement et retour sur investissement peut être très long : le développement d'un médicament nécessite 10 à 12 ans de recherche et développement. Ceci augmente le risque perçu par les investisseurs.

ENCADRÉ 1

CHAÎNE DE VALEUR EXTERNE DE L'INDUSTRIE DU MÉDICAMENT

Le développement d'un médicament se fait en cinq étapes (figure 1) : lors de la recherche fondamentale une molécule thérapeutique est découverte, puis elle est étudiée en recherche appliquée pour devenir un candidat-médicament. Elle est ensuite testée sur des modèles animaux avec les essais précliniques. Les essais cliniques de phase I et II concernent des tests humains pour affiner le dosage et détecter les effets secondaires. Enfin la phase III sert à prouver l'efficacité du candidat-médicament sur des patients. À la fin de cette étape, le médicament doit obtenir une Autorisation de Mise sur le Marché (AMM) délivrée par l'Afssaps en France ou la Food and Drug Administration aux États-Unis. De la recherche fondamentale à l'arrivée sur le marché, douze à quinze ans de développements et d'essais sont nécessaires. En plus de ce temps de développement très long, les investissements sont colossaux : un médicament coûte en moyenne 1,2 milliard de dollars (DiMasi and Grabowski, 2007).

Figure 1. Chaîne de valeur externe du médicament

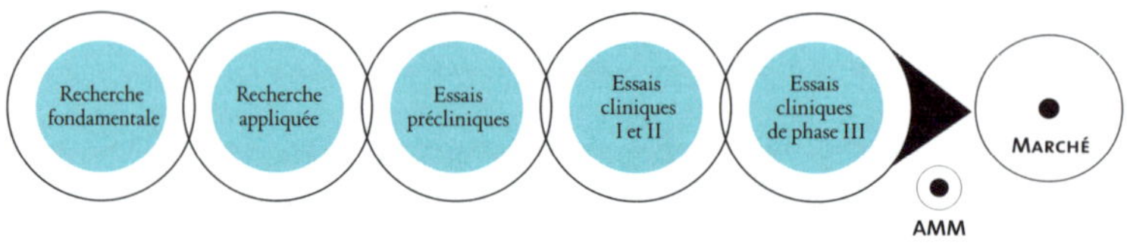

Les entreprises du médicament ont aujourd'hui trois grands types d'activités auxquelles correspondent plusieurs business models (figure 2). Pour simplifier la compréhension, tout en donnant une vision globale des business models possibles afin de créer un portefeuille, nous allons brièvement décrire chaque business model et en donner une représentation schématique, et un tableau (tableau 1) présentera la grille d'analyse avec les deux caractéristiques : niveau de promesses et niveau de risques.

Figure 2. Trois grands types d'activités dans l'industrie du médicament

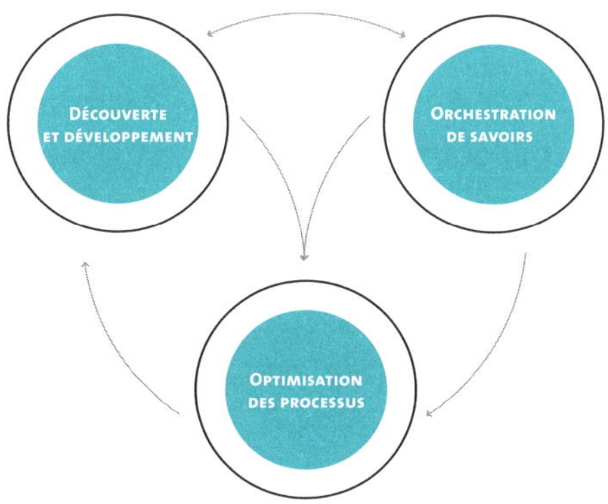

A. Activité générale 1 : la découverte et le développement

La découverte et le développement de médicament constituent l'activité phare de l'industrie. Ce sont en général les business models basés sur le développement qui sont perçus comme les plus lucratifs.

– **Le business model de l'intégration totale** (figure 3) fait figure de référence, car c'est le business model le plus répandu et le plus connu. L'entreprise développe un candidat-médicament de la recherche jusqu'au marché. Ces grandes firmes forment souvent des alliances mais grâce à leur taille et à leur maîtrise de la chaîne de valeur, leur niveau d'interdépendance reste faible.

Figure 3. Représentation du business model de l'intégration totale

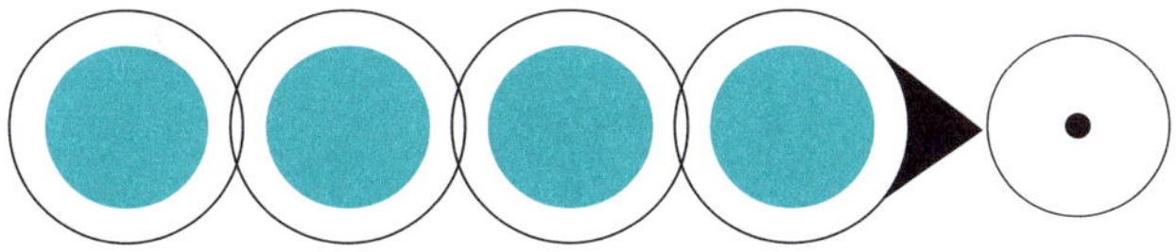

– **Dans le business model de l'intégration partielle** (figure 4), les firmes réalisent elles-mêmes une partie du développement du médicament. Elles peuvent par exemple développer une molécule découverte en interne jusqu'en phase préclinique pour la revendre à une autre entreprise.

Figure 4. Représentation du business model de l'intégration partielle

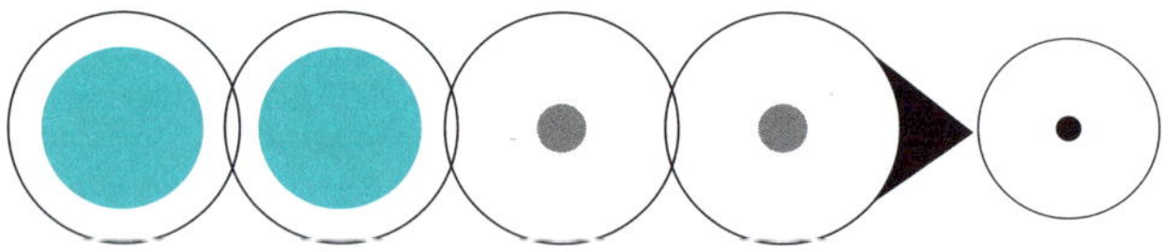

– De nombreuses entreprises ont un **business model de collaboration dans les phases de découverte** (figure 5) avec d'autres entreprises ou des laboratoires : le business model dépasse les frontières de la firme, et doit prendre en compte la forte collaboration avec un partenaire.

Figure 5. Représentation du business model de la collaboration dans les phases de découverte

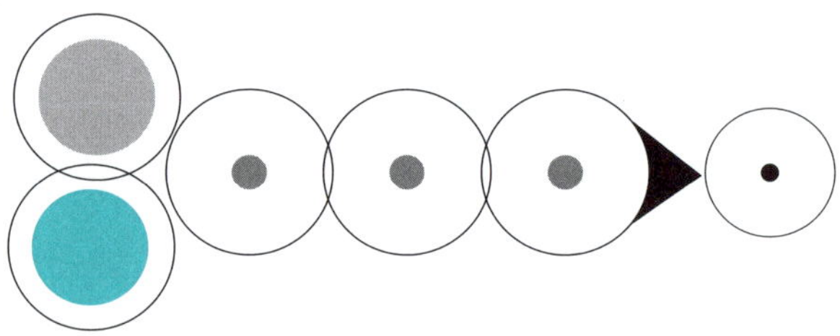

– **Le business model du co-développement** (figure 6) est aussi basé sur la collaboration, mais dans les phases de développement. Différentes formes de co-développement sont possibles : d'un développement en parallèle à la création d'une joint-venture entre les deux entreprises.

Figure 6. Représentation du business model du co-développement

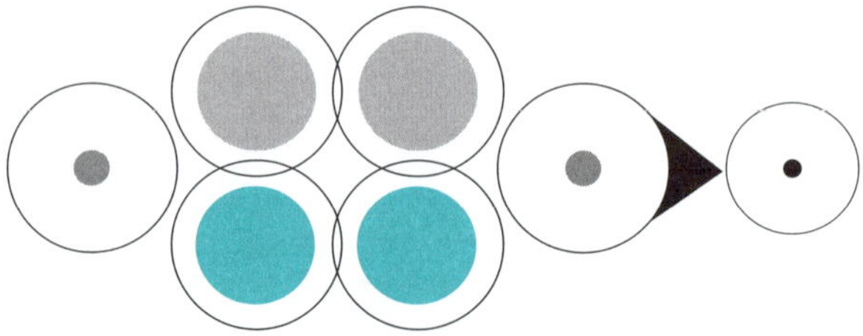

B. Activité générale 2 : optimisation des processus

L'optimisation des processus concerne tous les business models qui se focalisent sur l'amélioration d'une étape du développement. Le marché étant en croissance continue, et le développement d'un médicament nécessitant de nombreuses expertises différentes, la spécialisation dans la réalisation d'étapes du développement de médicaments est un choix que de nombreuses entreprises ont fait.

– **Le modèle de la plateforme technologique** (figure 7) est basé sur un service de recherche très pointu. Ce type de modèle propose une expertise en début de chaîne de valeur externe. Il existe plusieurs types de plateformes technologiques (plateforme technologique ouverte, ou plateforme technologique propriétaire, etc.) mais elles ont toutes pour point commun la fourniture de développement technologique grâce à une expertise très spécifique.

Figure 7. Représentation du business model de la plateforme technologique

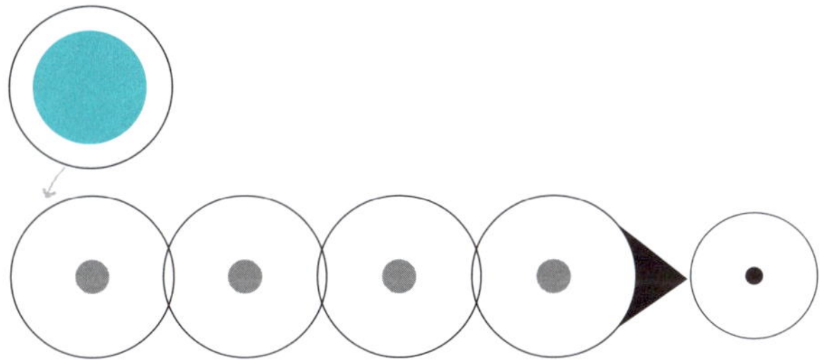

– **Le terme CMO, pour Contract Manufacturing Organizations** (figure 8), désigne un business model dédié à la production des lots précliniques, cliniques ou de médicaments. Les capacités de bioproduction en France sont largement insuffisantes par rapport à la demande[2]. Ce business model nécessite des usines de fabrication conformes à la réglementation internationale et labellisées GMP (*Good Manufacturing Practices*), label obligatoire pour obtenir la désignation d'établissement pharmaceutique.

2. Pour plus d'informations voir l'étude « Bioproduction en 2008, état des lieux et recommandations pour l'attractivité française », réalisée par le LEEM et le Génopôle, http://www.leem.org/dossier/101/etude-bioproduction-en-2008-etat-des-lieux-et-recommandations-pour-l-attractivite-1297.htm.

Figure 8. Représentation du business model de CMO

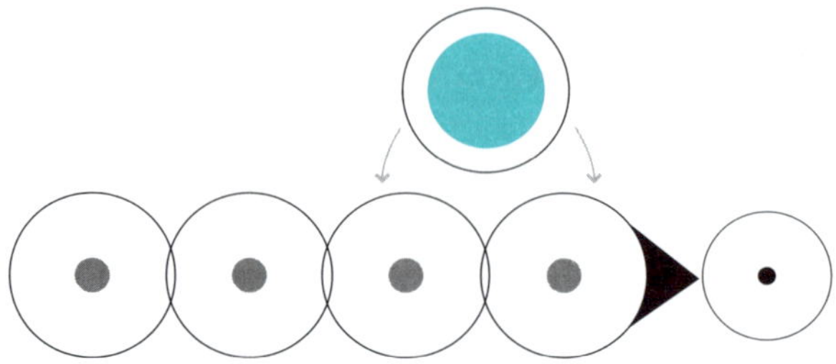

– **Le terme CRO, pour Contract Research Organizations** (figure 9), fait référence au business model basé sur un service de niveau recherche sans production et généralement en milieu et fin de la chaîne de valeur externe. Par exemple, la conduite d'essais précliniques fait partie de ces CRO.

Figure 9. Représentation du business model de CRO

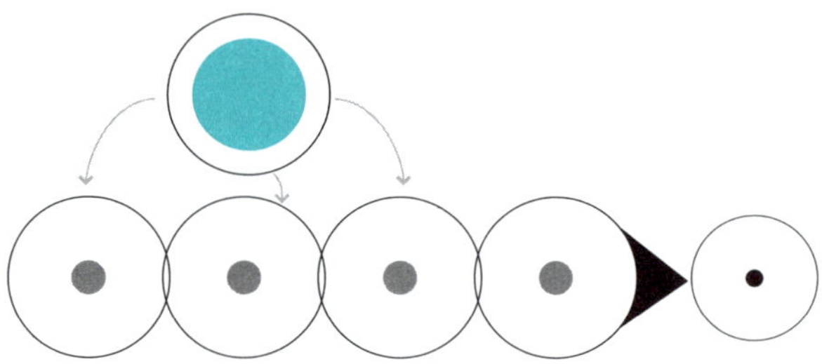

C. Activité générale 3 : orchestration de savoirs

L'orchestration ou la recombinaison de savoirs est le dénominateur commun de tous les business models qui réorganisent les savoirs, orchestrent les réseaux, mobilisent ou combinent des compétences extérieures. Ces entreprises produisent de la valeur en créant des liens entre différentes organisations, ou en réorganisant certaines étapes de la chaîne de valeur externe.

– **Le business model des activités virtuelles** (figure 10) repose sur l'orchestration d'un réseau de partenaires et fournisseurs pour le développement d'un candidat-médicament. L'entreprise externalise toutes ses activités et se concentre sur le management du réseau.

Figure 10. Représentation du business model des activités virtuelles

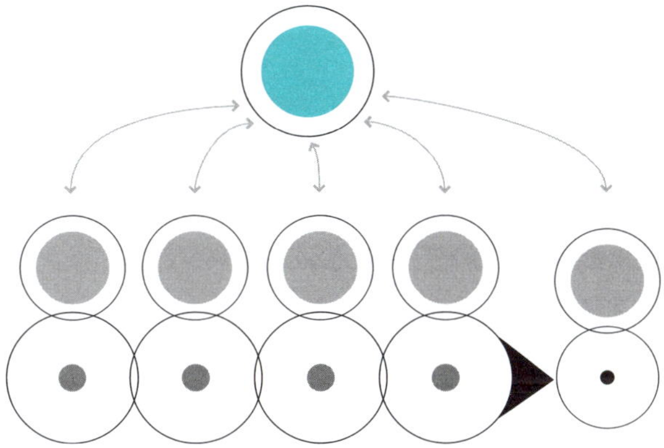

– **LE BUSINESS MODEL DU REPOSITIONNEMENT** (figure 11) consiste à prendre une molécule en développement dans une autre entreprise ou déjà sur le marché, et à la développer sur une nouvelle application thérapeutique : par exemple utiliser un médicament initialement prévu pour lutter contre les troubles du sommeil pour le développer dans une application contre les syndromes d'inflammations aiguës. Les nouveaux essais cliniques à réaliser sont moins complexes et plus rapides, car la molécule a déjà prouvé sa non-toxicité et son efficacité sur un mécanisme précis.

Figure 11. Représentation du business model du repositionnement

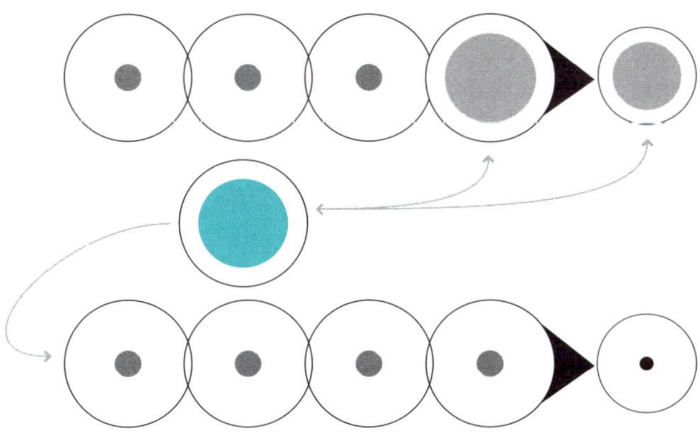

– **LE MODÈLE DE L'INTERMÉDIAIRE DE TECHNOLOGIES** (figure 12) fonctionne comme pour les courtiers en bourse ou brokers. Ils établissent des liens entre différentes entreprises ou organisations. Ils peuvent, par exemple, chercher des acheteurs pour une entreprise qui aurait un pipeline de candidats-médicaments.

Figure 12. Représentation du business model de l'intermédiaire de technologies

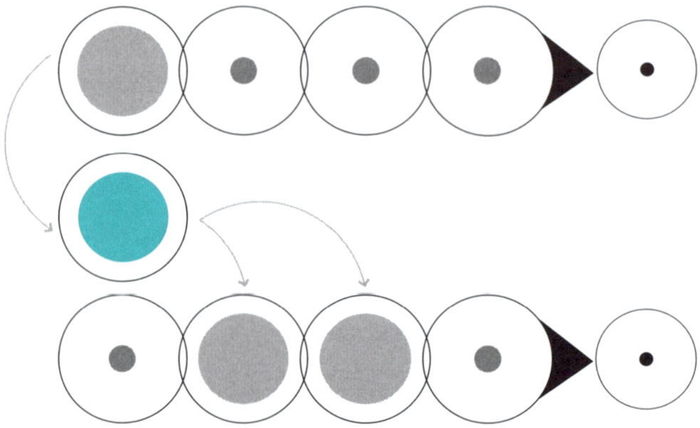

Ces dix business models génériques ont des niveaux de promesses et de risques différents. Les entreprises doivent adapter les business models aux opportunités qu'elles perçoivent et à leur propre organisation.

Tableau 1. Grille d'impact de chaque business model

Business Model	Niveau de promesse	Niveau de risque (détail)			Niveau de risque (global)
		Interdépendance	Risque technique	Risque financier	
Intégration totale	Fort	Moyen	Fort	Fort	Fort
Intégration partielle	Moyen / Fort	Faible	Fort	Fort	Fort / Moyen
Collaboration pour la découverte	Moyen	Fort	Moyen / Fort	Moyen	Fort / Moyen
Co-développement	Moyen	Fort	Moyen / Fort	Moyen	Fort / Moyen
Plateforme technologique	Faible	Faible	Moyen / Faible	Faible	Faible
CRO	Faible	Faible	Moyen / Faible	Faible	Faible
CMO	Faible / Moyen	Faible	Moyen	Moyen	Moyen
Activités virtuelles	Moyen / Fort	Fort	Fort	Moyen	Fort
Repositionnement	Moyen / Fort	Fort	Faible	Faible / Moyen	Moyen / Faible
Intermédiaire de technologies	Faible	Fort	Faible	Faible	Moyen / Faible

En représentant sous forme de diagramme le niveau de promesses et le niveau de risque, les différences entre les business models sont très visibles (figure 13).

Figure 13. Représentation graphique de la grille d'impact

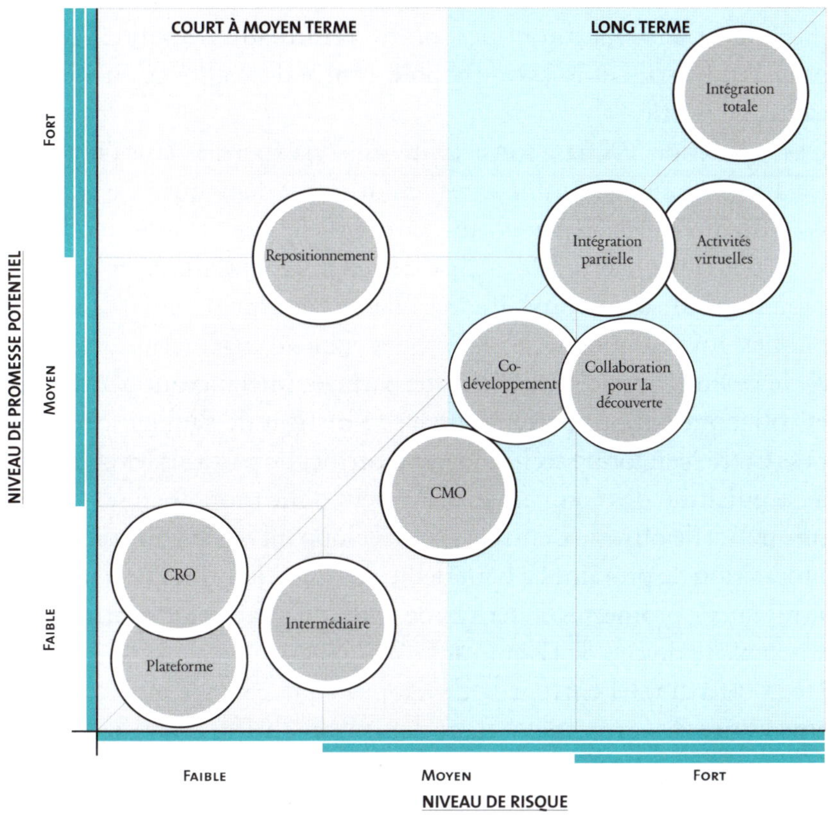

Un portefeuille de business models équilibré consiste à avoir des business models à court et moyen terme avec un niveau de risques et de promesses moyens à bas ; alors qu'à long terme le niveau de promesses et de risques est plus élevé (voir la séparation des deux zones sur le diagramme de la figure 2). En particulier, pour les petites et moyennes entreprises évoluant dans ce secteur, il est difficile de soutenir un développement à long terme sans avoir un ou des business models qui permettent d'assurer une rentabilité à moyen terme. Le cas de PX'Therapeutics permettra de voir comment une petite entreprise utilise cet outil pour assurer son développement.

2. PX ÉPISODE 1 : UN PORTEFEUILLE DE BUSINESS MODELS SUPPORT DE LA CROISSANCE

En 2000, PX est créée et implantée dans le polygone scientifique de Grenoble en Rhône-Alpes. Cette région accueille deux pôles de compétitivité mondiaux labellisés : le pôle Minalogic, spécialisé dans les produits et services autour des solutions miniaturisées intelligentes pour l'industrie ; et le Lyon Biopôle, centre d'excellence en vaccins et en diagnostic.

Dès sa création, PX base son activité sur son expertise dans l'ingénierie des protéines recombinantes[3] en utilisant deux business models issus du modèle de la plateforme. Le premier est le business model de la plateforme ouverte : PX utilise des technologies libres de droit et capitalise sur son savoir-faire. Ses clients (entreprises et laboratoires publics) lui demandent de réaliser des étapes d'ingénierie. Le second est le business model de plateforme partagée (mélangeant plateforme et collaboration), en partenariat avec l'Institut de Biologie Structurale. Cette plateforme technologique permet de partager les coûts liés à l'acquisition des équipements. PX peut donc proposer à ses clients une nouvelle offre aux entreprises développant des médicaments : la production de protéines à haut débit. Avec ces deux business models, le niveau de promesses en termes de chiffre d'affaires est relativement bas, mais le niveau de risque est faible.

De 2000 à 2003, l'entreprise développe son expertise et sa capacité à produire des protéines à haut débit. Son chiffre d'affaires est en croissance continue ainsi que ses effectifs : de 14 salariés en 2002 elle passe à 25 salariés en 2003, tandis que le chiffre d'affaires passe de 600 000 euros à 2 200 000 euros. Ce profil de portefeuille soutient la croissance de la masse salariale, tout en multipliant le chiffre d'affaires par quatre. Fin 2003, l'équipe dirigeante souhaite

3. Les protéines sont des macromolécules présentes dans les organismes vivants et essentielles à leur fonctionnement. Elles peuvent être utilisées dans les techniques de diagnostic, le matériel de laboratoire et les médicaments. L'appellation protéine thérapeutique désigne les protéines qui sont au cœur d'un médicament. Or ces protéines sont complexes à produire et à stabiliser. Mais il est maintenant possible de produire in vitro une protéine donnée, en insérant son gène dans une bactérie ou une cellule de levure, d'insecte ou de mammifère. La protéine obtenue est appelée protéine recombinante, désignant ainsi des protéines produites par des cellules dont l'ADN a été modifié.

ajouter un autre business model à son portefeuille pour augmenter le niveau de promesses.

Trois pistes se dessinent (Mangematin et Genet, 2004):

- la recherche de nouveaux antibiotiques ciblant de manière très spécifique les bactéries. L'approche est innovante mais nécessite de nombreux développements technologiques. Pour cela PX devrait s'appuyer sur un partenaire public et trouver un moyen de valoriser ces molécules. Il s'agit ici de faire un business model basé sur une activité générale de recherche et développement;
- la découverte de nouvelles cibles antifongiques: PX participe à un projet de collaboration labellisé et financé en partie par des institutions pour constituer un portefeuille original de protéines. Si le projet aboutit, PX devra également trouver un moyen de valoriser ces protéines auprès d'industriels de la pharmacie;
- la production de protéines thérapeutiques selon les normes GMP: ce projet nécessite un investissement assez important mais permettrait une production à plus grande échelle, suffisante pour des essais précliniques et cliniques. L'activité générale correspond à de l'optimisation des processus.

Pour les dirigeants, deux critères sont importants. D'une part, ils souhaitent que PX continue à se développer sur l'activité générale d'optimisation des processus. C'est encore une entreprise jeune, capable de faire des investissements, mais ces investissements ne seraient pas à la mesure d'une activité basée sur la découverte et le développement de médicaments. D'autre part, ils pensent que c'est dans la synergie des business models que l'entreprise pourra avoir une proposition de valeur attractive pour ses clients. L'équipe dirigeante cherche à construire un portefeuille équilibré qui respecte une certaine synergie dans les business models: soit en terme de complémentarité des propositions de valeur ou de ressources utilisées, soit en gardant la même activité générique sous-jacente.

PX est pour le moment capable de prendre en charge l'ingénierie de la protéine thérapeutique du client et peut la produire en petite quantité pour la recherche appliquée. La suite logique serait la production de lots cliniques pour les essais précliniques et cliniques. Ce nouveau business model s'appuie sur la même activité générique et de plus a une proposition de valeur complémentaire. En établissant une grille d'impact des business models, il apparaît que le niveau de promesses devient plus intéressant et que le niveau de risques augmente peu (tableau 2, figure 14). C'est donc la piste de la filiale pour la production de lots cliniques qui sera retenue. Ce nouveau business model est lancé en 2004 sous le nom de PX'Pharma.

Tableau 2. Grille d'impact du portefeuille de business models en 2005

Business model	Niveau de promesse	Niveau de risque (détail)			Niveau de risque (global)
		Interdépendance	Risque technique	Risque financier	
Plateforme technologique ouverte	Faible	Faible	Faible	Faible	Faible
Plateforme technologique partagée	Faible	Fort	Faible	Faible	Faible
CMO	Faible / Moyen	Faible	Moyen	Moyen	Moyen

Figure 14. Représentation graphique du portefeuille de business models en 2005

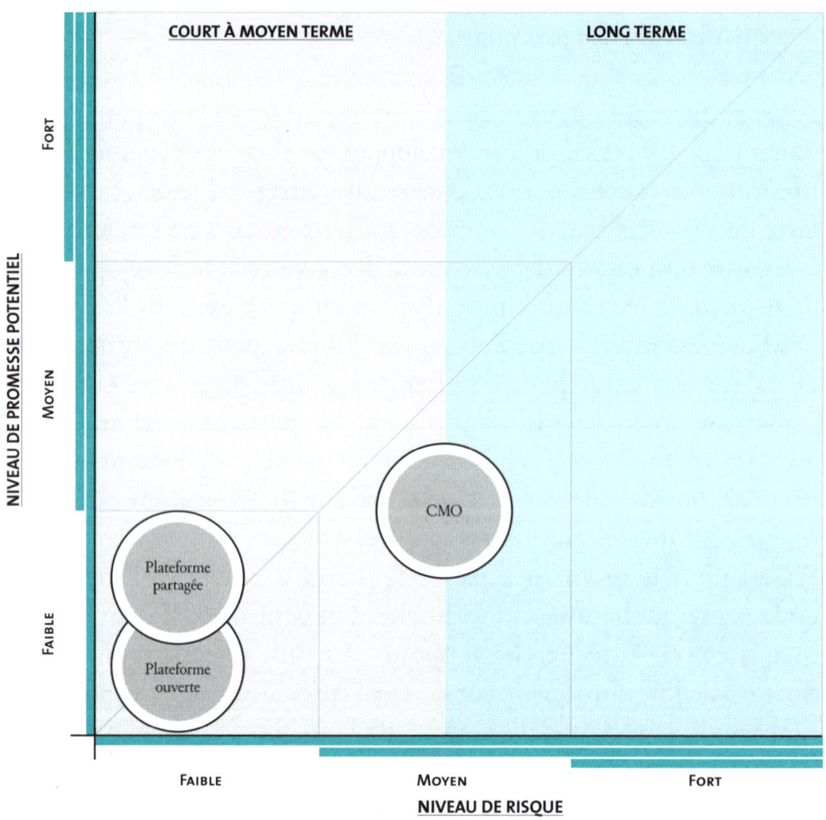

PX'Pharma reçoit en janvier 2005 le statut d'établissement pharmaceutique par l'AFSSAPS[4]. Cet agrément lui permet de produire et de libérer des lots de protéines thérapeutiques pour des essais cliniques. La filiale devient une des premières unités de biofabrication à façon établie en France à recevoir cette autorisation, et ce business model CMO permet de générer du chiffre d'affaires pour PX.

3. PX ÉPISODE 2 : ÉLABORER UN PORTEFEUILLE PLUS PROMETTEUR À LONG TERME

En 2006, l'équipe de management identifie une nouvelle opportunité, proche du cœur de métier de PX : les services de R&D pour des anticorps monoclonaux[5]. Elle créé la filiale PX Monoclonals (PXM) qui propose un service de recherche ciblée sur les anticorps monoclonaux. En 2009, PX ouvre un bureau commercial à Boston, États-Unis, pour développer les liens avec le marché américain. Par ailleurs, PX se lance dans quelques partenariats en amenant son savoir-faire en développement de protéines dans des projets de médicaments, et commence à réaliser du chiffre d'affaires avec ces partenariats (figure 15). L'activité plateforme partagée devient petit à petit marginale, et en 2010 peu de contrats passent par celle-ci. Le business model de plateforme ouverte pour les protéines recombinantes continue à être central dans l'entreprise.

4. Agence française de sécurité sanitaire des produits de santé.

5. Les anticorps monoclonaux sont en effet un type particulier de protéines et le marché des anticorps est extrêmement prometteur. Les anticorps monoclonaux sont principalement destinés aux traitements contre les cancers, et nombre d'entre eux ont été approuvés par la Food and Drug Administration comme le Rituxan contre certains lymphomes, l'Erbitux contre le cancer colorectal, le Xolair contre l'asthme, le Raptiva contre le Psoriasis, le Remicad contre la maladie de Crohn ou encore l'Herceptine contre le cancer du sein.

Figure 15. Évolution des produits d'exploitation (en millions d'euros)

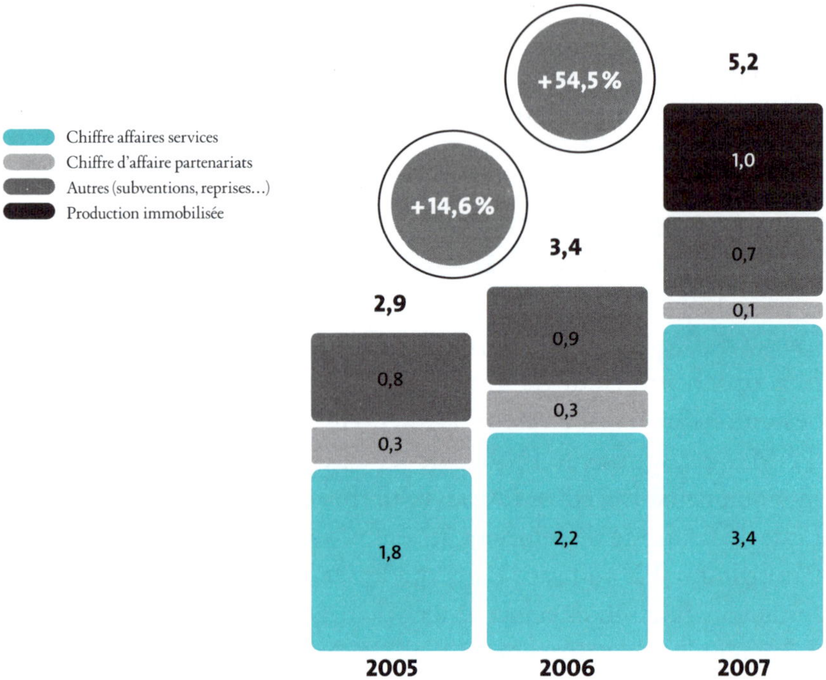

Source : PX'Therapeutics

En 2010, PX se définit comme une entreprise spécialisée dans la recherche, l'optimisation et la production de protéines recombinantes pour les laboratoires de recherche et les entreprises. Elle emploie une cinquantaine de salariés. En 10 ans, PX a développé plus de 500 projets pour 120 clients et partenaires tels que Merial, Pfizer, Exonhit, Galderma, Biomérieux et Fovea Pharmaceuticals.
Les atouts de PX résident dans sa forte expertise dans la recherche et la production de protéines recombinantes : elle est capable de mettre au point des procédés de production extrêmement pointus, en utilisant des technologies différentes. L'entreprise a également une capacité de production de protéines thérapeutiques intéressante.
En 2010, l'équipe dirigeante cherche à élaborer un portefeuille de business models avec des business models peu risqués qui assurent la viabilité de l'entreprise à moyen terme mais qui promet plus de chiffre d'affaires à long terme et prépare déjà les technologies de demain. Les business models à la base de PX sont bien établis et l'entreprise pourrait prendre plus de risques. Six pistes de travail sont envisagées.

- **Le renforcement de la présence aux États-Unis :** l'ouverture du bureau commercial aux États-Unis ne s'est pas pour le moment montrée comme une voie d'accès efficace et PX réfléchit à un autre moyen d'être plus présente sur le marché américain.
- **De nouveaux co-développements :** les premiers co-développements ouvrent la voie d'un certain apprentissage de l'entreprise dans le développement de projets orientés produit plutôt que service. Le co-développement est un moyen d'aller vers le produit sans encore basculer dans une logique complètement tournée vers le produit.
- **Un développement de médicament en interne :** le développement de ses propres candidats-médicaments est une piste de réflexion puisque plusieurs co-développements ont déjà été commencés. Certaines entreprises de biotechnologie spécialisées dans les services se sont déjà lancées sur les produits, mais souvent elles rencontrent des difficultés dans la pérennité des activités services : leurs clients ont peur que ces entreprises consacrent moins de temps à leurs projets, ou que les développements liés à leurs projets soient réutilisés dans les produits de l'entreprise.
- **L'agrandissement des capacités de production :** PX a prouvé sa capacité à produire des lots précliniques et cliniques délicats. Les productions à plus grande échelle, comme le font certains de ses concurrents, pourraient être envisagées. Un des grands challenges des médicaments est la production en cellules mammifères, technique encore peu développée.
- **L'exploitation des compétences existantes :** il est possible que l'entreprise puisse à travers de nouveaux business models utiliser des compétences et des ressources développées durant ces dix dernières années.
- **L'émergence de nouvelles technologies :** les nanotechnologies posent de nouvelles questions sur l'évolution de l'industrie, ainsi que d'autres approches telles que la biologie des systèmes. À long terme, il est possible que la maîtrise de compétences dans ces nouvelles technologies devienne source d'avantage concurrentiel.

Pour choisir son prochain portefeuille de business models, PX doit d'abord faire un état des lieux de son portefeuille actuel, puis composer avec les six pistes de travail ci-dessus afin d'élever le niveau de promesses, tout en gardant un niveau de risques moyen.

4. Enseignements méthodologiques

D'après les données précédentes, le lecteur pourra déduire que PX a, début 2010, quatre business models : la plateforme ouverte pour l'ingénierie des protéines, CMO pour la production de lots précliniques et cliniques, CRO pour les services anticorps et le co-développement grâce au partenariat fort avec des entreprises développant des candidats-médicaments. En utilisant les caractéristiques des quatre business models (tableau 3 et figure 16), le profil du portefeuille apparaît effectivement comme peu risqué, mais les promesses de chiffre d'affaires restent relativement faibles. Les risques sont mesurés et restent contrôlés.

Tableau 3. Grille d'impact du portefeuille de PX début 2010

Business model	Niveau de promesse	Niveau de risque (détail)			Niveau de risque (global)
		Interdépendance	Risque technique	Risque financier	
Plateforme technologique ouverte	Faible	Faible	Faible	Faible	Faible
CRO	Faible	Faible	Faible / Moyen	Faible	Faible
CMO	Faible / Moyen	Faible	Moyen	Moyen	Moyen
Co-développement	Moyen	Fort	Moyen / Fort	Moyen	Fort / Moyen

Les trois business models de plateforme, CRO et CMO sont basés sur l'activité optimisation de processus. Le co-développement combine optimisation des processus et développement, ce qui permet à PX de commencer à acquérir de nouvelles compétences (figure 16).

Pour choisir de nouveaux business models, l'équipe dirigeante doit s'interroger sur leur développement à partir des activités générales déjà pratiquées, et sur leur création en s'appuyant sur les ressources développées grâce aux autres business models. Ensuite, il faut vérifier que le niveau de promesses et de risques dans la grille d'impact est équilibré, et que le portefeuille a des business models à court et moyen terme, et d'autres à long terme.

Pour PX, à partir de l'activité générale optimisation du processus, trois business models sont possibles :

- plateforme partagée : l'activité plateforme telle qu'elle a été développée aux débuts de l'entreprise pourrait être remobilisée à travers de nouvelles voies de développement émergentes du type nanobiotechnologies. La proximité avec Minatec pourrait être intéressante pour créer une plateforme partagée sur ces nouvelles technologies ;
- CRO : les services de R&D ont fait la réputation de PX. Les risques sont faibles, l'activité est bien connue. PX est déjà expert pour les anticorps et les protéines recombinantes ;
- CMO : de nouveaux marchés apparaissent et ce business model a des promesses en termes de chiffre d'affaires qui sont supérieurs à la plateforme et au CRO. La mise en place de ce business model nécessite des investissements mais les besoins en bioproduction en France sont très importants.

Figure 16. Représentation du portefeuille de PX en 2010

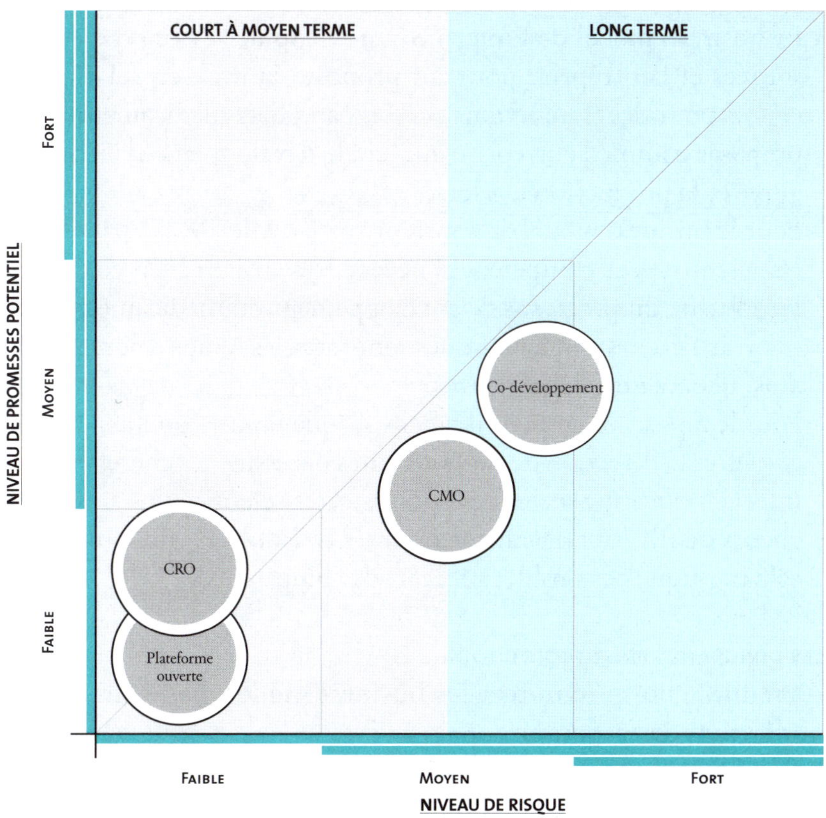

Concernant l'activité générale découverte et développement :

- le co-développement est un moyen d'acquérir petit à petit une nouvelle compétence. Il y a un véritable risque dans la perception par les clients des business models services, et les temps d'accès au marché sont très longs ;
- l'intégration totale est un business model très éloigné de l'existant et nécessiterait énormément d'investissements tant au niveau de la R&D pour acquérir de nouvelles compétences, qu'au niveau des infrastructures ;
- le modèle de l'intégration partielle apparaît comme un affichage fort et risqué d'activité découverte et développement, et nécessite également de forts investissements.

L'activité générale orchestration pose la question d'aller vers une nouvelle compétence et de nouveaux business models. L'entreprise a dix ans d'existence, un réseau bien développé et de nombreux clients dont les projets ont été menés avec succès.

- Le business model de l'intermédiaire s'appuie sur ce type de ressources et l'entreprise pourrait proposer la mise en relation de clients pour des transactions sur des candidats médicaments et se proposer comme l'entreprise qui fera le développement technologique et la production des lots.
- Pour le business model de l'entreprise virtuelle, PX n'a pas encore les ressources et compétences nécessaires : il faut bien connaître la globalité du processus de développement du médicament pour pouvoir l'orchestrer. Les risques sont forts, les temps d'accès longs, ainsi que les interdépendances.
- Pour le repositionnement il faut avoir une bonne connaissance du réseau, et la détection des opportunités nécessite des chercheurs en interne pouvant déceler ces opportunités scientifiques. Les chercheurs de PX sont davantage orientés technologie que produit et cela implique de combler un écart de compétences.

Les dirigeants font trois choix.

- Premier choix : renforcer les business models basés sur l'optimisation des processus.

  Le renforcement du business model de CMO avec la création d'une nouvelle unité de production augmente les risques mais aussi la perspective de chiffre d'affaires. Les business models de CRO et de plateforme ouverte sont pérennisés et des efforts seront faits pour la commercialisation aux États-Unis.

– Deuxième choix : explorer les technologies de demain.
  Pour cela, ils souhaitent se lancer dans un partenariat pour mieux répartir les risques liés à la technologie et au financement. Ayant déjà expérimenté le business model de plateforme partagée, et étant proches des pôles de compétitivité, l'équipe dirigeante va remettre en place ce business model avec un laboratoire public voisin.
– Troisième choix : l'apprentissage progressif de nouvelles compétences.
  En s'interrogeant sur de nouveaux business models basés sur d'autres activités que l'optimisation, l'équipe dirigeante s'accorde sur un apprentissage progressif par rapport à l'activité générale de découverte et développement. Pour cela, elle renforce les co-développements, ce qui lui permet d'augmenter le niveau de promesses, tout en augmentant relativement peu le niveau de risques.

Le nouveau portefeuille de business models de PX a un niveau de promesses plus élevé et maintient un niveau de risque moyen (tableau 4). L'entreprise a trois business models qui, à court et moyen terme, assurent la viabilité de l'entreprise, et deux business models plus risqués mais plus prometteurs à long terme (figure 17).

Tableau 4. Nouveau portefeuille de business models de PX

BUSINESS MODEL	NIVEAU DE PROMESSE	NIVEAU DE RISQUE (détail)			NIVEAU DE RISQUE (global)	COMMENTAIRES
		Interdépendance	Risque technique	Risque financier		
Plateforme technologique ouverte	Faible	Faible	Faible	Faible	Faible	Renforcement du déploiement commercial USA
CRO	Faible	Faible	Faible / Moyen	Faible	Faible	Renforcement USA
CMO	Faible / Moyen	Faible	Moyen	Moyen	Moyen	Renforcement des capacités de production (cellules mammifères) + USA
Co-développement	Moyen	Fort	Moyen / Fort	Moyen	Fort / Moyen	Augmentation du nombre de projets
Plateforme partagée pour l'exploration de nouvelles technologies	Moyen / Fort	Fort	Fort	Faible	Moyen / Fort	Investissements partagés pour de nouvelles technologies

Figure 17. Représentation du nouveau portefeuille de business models de PX

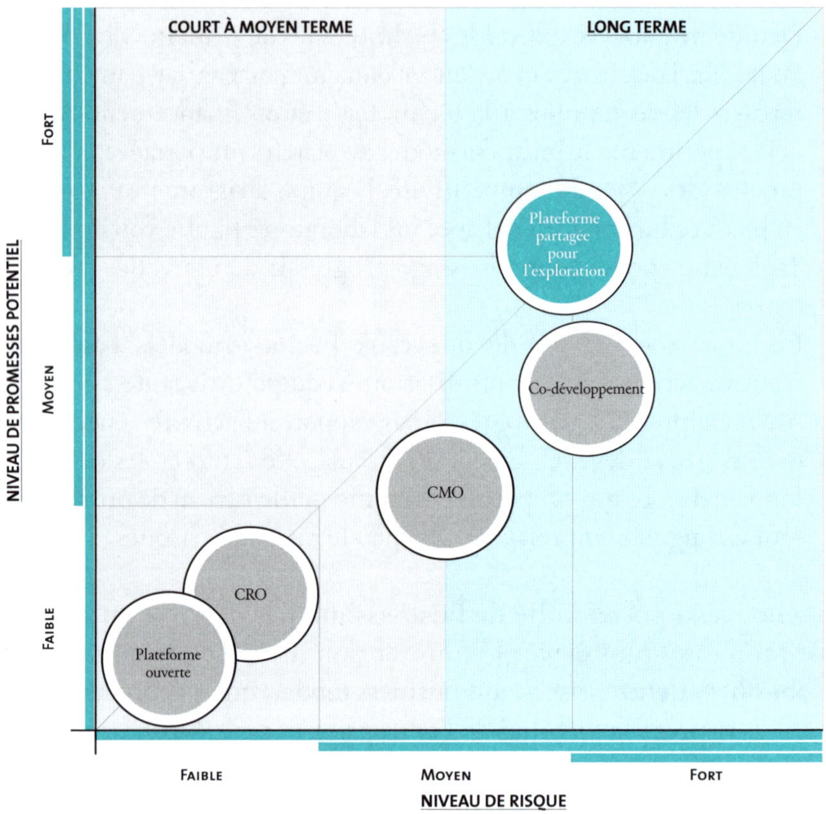

La réflexion stratégique avec la construction d'un portefeuille de business model est donc passée par plusieurs étapes, synthétisées ci-dessous.

- **1. Analyser les business models existants :** déterminer quels sont les business models de l'entreprise, sur quelles activités générales ils sont basés. Pour chaque business model, évaluer le niveau de promesses et le niveau de risque et voir au niveau global si les business models à court ou moyen terme et long terme se complètent.
- **2. Déterminer les pistes de travail** sur lesquelles l'équipe dirigeante va s'interroger. Pour cela, il faut tenir compte des évolutions de l'industrie et des marchés ciblés. Dans l'industrie du médicament, PX a exploré les questions des technologies futures, des besoins du marché, et des localisations des marchés.

– **3. ÉLABORER DE NOUVEAUX BUSINESS MODELS :** d'une part, à partir des activités générales sur lesquelles sont déjà basés les business models existants, il faut envisager les business models possibles et les discuter par rapport aux pistes de travail. D'autre part, il faut s'interroger sur la création de nouveaux business models à partir de ressources ou compétences déjà développées avec d'autres business models.
– **4. ÉQUILIBRER LE PORTEFEUILLE DE BUSINESS MODELS :** l'utilisation de la grille d'impact et de sa représentation doit montrer si les business models équilibrent promesses et risques et si, au niveau global, le développement à moyen terme et à long terme est assuré. Un portefeuille équilibré doit avoir des business models à moyen terme et à long terme, ceux à moyen terme étant moins prometteurs mais moins risqués soutenant ceux à plus long terme, plus prometteurs et plus risqués.

Le management d'un portefeuille de business models demande à une équipe dirigeante de mener une réflexion stratégique au niveau de chaque business model de l'entreprise. Puis la grille d'impact et sa représentation conduisent à un niveau global d'analyse. Cette démarche permet de prendre en compte les enjeux à moyen terme et à long terme, en cherchant à équilibrer la prise de risque et les résultats attendus. C'est pourquoi l'approche par le management d'un portefeuille de business model avec la grille d'analyse est particulièrement pertinente pour une entreprise de petite ou moyenne taille dans les hautes technologies.

Chapitre 9

Identifier les rôles et les relations dans un écosystème d'affaires en émergence

La modélisation de l'écosystème dans un projet de R&D collaboratif : le cas du consortium européen SENSEI

→ *Olivier Lavoisy, Markus Eurich, Sigmund Akselsen, Pål Ytterstad*

Résumé L'innovation remet souvent en cause pourquoi, avec qui et comment les affaires sont menées, en somme, le business model. La R&D technologique collaborative n'est pas nouvelle, mais mener de tels projets en prenant en compte les business models futurs pour les partenaires est plus original. Les télécommunications en sont un bon exemple, tant l'évolution actuelle des technologies touche potentiellement des domaines différents. Le cas du projet européen SENSEI, visant à développer l'architecture de l'Internet du futur, est ici pris comme cas d'étude.
Dans ce chapitre, nous proposons un canevas pour aider à intégrer les questions de business models dans les projets collaboratifs de R&D. Le cœur en est un outil de cartographie menant à un « Modèle de référence des rôles business » (*Business Role Reference Model*).

Introduction

Les business models sont généralement définis pour une firme unique, alors que l'innovation n'est pas une activité solitaire. La notion de réseau de valeur, qui décrit l'architecture pour délivrer une proposition de valeur une fois que celle-ci est conçue, ne prend pas en compte la collaboration en amont dans la création de la valeur. Or, les entreprises innovantes participent à de nombreux projets de R&D collaboratifs. Comment développer une réflexion stratégique sur les business models dans ce cas, lorsque l'on collabore avec des entreprises qui seront peut-être des concurrents demain ?

Les projets de R&D collaboratifs visent généralement à imaginer de nouveaux dispositifs ou services, et, pour certains d'entre eux, à préparer la voie pour de nouvelles normes. Dans le domaine des NTIC (Nouvelles technologies de l'information et de la communication), le rêve explicite de nombreux acteurs, parmi lesquels la Commission européenne, est de revivre le succès du GSM, norme mondiale de téléphonie mobile qui s'est diffusée depuis l'Europe. Dans le domaine des télécommunications en effet, les innovations peuvent se déployer tant sur le plan géographique qu'en touchant un grand nombre de secteurs. Ainsi les innovations dans le domaine des télécommunications concernent aussi bien la santé, le transport, le logement ou la logistique.

En s'appuyant sur un exemple – le projet SENSEI – la dimension business model de l'innovation est ici appréhendée d'une manière spécifique. Le sujet n'est pas de décrire le marché d'une innovation, qui n'est envisagé ici qu'à l'horizon de cinq à dix ans, mais d'anticiper des configurations de business models possibles, que les différents partenaires pourront s'approprier et intégrer ensuite à leur propre stratégie.

Dans ce chapitre, nous exposons la méthode suivie dans ce projet de R&D, à dominante fortement technologique, pour prendre en compte la dimension stratégique. Nous avons pour cela construit un Canevas de business model sur la base de la notion abstraite de « rôles », parmi lesquels un est particulièrement important : le courtier. Premièrement, nous introduirons les différentes questions soulevées par le projet SENSEI pour présenter ce qui se joue autour de la question des business models. Puis, la méthodologie fondée sur l'élaboration de scénarios sera présentée. Ensuite, l'accent sera mis sur la présentation de la cartographie globale de l'environnement stratégique, en tant que résultat principal du volet business model du projet lui-même. Enfin, nous prendrons du recul pour mettre en lumière la motivation des entreprises qui pourraient, dans l'avenir, endosser certains des rôles décrits dans le modèle, afin de mettre en œuvre leur propre stratégie.

1. Innover dans un projet de R&D collaboratif

Les appels à projet, lancés par des instances nationales ou européennes, concernent souvent des projets dits « *techno push* » dans lesquels l'ordre du jour technologique est premier. Ce n'est qu'ensuite, dans le cours même du projet, que les dimensions stratégiques sont prises en compte. Pourtant, les entreprises participant à ces projets ont généralement leurs propres stratégies, plus ou moins secrètes, plus ou moins compatibles avec celles de leurs partenaires. Dans le même temps, on reproche souvent aux projets technologiques d'être trop déconnectés

des marchés et du « business ». Comment dès lors introduire, dans les projets de R&D collaboratifs, un cadre de réflexion sur les business models, que les entreprises pourront ensuite s'approprier pour leur propre stratégie ?
Nous proposons d'ouvrir ici la boîte noire que constitue la dimension business model dans un projet de R&D technologique. Nous avons en effet eu la chance de participer à un projet européen qui, précisément, a prévu une tâche spécifique orientée vers les business models, tâche fortement articulée avec celles de développement technologique du projet. Nous avons contribué à la formalisation d'une méthode et à l'animation de la réflexion stratégique parmi les partenaires industriels.

A. Le projet SENSEI

Le projet SENSEI est l'une des initiatives de l'Union européenne dans le domaine des NTIC, financées par la Commission européenne, pour contribuer au développement de l'Internet (The Future Internet Portal, http://www.future-Internet.eu/). Dans le langage des projets européens, il s'agit de la « dimension réelle de l'Internet du Futur » au travers d'une infrastructure conçue pour « intégrer le monde physique au monde numérique du réseau du futur » (SENSEI *public online presentation*, 2010). Cela signifie étendre la mise en réseau jusqu'à interconnecter les objets de la vie courante tels que les voitures, les réfrigérateurs, etc. pour lesquels de nouvelles applications et services sont envisagés. Le consortium SENSEI inclut une expertise multidisciplinaire portée par 19 partenaires incluant des entreprises industrielles leaders, des universités, des petites et moyennes entreprises ainsi que des centres de recherches.

B. Le paradigme de l'horizontalisation pour les services

Les défis techniques sont à saisir dans la perspective suivante : la plupart des solutions techniques relevant des NTIC sont aujourd'hui spécifiques à un domaine d'usage particulier, voire une situation d'usage donnée. L'approche ouverte et multicouche prônée par SENSEI est de rendre les solutions techniques accessibles et gérables au travers d'une infrastructure de réseau globale, prête à l'emploi,

de capteurs et d'actuateurs (c'est-à-dire des dispositifs contrôlés à distance) afin qu'elles soient « horizontales ». Dans ce contexte, l'horizontalisation est la capacité de réutilisation des services, s'appuyant sur les capteurs, les traitements de données ainsi que les actuateurs qui sont tous autant d'actions à distance situées dans des entités autonomes appelés « îlots ». Dit autrement, l'horizontalisation est le fait de passer par exemple d'un lieu à un autre, d'un domaine d'application à un autre, d'un service à un autre.
Ainsi, l'ambition de SENSEI est de se départir de l'approche classique des chaînes de valeur dédiées par secteur pour offrir des capacités de développement d'applications et services dans un grand nombre de domaines, à travers une architecture horizontale.

C. Le défi de la modélisation

L'enjeu du travail au sein de la sous-tâche « business model » du projet est de fournir aux différents partenaires un canevas de réflexion stratégique. Ce canevas doit pouvoir exposer différentes façons de déployer la solution, avec différents acteurs, et ce, à différents moments du cycle de vie de la technologie (par exemple le déploiement, le régime stationnaire, la maintenance).
Le cœur de ce canevas est ce que nous avons appelé le « Modèle de référence des rôles business » qui présente les rôles et leurs relations au sein d'un écosystème dans lequel le système SENSEI opérerait. Ces relations sont essentiellement définies par les valeurs incitatives échangées. Les rôles sont décrits par différents attributs qui précisent les motivations pour démarrer dans l'activité du point de vue d'un acteur économique, qu'il soit une entreprise établie ou un nouvel entrant potentiel.
Ce modèle générique est une représentation abstraite de l'environnement. Il décrit la situation du projet dans un futur envisagé. Il combine les rôles qui sont supposés être nécessaires, et les relations entre eux. Le modèle ainsi échafaudé dans ce chapitre est le livrable du projet qui aidera au final les partenaires à définir leur propre stratégie.

2. Une approche basée sur les scénarios

Au sein du projet SENSEI, comme nous l'avons vu, un sous-projet entier est dévolu à l'analyse socio-économique. Il regroupe des chercheurs et des industriels parmi lesquels tous les auteurs de ce chapitre sont issus. La méthodologie adoptée suit une approche de conception par les scénarios (*scenario-based design*) (Forest *et al.*, 2009).
À partir d'un portefeuille de scénarios mettant en scène la technologie dans différents domaines d'applications (exemple : le transport, le commerce, la santé, etc.) nous avons décomposé ces scénarios en cas d'usage qui sont autant d'éléments analytiques pour la modélisation.
Ce processus d'analyse de cas d'usage variés alimente également la conception technique du système SENSEI, en permettant le partage d'une vision commune entre les différents partenaires du projet.

A. Élaboration de scénarios

Au début du projet, plusieurs scénarios d'application ont été imaginés dans des domaines variés. Ces scénarios se fondent sur l'expertise industrielle spécifique des partenaires du consortium. Ils sont choisis selon l'agenda des partenaires ainsi que sur l'anticipation de futurs marchés porteurs d'innovations : la mobilité citadine, les espaces clos équipés en NTIC, les usines manufacturières, les situations de crise.
Les scénarios fournissent de la matière pour que les experts technologiques SENSEI eux-mêmes puissent identifier des leviers d'adoption du système, des motivations pour les acteurs économiques de développer des services et des facteurs clés de succès pour plusieurs domaines d'application.
Le processus d'élaboration des scénarios est de fait le moyen d'intégrer les utilisateurs potentiels et le point de vue des acteurs économiques. Les partenaires académiques et industriels mobilisent leurs connaissances des consommateurs, des utilisateurs et des acteurs économiques des différents secteurs.

Encadré 1
Le scénario de transport multimodal

Caroline partage sa voiture avec son ami, qu'ils utilisent en alternance. Pour être plus flexible quand il a besoin de la voiture, elle s'est inscrite sur Internet à un service d'auto-partage (proposé grâce à SENSEI).

Aujourd'hui par exemple, un chauffeur la prend au niveau du kiosque voisin du marchand de glaces. Avec un autre passager, ils se rendent depuis le faubourg jusqu'à leurs lieux de travail respectifs en centre-ville. Ils se sont rencontrés le matin grâce à un service en ligne qui permet aux inscrits d'utiliser l'auto-partage de manière proactive, selon leur propre emploi du temps et leur localisation en temps réel. Chaque matin en effet, le système indique à Caroline avec qui elle va voyager, où elle sera cueillie et déposée (cela inclut des conseils d'appariement fondés sur des graphes sociaux afin d'avoir des « partenaires sûrs »). Caroline apprécie ce service qui lui permet d'éviter les transports en commun qui la stressent beaucoup. Elle est demandeuse de la jonction la plus rapide et la plus fiable : elle déteste perdre du temps dans les embouteillages au détriment de celui passé avec son fils. Quand elle doit le garder chez elle tout en étant d'astreinte, elle est également heureuse de pouvoir compter sur un service de routage.

Les déplacements de Caroline sont suivis par un planificateur d'itinéraires en ligne, qui bénéficie lui-même par souscription du service d'information en temps réel des réseaux publics de capteurs présents dans les infrastructures : l'état des routes, les embouteillages, les accidents et les conditions climatiques (humidité, précipitation, neige, etc.). Le planificateur s'appuie également sur d'autres types d'informations plus pérennes tels que les travaux en cours. Dans une perspective plus longue encore, des informations prévisionnelles telles que les travaux planifiés ou les bulletins météo peuvent également être utilisées.

Le planificateur de déplacement a plusieurs canaux pour fournir ses services : les téléphones portables, les appareils de navigation, les interfaces Homme-Machine intégrées dans les véhicules voire les affichages numériques disponibles aux points de passage tels que les gares (qui peuvent fournir des informations ciblées grâce aux téléphones équipés de cartes sans contact (NFC, *Near Field Communication*). La voiture elle-même fournit des informations aux autorités pour ce qui concerne la vitesse, la distance parcourue, l'utilisation des essuie-glaces (pour avoir une estimation des précipitations), les nids de poule rencontrés (grâce à des accéléromètres), etc. Ces informations sont mises à jour en continu lors du déplacement du groupe de voyageurs auquel s'est jointe Caroline.

B. L'enquête auprès d'acteurs économiques potentiels

Le but de l'enquête « business model » est de comprendre comment un système SENSEI pourrait transformer la chaîne de valeur dans un secteur donné et modifier la manière dont les acteurs font des affaires. Le thème du transport multimodal (voir encadré 1) est l'un des thèmes les plus en vue du projet SENSEI, parce qu'il semble regrouper ce qui se joue dans la vie moderne notamment dans les villes : le développement durable, la qualité de vie, les transports périphériques, l'urbanisme, etc.
L'enquête de terrain vise à sélectionner ensuite des logiques business (ou combinaison de rôles relatifs à SENSEI, que ce soit d'une manière centralisée ou plus distribuée), et ce pour différents domaines. Dans celui des transports dans lequel ce scénario s'insère, certaines idées phares peuvent être soulignées. Que ce soit à l'intérieur de la zone urbaine ou en périphérie, les rôles fondamentaux repérés sont les opérateurs, les fournisseurs de services (tels que la billetterie, la diffusion d'information, la restauration) ainsi que les autorités publiques. Plusieurs interviewés, ne relevant d'ailleurs pas forcément du domaine des transports en tant que tel, ont précisé que les transports publics et les véhicules particuliers sont sur le point de converger grâce au covoiturage (plusieurs passagers simultanés dans une même voiture), à l'auto-partage (une voiture pour plusieurs utilisateurs à des moments différents) ainsi qu'à l'utilisation de capteurs embarqués dans tout type de véhicules et les infrastructures de transport. Cela pourrait concerner par exemple le péage routier, la diffusion d'information ciblée ou non, l'intégration de différents modes dans un même réseau de transport efficace. Dans les cinq à dix prochaines années, le transport devrait quoi qu'il en soit vivre une révolution de l'information.

C. L'analyse des cas

Ce scénario est ensuite décomposé en différents cas afin d'étudier en profondeur les hypothèses énoncées lors de la phase d'enquête de terrain :

- pour l'auto-partage, SENSEI permet de connecter les « îlots » personnels des utilisateurs (terminaux mobiles, géolocalisation, etc.), de collecter en temps réel de l'information concernant leur situation

et leur comportement de sorte que cela alimente les applications mises en scène : l'auto-partage selon les profils et les besoins des utilisateurs, les mécanismes de facturation dépendant de la mesure réelle des déplacements et des comportements. SENSEI permet également de connecter un système intelligent embarqué afin de relever des informations sur l'énergie consommée ;
- pour la planification en ligne des déplacements, SENSEI permet d'intégrer les capteurs et les appareils de géolocalisation de Caroline dans le système d'applications quel que soit le réseau dans lequel elle se trouve dans la ville, ainsi que l'appareil qu'elle utilise. SENSEI permet d'avoir accès aux capteurs de présence dans tous les lieux requis (par exemple pour obtenir l'information sur le passage d'un client) et ainsi d'installer et de connecter de nouveaux capteurs de présence aisément dans la ville.

L'analyse stratégique précise alors les services suivants dans le scénario : le « service auto-partage », combinant les différents itinéraires des voyageurs, les plannings et les véhicules disponibles et le « service de routage », assurant la planification effective du trajet et son optimisation en prenant en compte des informations contextuelles, les itinéraires, etc.

L'enquête a permis en outre de mettre en évidence un nouveau rôle de courtier (*broker*) dans le dispositif. Un tel fournisseur de service pourrait collecter, regrouper et distribuer différents types d'informations telles que la géolocalisation, la météo, les données contextuelles sur l'infrastructure de transport ou les conditions de circulation, ceci afin de fournir un véritable service à valeur ajoutée, tirant parti de l'horizontalisation décrite plus haut.

3. Cartographie de l'écosystème

La différence principale du canevas SENSEI par rapport à une manière traditionnelle de créer de la valeur dans les NTIC est que les fonctions de SENSEI permettent l'horizontalisation, soit la réutilisation des données et informations entre différents domaines. Cela est reflété dans le « Modèle de référence des rôles business » par l'introduction d'un rôle de courtier (*broker*) autour duquel le modèle de la chaîne de valeur est élaboré en combinant d'autres rôles (qu'ils soient fournisseurs ou utilisateurs de données).

A. Le rôle de courtier

Le courtier est le pivot au sein de l'écosystème SENSEI, opérant les fonctions clés et rendant possible le développement de services. Il collecte, organise et redistribue les données provenant des fournisseurs de données, à partir principalement des services d'actions à distance et de traitement, de l'information le tout à destination des utilisateurs de données. Ces derniers sont surtout des développeurs et des fournisseurs de services applicatifs (encadré 2).
De ce fait, les ressources clés du courtier sont les données captées ainsi que n'importe quelle information destinée à être redistribuée. La proposition de valeur principale faite en aval aux utilisateurs de ressources est, premièrement, la sélection de la bonne ressource et, deuxièmement, son accès proprement dit. La proposition de valeur faite en amont aux fournisseurs de ressources est la promotion de ces dernières (et donc des revenus pour eux par exemple sous forme d'abonnement aux services). S'appuyant sur des ressources offertes par le système SENSEI lui-même, la structure des coûts comprend ceux liés à toutes les activités tels que la facturation. Plus largement, toutes les options sont *a priori* possibles : abonnement, taux fixe, paiement à l'acte, etc.

B. Le canevas business models

Achevant l'analyse stratégique après la phase d'enquête auprès d'acteurs économiques potentiels, nous avons tenté de générer de nouvelles options avec le modèle de rôles, avec l'objectif d'imaginer de nouvelles propositions de valeur et modèles de revenus. Ce travail de simulation se fonde sur le modèle intitulé « Modèle de référence des rôles business » (figure 1) afin de tester différentes hypothèses sur les rôles eux-mêmes, énoncés dans le cadre des différents cas.
Il est très important de souligner que le Canevas de business models ne fournit pas un business model en tant que tel, qui est du ressort de chaque acteur concerné. Notre « Modèle de référence des rôles business » n'adopte pas le point de vue d'un acteur pivot mais bien celui de l'écosystème dans son ensemble. À chaque acteur économique ensuite de définir la place qu'il souhaite prendre dans cet écosystème.

Figure 1. « Modèle de référence des rôles business » pour le scénario multimodal

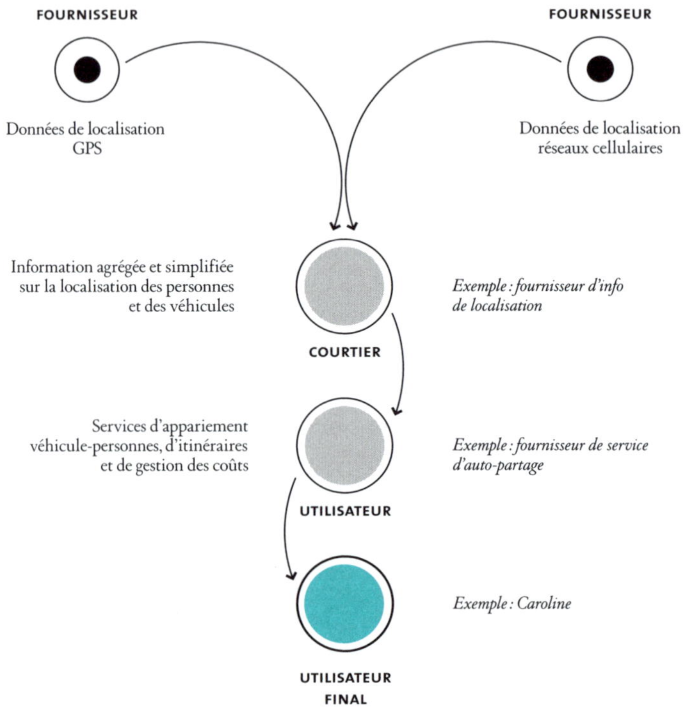

4. Les acteurs réels derrière les rôles

Les rôles business, qui sont des entités abstraites, et les acteurs économiques sont différents. Chaque rôle peut être joué par plusieurs acteurs, parfois des concurrents. Symétriquement, un acteur peut jouer plusieurs rôles. Il peut par exemple assurer l'installation et la maintenance du système, la collecte et l'agrégation des données, etc. Pour tous les participants à un projet tel que SENSEI, avoir une vision de l'écosystème permet de mieux comprendre le contexte futur dans lequel ils sont amenés agir. On fait l'hypothèse qu'ils seront plus « stratégiques » s'ils ont une représentation mentale de l'environnement. De ce fait, la description générique est conçue pour que les participants au projet se l'approprient et la refaçonnent selon leur plan. Pour les partenaires économiques en particulier, les questions à prendre en compte sont les suivantes : qui pourrait jouer quel rôle ? Sommes-nous prêts pour le faire ? Sommes-nous capables de délivrer la valeur ? Pouvons-nous élaborer notre propre business model à partir de cela ?

Le norvégien Telenor est l'un deux, particulièrement actif dans l'élaboration du Canevas de business models. Telenor a participé au projet SENSEI à la fois dans ses volets technologique et business. C'est un exemple de fournisseurs de services, pouvant également proposer des prestations de courtage de services. Pour l'entreprise, le processus de modélisation de l'écosystème dans son ensemble fournit des bases pour des choix stratégiques mieux informés (voir encadré 2).

ENCADRÉ 2
LA DÉMARCHE DE MODÉLISATION MISE EN ŒUVRE, VUE PAR LE PARTICIPANT TELENOR

Telenor participe au projet SENSEI pour augmenter la qualité, l'efficacité et la réussite commerciale de ses activités de recherche et d'innovation au sein du domaine dit Machine-à-Machine (*M2M*, pour *Machine-To-Machine*). L'approche scénarios suivie dans le projet SENSEI, incluant la cartographie des écosystèmes correspondants, est un bon moyen pour identifier les opportunités d'innovation de service, en collaboration avec les partenaires jouant le rôle d'initiateurs de l'innovation. Cette capacité d'initiation survient quand les compétences des partenaires (tant connaissance que technologie) sont combinées pour créer de nouvelles et plus vastes opportunités de marché qui offrent des expériences enrichies pour les utilisateurs finaux et génèrent de nouveaux revenus.

De ce point de vue, SENSEI présente un processus d'innovation ouverte. Alors que l'innovation est traditionnellement conduite à l'intérieur des frontières de la firme, Chesbrough (2003) défend l'idée que les entreprises devraient soumettre au marché leur activité interne d'innovation et s'ouvrir à la collaboration entre les employés internes et les acteurs externes. Selon cette théorie, le flux contrôlé entrant et sortant des ressources d'innovation augmentera la capacité d'innovation de l'entreprise et, à travers cela, son avantage concurrentiel.

L'objectif de l'ensemble du processus business de SENSEI est de fournir des outils aux acteurs pour les aider à trouver leur place dans un écosystème en évolution. Cela comprend le repérage des ressources potentiellement riches, des partenaires et des business models appropriés. Les questions d'importance pour Telenor ont été : faire fonctionner un nouveau système de valeur et le rendre viable à terme, comprendre les freins et les opportunités, comprendre quand il faut collaborer et quand il faut jouer la concurrence (ce qui relève d'un positionnement stratégique alors que le marché évolue), augmenter la taille du « gâteau », encourager les autres acteurs à prendre des risques ainsi qu'identifier les pierres d'achoppement, développer et promouvoir les facilitateurs pour le nouveau système de valeurs.

.../...

L'innovation de service et le développement d'application pour le M2M comportent des similitudes avec les initiatives de partenariat long terme chez Telenor (ainsi que d'autres fournisseurs de services). Par exemple, en établissant un marché pour du contenu *premium*. Dans ce programme, un mécanisme d'offres et de paiement au contenu fut identifié comme un facilitateur pour l'écosystème et devint rapidement une pierre anglulaire dans le nouveau système de valeur. Les fonctionnalités SENSEI (par exemple l'horizontalisation) pourraient jouer un rôle similaire dans le secteur M2M.

CONCLUSION

Le « Modèle de référence des rôles business » simplifié apparaît comme une chaîne de valeur avec le courtier en rôle pivot. En suivant le schéma de haut en bas (voir figure 1), chaque étape consiste à ajouter de la valeur en passant de la donnée à l'information, puis au service. En s'appuyant sur Gambardella *et al.* (2010), on peut dire que SENSEI est un très bon exemple de « technologie générique » par laquelle les entreprises innovantes parviennent à capturer de la valeur en multipliant les applications dans des domaines très divers. À ce titre, elles ne conçoivent pas directement la proposition de valeur à l'utilisateur de la technologie, mais doivent se donner une représentation des rôles qui pourront développer ces applications. Ce type de démarche correspond exactement à ce qui est encouragé à travers le concept d'horizontalisation dans le projet SENSEI.

En somme, le canevas de business models pourrait être appliqué à d'autres projets d'innovation technologiques destinés à être valorisés dans des domaines d'application variés, sur la base du processus suivant :

- La première étape concerne la sélection et l'enrichissement de scénarios. La sélection est fondée sur un ensemble de critères qui sont clés pour la technologie. Ce portefeuille de scénarios avec une description des rôles constitue un premier niveau de formalisation.
- La deuxième étape consiste à décomposer les parties ou scènes d'un scénario afin d'identifier pour chacune d'elles les rôles ainsi que les incitations pour entrer dans le business.
- La troisième et dernière étape du développement du canevas consiste à monter en généralité en prenant du recul par rapport

à des scénarios particuliers, afin d'identifier des schémas types d'intervention et des invariants (ici par exemple le rôle du courtier). Le résultat de ce travail d'abstraction est le « Modèle de référence des rôles business » qui sera ensuite spécifié et contextualisé par les différents acteurs économiques.

Ainsi la méthode procède par un double mouvement allant du particulier au général et du général au particulier. Dans un premier temps, les scénarios sont nécessaires pour raisonner et identifier les points clés. Ensuite, un travail d'abstraction consiste à créer un modèle générique d'écosystème, qui pourra fonctionner dans différents contextes d'application. Enfin, ce modèle est destiné à être instancié dans le cas particulier des acteurs économiques qui développeront des propositions de valeur à partir de la technologie. Cette abstraction du modèle permet à notre sens la collaboration de différents acteurs économiques engagés dans un projet collaboratif de R&D sur des questions stratégiques. Ils peuvent ainsi raisonner ensemble sur la structure de l'écosystème sans avoir à dévoiler leurs propres intentions stratégiques.

Chapitre 10

Du business model à l'émergence de nouveaux marchés

→ *Gilles Roehrich, Daniel Llerena*

Les chapitres de cet ouvrage nous permettent de contempler ce moment particulier de l'élaboration de la valeur, de la proposition de valeur et du réseau de valeur. Ici, pas de chronologie ! Plutôt l'émergence progressive de la possibilité d'un marché par ajustement réciproque de la proposition de valeur et des valeurs du marché, et de la mise en action de ce marché par le réseau de valeur.

Nous savons que, une fois le marché en place, les structures se figent : la demande est connue et, si elle évolue en exigence, elle recherche les mêmes types de services ; les concurrents ont pris leurs positionnements et tentent d'en tirer le meilleur profit ; les intermédiaires se sont également installés et leur nécessité est reconnue ; les règles, tacites et légales, rigidifient les processus de marché. Certes, l'ensemble évolue, mais l'évolution est lente, jusqu'à la prochaine innovation.

Chacun des chapitres de cet ouvrage ne présente qu'une partie de ce processus de recherche de nouvelles valeurs grâce à l'innovation. Mais l'ensemble mis bout à bout permet de raconter une histoire commune : celle de la création d'un marché.

Nous allons tenter ici de raconter cette histoire. La principale difficulté réside dans la nécessité de raconter l'émergence d'un système dont les éléments, en même temps que leurs interrelations, commencent par être à peine discernables pour ensuite se préciser à peu près au même rythme.

Nous allons donc devoir composer avec la réalité en procédant en deux temps. Nous présenterons d'abord les trois éléments qui constituent le cœur du système de marché : les valeurs de consommation du côté de la demande, la proposition de valeur et le réseau de valeur du côté de l'offre. Nous nous intéresserons ensuite à l'émergence d'un marché nouveau par la dynamique des relations qui lient ces trois éléments, ainsi qu'à la variété des configurations des marchés nouveaux, tant du côté de l'offre que de la demande.

1. VALEUR, PROPOSITION DE VALEUR ET RÉSEAU DE VALEUR

Si un marché est la rencontre d'une offre et d'une demande, alors la figure 1 illustre notre vision du marché : la demande cherche à satisfaire ses valeurs, l'offre fait une proposition de valeur et doit mettre en place un réseau de valeur afin de la produire et l'acheminer au plus près de la demande.

Figure 1. Le marché à l'interaction des valeurs, de la proposition de valeur et du réseau de valeur

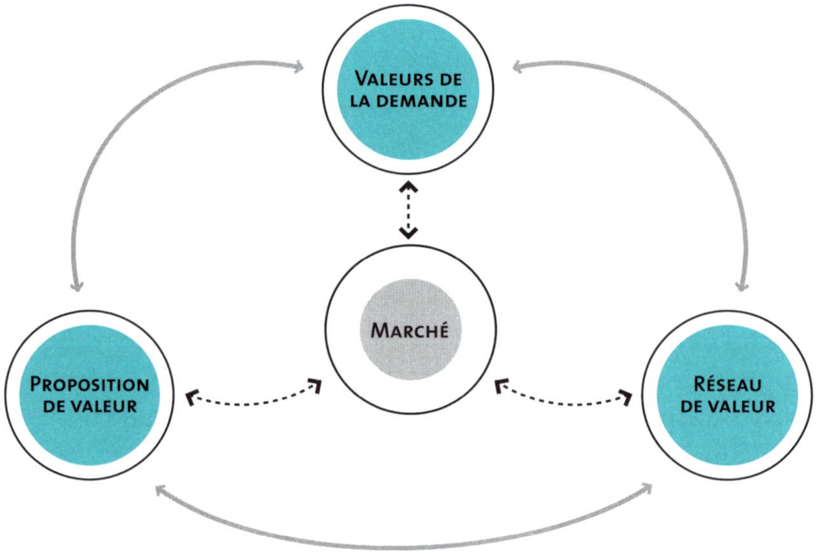

Le mystère d'un marché réside peut-être dans la mise en harmonie de ces trois éléments, de natures si différentes. En effet, si les trois utilisent le mot *valeur*, ils ne lui donnent pas la même signification.

A. Les valeurs de la demande

Nous présentons d'abord la notion de valeur. Puis nous montrons que les valeurs diffèrent selon que le client est individuel ou organisationnel.

1) La notion de valeur

Après des siècles de recherche, notamment philosophique et sociologique, sur la complexité de la valeur, le monde des affaires s'est emparé de cette notion. Avec son pragmatisme habituel, il utilise le concept de valeur pour désigner tantôt la valeur pour le client (valeur d'échange, valeur d'usage), tantôt la valeur pour l'actionnaire (création de valeur, valeur économique).

Ici notre propos porte sur les notions de valeur d'échange et de valeur d'usage. La première fait référence au sacrifice que l'acheteur consent à faire dans l'achat. La seconde, aux bienfaits qu'il espère tirer de l'usage du produit. Il est évident que la valeur d'échange dépend de la valeur d'usage : plus la valeur d'usage est élevée, plus les sacrifices consentis le seront.

Pour les économistes, la valeur d'usage c'est d'abord l'utilité : ce que le produit permet de faire (une automobile permet de se déplacer de manière autonome, sûre et confortable). Il est assez rapidement apparu que l'utilité n'était pas la seule composante de la valeur d'usage. D'autres éléments tels que le plaisir, l'influence sociale, l'expression de soi, etc. participent également de la valeur d'usage d'une automobile. C'est ainsi que l'on est conduit à parler plus généralement de valeurs de consommation.

La valeur d'usage, c'est donc la somme des valeurs de consommation qui sont satisfaites par l'usage du produit, moins celles qui ne le sont pas. Par exemple, une automobile permet de satisfaire une valeur d'efficience dans les déplacements ainsi qu'une valeur d'image auprès des autres. Mais elle peut paraître peu satisfaisante en ce qui concerne la protection de l'environnement ou la sécurité. L'individu doit donc réaliser un compromis entre ces différentes valeurs de consommation, compromis qui influence la valeur d'usage.

2) Valeurs individuelles et valeurs organisationnelles

Plusieurs systèmes de valeurs de consommation ont été proposés. Le plus abouti semble être celui de Holbrook (1999). Pour cet auteur, les individus font des choix de consommation en fonction de huit valeurs : l'efficience et l'excellence (valeurs économiques), le jeu et le plaisir (valeurs expérientielles), le gain d'un statut et de l'estime des autres (valeurs sociales) et enfin l'éthique et la spiritualité (valeurs altruistes).

Parmi les exemples de ce livre, seul le cas de Microoled présente un produit destiné au-consommateur final : des lunettes informatives pour sportifs (notamment cyclistes). Il est aisé d'illustrer la structure des valeurs de Holbrook avec cet exemple. L'efficience concerne le contrôle des paramètres vitaux et le confort de lecture ; l'excellence, le sentiment d'être à la pointe de l'équipement. Le jeu est lié à l'amusement procuré par l'affichage d'informations sur le verre, tandis que l'esthétique (plaisir) dépendra du design des lunettes. L'acquisition du statut de sportif sérieux et responsable et de l'estime des autres pour s'offrir cette innovation procède des valeurs sociales. Enfin, l'individu exprime une éthique du sport en prenant soin de soi dans l'action et se dote d'une capacité divine (spiritualité) en sachant instantanément ce qui se passe dans son corps.

Si les chercheurs en marketing ont largement étudié les valeurs de consommation pour les clients individuels (B to C), peu de travaux portent sur les valeurs de consommation du client organisationnel (B to B)[1]. La plupart des exemples présentés dans cet ouvrage (Axane, Eveon, PX'Therapeutics, Predictys, Schneider Electric et Sportganizer) décrivent un contexte d'affaires où le client visé est une entreprise. Ils nous permettent d'explorer plus avant cette question.

La première valeur est bien entendu la valeur financière. Par exemple, l'offre de Schneider Electric permet avant tout au client de faire des économies. Mais beaucoup d'autres valeurs de consommation organisationnelles sont présentées dans les cas décrits dans cet ouvrage.

- Axane propose aux équipes le confort de tournage (autonomie de la caméra, absence de bruit de fond), la disponibilité des acteurs qui ne sont plus gênés, la fierté des équipes de participer à un tournage vert, le sentiment d'excellence…
- PX'Therapeutics offre à ses clients un accès à une compétence très pointue qu'ils ne possèdent pas et dont ils ont besoin.
- Schneider Electric permet un prolongement de la durée de vie des équipements et concourt à l'émergence d'un sentiment de fierté auprès des personnes qui travaillent dans un bâtiment économe en énergie.
- Predictys souhaite fournir aux annonceurs un service complet (donc plus simple à acheter) et plus efficace (grâce au processus intégré de qualification des fichiers).

1. On pourra tout de même consulter avec profit les numéros spéciaux de la revue *Industrial Marketing Management* consacrés à ce sujet en 2001 et 2006, ainsi qu'un numéro à paraître, fin 2011 ou début 2012.

– Eveon permet aux laboratoires de réduire le risque de détérioration de la réputation, ainsi qu'une source de différenciation et d'avantage concurrentiel.
– Sportganizer, qui vise deux clients organisationnels, les clubs sportifs et les marques de sport (marché biface), fait deux propositions de valeur. Pour les annonceurs, l'offre est celle d'une cible validée et très intéressée ; pour les utilisateurs, l'offre est utilitaire (une organisation mieux « huilée ») mais également sociale (la plateforme sert de base au lien social au sein de l'organisation).

Il apparaît donc que les organisations, si elles attendent d'abord une valeur financière, cherchent également d'autres satisfactions dans les propositions qui leur sont faites. Nous proposons de retenir deux dimensions à la valeur de consommation organisationnelle :
– l'impact, interne s'il est relatif à un processus interne, et externe s'il renforce la position sur le marché ;
– l'effet, financier s'il se traduit directement en valeur monétaire ou non financier s'il influence la force de la position de l'entreprise en renforçant ses ressources actuelles ou en lui offrant un accès à une compétence nouvelle.

Cette structure (tableau 1) aboutit à quatre catégories de valeurs de consommation du client organisationnel : la réduction des coûts, l'augmentation de la valeur de l'offre, l'efficience et l'efficacité des processus internes, le renforcement de la force de la position sur le marché.

Tableau 1. Typologie des valeurs du client organisationnel

		Effet	
		Financier	Non financier
Impact	Interne	**Réduction des coûts** Budget achat diminué → Eveon Diminution des coûts de fonctionnement → Schneider, Axane	**Efficience et efficacité** Accès à une technologie, un savoir-faire → PX'Therapeutics Lien social interne → Sportganizer, Axane Efficience de processus de communication → Sportganizer, Predictys Efficience de processus de production → Axane
	Externe	**Augmentation de la valeur de son offre** Prix de vente supérieur → Eveon Vente de sous-produits → Schneider pour les fabricants HVAC	**Force de la position sur le marché** Image, réputation → Eveon Avantage concurrentiel → Schneider pour les installateurs Place dans le réseau de valeur → Schneider Création d'un nouveau marché → Schneider pour les installateurs

Synthèse

La valeur d'usage dépend des valeurs de consommation du client. Ces valeurs sont multiples, nous poussant à parler d'un bouquet de valeurs, qui seront plus ou moins satisfaites dans l'usage du produit. Confronté à une offre commerciale, le client, individuel ou organisationnel, évalue l'offre en estimant le degré global de satisfaction de ses valeurs qu'elle procure. Cette estimation s'appuie sur les valeurs qui gagnent en satisfaction, mais également sur celles qui perdent. La proposition de valeur aura une valeur d'usage positive si elle promet un niveau supérieur de satisfaction globale du bouquet de valeurs.

B. La proposition de valeur et le réseau de valeur

La proposition de valeur et le réseau de valeur sont, nous l'avons vu dans l'ensemble des chapitres, des concepts centraux de l'approche business model. Ils permettent de caractériser la stratégie d'innovation sous l'angle à la fois des valeurs que l'innovation se propose de satisfaire pour certaines catégories de clients (la proposition de valeur), et du positionnement que l'entreprise innovante entend prendre au sein de la filière (le réseau de valeur). La performance du business model se joue au final à l'interface entre proposition de valeur et réseau de valeur. Non seulement il s'agit de concevoir une proposition de valeur qui rencontre des valeurs mais encore faut-il trouver une architecture efficace et durable pour délivrer cette proposition de valeur au client.

1) La notion de proposition de valeur

Lorsqu'un manager parle d'une proposition de valeur, ce n'est pas aux valeurs de consommation qu'il pense en premier. Il pense à la valeur d'échange. La proposition de valeur correspond à l'offre qui est faite sur le marché et qui doit être profitable. Ce que confirment Anderson et Narus en définissant la valeur comme « l'évaluation en termes économiques des bénéfices économiques, techniques, de service et sociaux qu'un client obtient en échange du prix qu'il paie pour une offre de produit » (Anderson et Narus, 1990). Ainsi, la proposition de valeur propose un échange entre une valeur d'usage anticipée et une partie des ressources, financières et non financières, du client.

Kaplan et Norton (1996) définissent la proposition de valeur comme « la description du *mix* unique de produit, prix, service, relation et image qu'une société offre à un groupe de clients cibles. Elle doit exprimer ce que l'entreprise pense être capable de faire pour ses clients mieux ou différemment de ses concurrents ». Ainsi, l'élaboration de la proposition de valeur, si elle fait référence aux valeurs du client, doit tenir compte des offres de la concurrence.
Les auteurs du chapitre consacré au cas Schneider Electric présentent une proposition de valeur fondée sur l'interaction de deux facteurs : les sources de valeur et la description de l'offre. La figure suivante illustre cette vision dans le cas de l'offre Calorie faite par Schneider Electric aux gestionnaires de bâtiments.

Figure 2. Proposition de valeur de l'offre Calorie de Schneider Electric

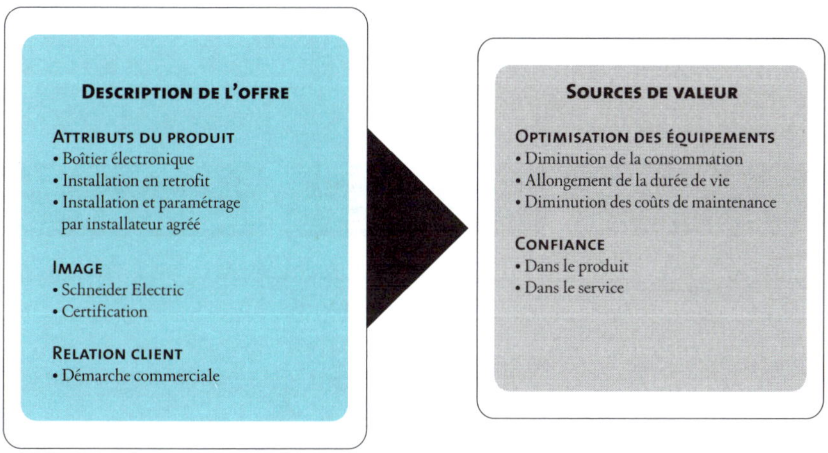

Remarquons ici l'apparition de la notion de confiance parmi les sources de valeur. La confiance correspond à un jugement de l'acheteur sur la validité de l'offre et sur la crédibilité de l'offreur, dont la conséquence principale est un confort psychologique vécu par l'acheteur. On sait l'impact de cette variable sur la décision d'achat.
Les exemples présentés dans l'ouvrage nous permettent donc d'illustrer le contenu de la proposition de valeur. Au-delà, ils nous offrent la possibilité d'explorer plus avant la structure interne de cette notion. Nous allons nous pencher sur deux caractéristiques spécifiques de la proposition de valeur : son caractère emboîté et la possibilité de créer une proposition de valeur nouvelle par la combinaison originale de propositions de valeur existantes.

a) Les propositions de valeurs emboîtées

Sportganizer et Axane illustrent ce cas de figure. Ces entreprises doivent concevoir des propositions de valeur relativement élaborées, en partant d'une compétence technologique, le Web 2.0 pour Sportganizer, la pile à combustible (PAC) pour Axane. Pour cela, elles sont dans l'obligation de décliner la technologie de base : Sportganizer doit développer une plateforme de gestion d'un club de sport et Axane doit développer un système mobile « plug and use » à partir de sa PAC. Mais cela ne suffit toujours pas. En effet, sur cette base déjà riche, les deux entreprises doivent développer une offre complète : par le développement d'options spécifiques pour Sportganizer et le design d'un pack location, incluant le technicien, pour Axane.
Nous en déduisons une caractéristique spécifique de la proposition de valeur : elle est souvent constituée d'un emboîtement de propositions de valeur. Les tableaux 2a et 2b illustrent ces deux exemples de proposition de valeur emboîtées.

Tableau 2a. Emboîtement des valeurs pour Axane

TECHNOLOGIE	DESCRIPTION DE L'OFFRE	SOURCE DE VALEUR
Location	Design service : location matériel + technicien	Service intégré
Modèle mobile « plug and use »	Générateur mobile	Facilité de déplacement
La technologie « pile à combustible »	Pile à hydrogène	Silence Pas de pollution

Tableau 2b. Emboîtement des valeurs pour Sportganizer

TECHNOLOGIE	DESCRIPTION DE L'OFFRE	SOURCE DE VALEUR
Fonctionnalités complémentaires	Autres services	Gestion de la vie sociale du club
Plateforme de gestion d'un club	Site interactif clés en main	Gestion interactive de la vie du club
Web 2.0	Système interactif	Chacun peut intervenir

b) Valeur nouvelle créée par la combinaison de propositions de valeur

PX'Therapeutics et Predictys illustrent une situation où la combinaison de propositions de valeur unitaires permet la création d'une proposition de valeur innovante.

Predictys est entrée sur le marché avec une proposition classique de régie publicitaire sur le web. Grâce à une activité soutenue de R&D, elle a développé une plateforme éditoriale permettant de proposer des services d'éditeur de contenus. Au cœur de l'offre nouvelle, la plateforme éditoriale permet d'intégrer de multiples tâches : créer et qualifier les contenus éditoriaux, mieux connaître les internautes grâce à leurs réactions comportementales, monétiser le fichier. Cette plateforme permet donc à Predictys d'agencer dans une offre unique et novatrice les offres jusque-là séparées de créateur de contenu, de web régie, de routeur et de monétiseur.

Dès le début, PX'Therapeutics combine deux business models, la plateforme ouverte et la plateforme partagée, pour élaborer une offre innovante : la production de protéines à haut débit. En 2005, ayant obtenu le statut d'établissement pharmaceutique, l'entreprise ajoute une nouvelle proposition de valeur à son portefeuille : la production de lots de protéines thérapeutiques pour des essais cliniques. Viennent ensuite la production d'anticorps monoclonaux et le co-développement en partenariat. Enfin, en 2010, deux nouvelles propositions arrivent : l'exploration des technologies d'avenir en plateforme partagée et le co-développement de molécules. L'entreprise peut utiliser cette base pour élaborer une offre unique fondée sur des compétences pointues appuyées par l'apprentissage de savoir-faire spécifiques. L'entreprise semble donc naviguer vers un « océan bleu » prometteur.

c) Synthèse

La proposition de valeur est émise par l'entreprise. Elle n'a qu'un but : fournir au client un niveau de satisfaction de ses valeurs tel qu'il accepte de sacrifier une part de ses ressources. De plus, la proposition de valeur doit être crédible, notamment en inspirant confiance.

Dans bien des cas, la proposition de valeur s'élabore sur la base d'une technologie que des concurrents maîtrisent également. L'entreprise doit donc faire une proposition de valeur unique. Ce livre nous suggère deux pistes : emboîter plusieurs niveaux de proposition de valeur à partir de la technologie ou combiner de manière unique des propositions de valeurs indépendantes.

2) Le réseau de valeur

Le réseau de valeur décrit l'agencement des différentes activités, qu'elles soient réalisées en interne ou par des tiers, dans le but d'amener une proposition de valeur – le plus souvent complexe – au client visé.

a) Concevoir le réseau de valeur

Dans les cas d'innovation étudiés dans ce livre, les propositions de valeur sont souvent emboîtées. Cela signifie que la technologie innovante est emboîtée dans un produit ou système, qui lui-même sera emboîté dans une solution qui intégrera du service. Christensen et Rosenbloom (1995) associent précisément la notion de réseau de valeur à la modularité des produits et systèmes, qui forment une architecture. Bien qu'en théorie, tous les composants d'un système d'offre puissent être fournis par une seule entreprise, ils sont en réalité fournis le plus souvent par des entreprises spécialisées et font l'objet d'échanges sur le marché. À l'architecture physique d'un produit correspond donc généralement une architecture organisationnelle d'entreprises spécialisées sur les différents composants.
Cette vision suppose que les partenaires et les compétences nécessaires existent au sein de l'écosystème de la firme, ce qui n'est pas toujours le cas. Ainsi, par exemple, dans le cas Schneider Electric, la nouvelle proposition de valeur nécessite la présence d'un réseau d'installateurs compétents pour mettre en œuvre la solution. Avant tout déploiement possible, l'entreprise doit s'assurer que ces compétences seront disponibles, par exemple en assurant elle-même le recrutement et la formation du réseau d'installation.

b) Concevoir et négocier une place avantageuse au sein du réseau

Le réseau de valeur peut également se concevoir comme un terrain sur lequel se joue une compétition particulière faite d'alliances et de concurrence, nommée « coopétition » par Brandeburger et Nalebuff (1995). Pour ces auteurs, le réseau de valeur est : « une carte schématique représentant tous les joueurs du jeu ainsi que leurs interdépendances. »

Ainsi, par rapport à la vision architecturale précédente, il s'agit de se représenter non seulement les acteurs qui vont contribuer à délivrer la proposition de valeur, mais aussi les liens de ces acteurs entre eux. Un réseau de valeur est ainsi un véritable système relationnel qui peut s'inscrire dans la durée : « un réseau de valeur est un réseau de relations qui génère de la valeur tangible et intangible via des échanges dynamiques entre deux ou plusieurs individus, groupes, ou organisations ». (Allee, 2003).

Dans le cas de Axane-Air Liquide, la fourniture en direct aux équipes de tournage, acceptable dans une phase d'exploration, ne le sera sans doute plus en phase d'exploitation. Il faudra vraisemblablement utiliser le réseau des loueurs auprès de qui les équipes se fournissent pour leur matériel, et inventer les types de relation gagnant-gagnant, notamment pour résoudre la question du technicien.

L'entreprise innovante doit donc se représenter une position dans le réseau, en décidant quelles activités elle va prendre en charge. Elle doit rechercher les zones de profit (Christensen, Raynor et Verlinden, 2001) et décider quelle partie du réseau couvrir. Pour cela, elle procède par combinaison de différentes propositions de valeur. Comme le fait Predictys, elle réinvente son métier.

c) Concevoir un écosystème durable

En situation d'innovation, il faut savoir se représenter très tôt ces partenariats au sein du réseau de valeur. Pourtant, lorsqu'ils auront été négociés, les équilibres risquent d'être différents et la proposition de valeur modifiée. La notion d'écosystème d'affaires (Iansiti et Levien, 2004) suggère l'idée que la stratégie de l'entreprise consiste pour une grande part à créer les conditions favorables à une dynamique propre de l'activité. C'est le cas des marchés bifaces. Par exemple Sportganizer doit obtenir l'appui des fédérations sportives pour embarquer sur la plateforme le maximum de clubs de sports, donc de sportifs individuels et in fine de sponsors qui vont la financer.

Le réseau de valeur doit ainsi être pensé comme une construction qui permet de cadrer les échanges, mais aussi d'envisager des échanges hors du cadre qui avait été imaginé initialement, si par exemple on ne trouve pas de partenaire capable ou désireux de prendre en charge telle ou telle partie de la proposition de valeur. C'est le cas de PX'Therapeutics qui diversifie son portefeuille avec en fait plusieurs positions possibles dans le réseau de valeur. Pour SENSEI, cette construction est même au cœur du projet dans la mesure où il consiste en fait à dessiner des configurations possibles de réseau de valeur, pour que chaque membre du consortium de recherche puisse définir quel rôle il pourra jouer et quels business models il pourra développer autour de la technologie.

d) Synthèse

Les valeurs du client, la proposition de valeur de l'entreprise, le réseau de valeur : voilà mis en place les personnages clés de l'aventure. Sous l'effet de la volonté de l'entreprise, ces trois acteurs vont être mis en mouvement. Au départ éloignés les uns des autres, ils vont se rapprocher et, peut-être, faire émerger un marché.

2. Le processus de création d'un marché

Les trois briques de base du marché doivent être mises en relation pour que le marché soit créé. La tâche est complexe. Il faut d'abord établir une relation forte entre la proposition de valeur et les valeurs des clients. Il convient ensuite que l'entreprise innovante tire le maximum de profits de son innovation. En continuant de nous appuyer sur les exemples présentés dans cet ouvrage, nous allons tenter d'éclairer ces deux temps de la constitution du marché.

A. Relier les valeurs à la proposition de valeur

Les valeurs du client et celle de la proposition de valeur sont différentes. Les premières sont des croyances qui guident le choix. La seconde est une offre de satisfaction appuyée sur une technologie. Tout l'enjeu est donc ici de relier les deux.
Cette liaison nous semble se faire en deux temps : l'identification d'une cible et la recherche d'adéquation.

1) L'identification d'une cible

Microoled, mais également Axane ou Schneider Electric nous offrent des illustrations de ce processus. Cette phase est décrite en détail par Millier (1986, 2000). Au départ, l'entreprise détient une technologie qui possède une fonction unique. Il faut chercher les applications susceptibles de profiter de cette fonction unique et identifier les clients qui utilisent ces applications. Ce processus possède plusieurs caractéristiques :

- un mélange d'intuition et de rationalité : la direction de Microoled est attirée par le domaine du sport (intuition), mais les segments potentiels sont identifiés, étudiés et évalués (rationalité) ;
- la rentabilité n'est pas le seul critère de décision : Schneider Electric rejette la première cible parce qu'elle n'est pas assez rentable (critère de rentabilité), mais Air Liquide soutient Axane dans une perspective de veille stratégique (critère de prévention) ;
- au moment où une cible est sélectionnée, nul ne sait quel lien unira valeurs et proposition de valeur ; on sait juste que ce lien semble possible et rentable (sur la base de réactions positives obtenues dans des études).

Ce dernier point est sans doute le plus surprenant. Lorsqu'une cible est identifiée, ni la proposition de valeur, ni a fortiori les valeurs clients concernées ne sont maîtrisées. Créer le marché, c'est définir et lier ces deux éléments.

2) L'émergence du marché

Au départ, l'entreprise formule une proposition de valeur rudimentaire, principalement fondée sur les bénéfices supposés de la technologie. Il est rare que cette première proposition de valeur provoque l'enthousiasme des clients ciblés. Nous verrons pourquoi dans un premier temps.

L'entreprise entre alors dans un processus d'essais-erreurs qui lui permet d'affiner sa proposition de valeur. Dans le même temps, elle découvre et fait découvrir aux clients les bénéfices de son offre. Nous verrons dans un deuxième temps pourquoi la formulation des bénéfices est nécessaire à la relation entre la proposition de valeur et les valeurs des clients.

a) Pourquoi les premières réactions sont-elles négatives ?

Confrontés à une proposition de valeur innovante, les clients ont souvent une première réaction négative. Certains d'entre eux, innovateurs (Rogers, 2005) ou *lead users* (Von Hippel, 1986) peuvent certes être intéressés, mais la plupart ne le sont pas.

Les chapitres de cet ouvrage nous suggèrent deux raisons à cela : la hiérarchie des valeurs de consommation et l'importance du contexte d'usage.

■ La hiérarchie des valeurs de consommation

Puisque le client cherche à optimiser la satisfaction de son bouquet de valeurs de consommation, il est important d'en connaître la structure interne. Une erreur dans la hiérarchie des valeurs peut radicalement changer le destin d'une innovation. Deux des cas du livre nous en fournissent un exemple.

- Pour Schneider Electric, les promoteurs sont la première cible envisagée pour le système d'optimisation des équipements de contrôle de température. Ceux-ci sont intéressés par cette offre, mais moins que par une offre qui leur permettrait de réduire les coûts de promotion. En revanche, pour les gestionnaires de bâtiments, la baisse des coûts de fonctionnement est prioritaire. Ils représentent donc la cible à privilégier.
- La proposition de valeur de Microoled est centrée sur un double avantage : un écran plus petit et une lecture plus aisée. On serait tenté de mettre ces caractéristiques en avant. Pourtant, les investigations faites par l'entreprise révèlent que les clients privilégient l'esthétique plutôt que l'efficience. Les lunettes Microoled devront donc posséder un design attractif avant d'être plus pratiques.

Comment évaluer l'importance relative de chaque valeur de consommation dans l'évaluation de la valeur globale de l'offre ? Par exemple, comment pouvons-nous savoir si, pour le cas d'Axane, l'économie d'usage est plus ou moins importante que le confort de tournage ? Différentes méthodes peuvent être utilisées pour répondre à une telle question : la méthode KANO, les modèles *trade-off* ou la méthode Tétra-classes de Llosa semblent bien adaptés.

■ L'importance du contexte d'usage

Un contexte d'usage est l'interaction entre les buts de l'usager et l'environnement physique, social, etc. dans lequel il se situe au moment de l'usage du bien. La proposition de valeur implique d'identifier et de comprendre ces contextes d'usage :

- organisation d'événements sportifs (Sportganizer), sorties en vélo (Microoled),
- « intervenir dans des lieux confinés auparavant interdits d'accès » ou « fournir en énergie les tournages en extérieur » pour Axane.

Il apparaît que les usagers ont construit des routines pour ces contextes d'usage. C'est ce qu'ont fait les équipes de tournage qui utilisent des groupes électrogènes pour filmer la nuit, ou les infirmières pour éviter de se blesser avec l'aiguille de la seringue. Ces routines étant souvent perçues comme satisfaisantes, l'innovation se trouve confrontée à une première difficulté : l'absence de « besoin » de la cible. Il est donc nécessaire de pousser les cibles à penser différemment le contexte d'usage, afin de faire émerger simultanément l'imperfection de la routine et la valeur de l'innovation. C'est comme cela que Axane avait réussi, dans une étape précédente, à convaincre les pompiers. C'est comme cela qu'elle parvient à convaincre les équipes de tournage. Notons enfin qu'il peut arriver que le contexte impose un contenu spécifique à la proposition de valeur. PX'Therapeutics doit obtenir le statut d'établissement pharmaceutique pour prétendre produire et libérer des lots de protéines thérapeutiques pour essais cliniques. De même, Schneider Electric doit obtenir une certification pour légitimer sa proposition de valeur.

b) De la proposition de valeur aux valeurs : le rôle des bénéfices

Les bénéfices sont les avantages que le client retire de l'usage du produit. Malgré leur proximité de sens, valeurs et bénéfices ne sont pas équivalents. Les bénéfices sont des conséquences de l'usage du produit, alors que les valeurs de consommation sont des choix du client. L'exemple d'Axane nous permet d'illustrer cela.

Le tableau 2a présente la proposition de valeur d'Axane une fois qu'elle a été mise au point. On sait que cette mise au point a été difficile et progressive. En réalité, il apparaît que l'équipe de tournage a réalisé petit à petit les bénéfices que lui procurait l'offre.

- La première source de valeur de l'offre d'Axane, c'est sa mobilité. Le bénéfice client, c'est la souplesse d'utilisation de la caméra. Le champ de création du réalisateur s'élargit : il est plus efficient (valeur interne non financière)
- La seconde source de valeur, c'est l'absence de pollution sonore, d'où découlent trois bénéfices client : la propreté de la bande-son, qui permet un gain de temps (économie) et de qualité du son (augmentation de la valeur du film), la sérénité des acteurs, qui les aide à être meilleurs (augmentation de la valeur du film) et la sérénité des équipes.
- La troisième source de valeur, c'est l'absence de pollution atmosphérique. Le bénéfice client est ici un confort psychologique des membres de l'équipe de tournage, contents de respecter leurs

éventuelles valeurs écologiques et fiers d'appartenir à une équipe haut de gamme.

– La dernière source de valeur, c'est le service intégré. Le bénéfice client, c'est l'absence de souci concernant l'alimentation électrique, rendant possible une amélioration du processus de tournage.

Figure 3. Les bénéfices client entre proposition de valeur et valeurs

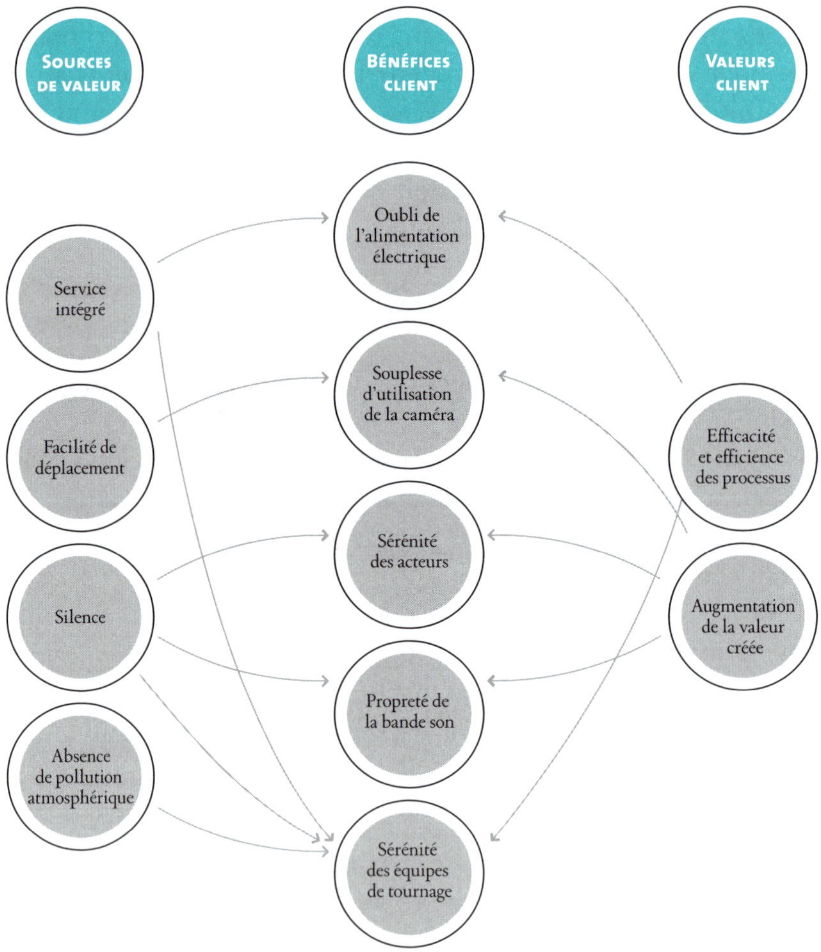

Une fois ces relations découvertes et établies entre proposition de valeur, bénéfices et valeurs, l'entreprise a dû vaincre un dernier obstacle : convaincre de la réalité de la valeur monétaire en démontrant le coût réel des solutions antérieures. Sans doute, le coût de la PAC reste-t-il supérieur, mais la valeur d'usage de la prestation l'est également.

Enfin, nous noterons que le client élabore son jugement de valeur sur des bénéfices qu'il ne peut pas vraiment évaluer : augmentation du potentiel de créativité, sérénité des acteurs et des équipes de tournage. Cette situation ouvre à l'évidence de fortes marges de manœuvre concernant la fixation du prix.

Finalement, le marché prend tout doucement sa forme. La figure 3 illustre ce phénomène.

En définitive, créer un marché, c'est mettre en lien une proposition de valeur et les valeurs du client par l'intermédiaire des bénéfices client. Se pose alors la question de la répartition de la valeur ainsi créée.

B. Le partage de la valeur au sein du réseau de valeur

Valeur et proposition de valeur exercent l'une sur l'autre une influence réelle. Nous souhaitons ici proposer un outil générique qui puisse guider les managers dans l'élaboration de leur proposition de valeur en tenant compte non seulement de cette influence réciproque, mais également des différents niveaux d'interaction entre les acteurs de l'écosystème.

Notre proposition repose sur une constatation initiale : les valeurs qui peuvent émerger d'une innovation sont étroitement liées aux interactions des acteurs impliqués dans le déploiement du business model. Par ailleurs, la question de la capture de la valeur via la mise en place de modèles de revenus pertinents devient critique et de plus en plus complexe pour l'innovateur. Nous voulons ici de développer une typologie – la plus générique possible – des propositions de valeurs en fonction des architectures d'acteurs.

Pour ce faire, nous définissons ces acteurs sur la base de six questionnements :

→ Qui innove ?
→ Qui produit ?
→ Qui offre ?
→ Qui a besoin ?
→ Qui utilise ?
→ Qui paie ?

Le regroupement de ces six questionnements en deux grandes catégories, un groupe représentant la demande et un groupe représentant l'offre, n'est évidemment pas figé. Il correspond surtout à la situation historique du fonctionnement de nos économies industrielles, qui peut être représenté par la figure page suivante.

Figure 4. Une proposition de valeur historiquement simple

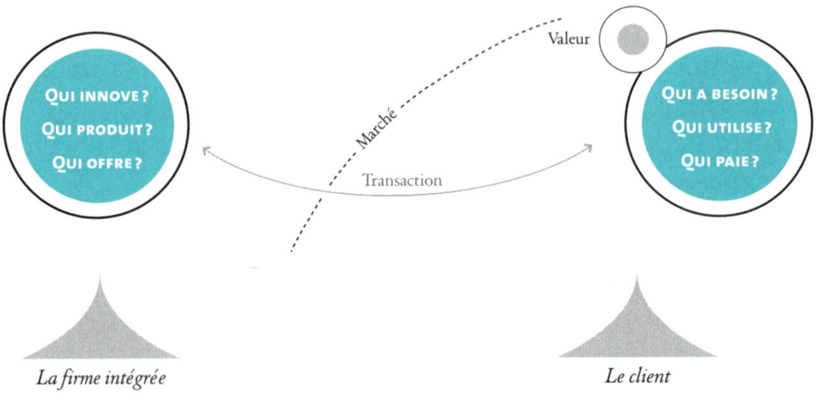

On peut dire que cette configuration a dominé les trente glorieuses avec la production de masse réalisée par une firme intégrée et où la valeur se situe, s'exprime et se matérialise, *in fine*, au niveau du consommateur final. Ce modèle correspond à la situation où valeur et proposition de valeur sont en relation directe. À noter que dans cette configuration, la question de la capture de la valeur pour l'acteur innovant ne pose pas de problèmes particuliers, en dehors d'une formulation adéquate du modèle de revenus par rapport au contexte industriel et aux relations de pouvoirs entre le client et l'offreur (voir Cachon, 2003 pour une synthèse des modèles de revenus classiques en B2B). L'ensemble des études de cas présentées dans les chapitres montre que l'évolution des systèmes d'innovation modifie de manière radicale la création de valeur et sa transcription dans la ou les propositions de valeur.

1) De l'innovateur au réseau innovant

La première évolution que nous considérons est celle d'une séparation des acteurs du côté de l'offre, où celui qui innove n'est plus celui qui produit, qui peut être lui aussi distinct de celui qui offre sur le marché final (figure 5).

La proposition de valeur se situe avant tout au niveau de la mise en œuvre de l'innovation dans la production et la distribution. La valeur relève d'une logique de réduction des coûts, d'augmentation de la valeur de l'offre, d'efficience et d'efficacité, etc. Cette innovation pouvant à son tour avoir des impacts économiques sur les dispositifs d'offre.

Figure 5. Une proposition de valeur construite au sein du réseau de l'offre

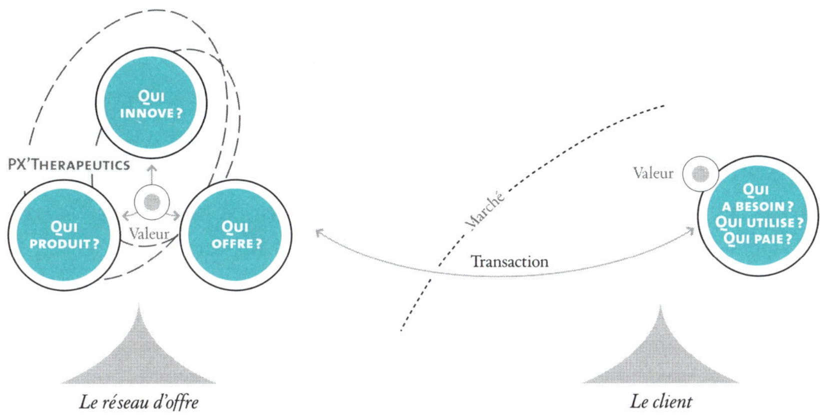

Elle peut également avoir des répercussions au niveau de la demande finale si les caractéristiques des produits/services offerts sont suffisamment modifiées pour susciter de nouveaux besoins et/ou usages potentiellement valorisables par des consentements à payer significatifs. Le cas qui illustre le mieux cette configuration est certainement celui de PX'Therapeutics où, en arrière-plan de la gestion d'un portefeuille de business models, les questions de la création de propositions de valeur issues d'innovations au sein d'un réseau industriel (ici les biotechnologies dans l'industrie du médicament) émergent. Ainsi, en fonction des différentes activités que les innovations (plutôt compétences dans ce cas) peuvent impacter, à savoir la découverte et le développement, l'optimisation des processus et l'orchestration de savoirs, les possibilités de création de valeur seront plus ou moins fortes et plus ou moins risquées. À noter que sur notre schéma, nous pouvons faire varier le positionnement de PX'Therapeutics derrière les trois questions Qui ?, selon la stratégie développée par l'entreprise. Mais ce cas illustre surtout l'interdépendance très forte entre les propositions de valeurs potentielles et la stratégie de la capture de la valeur, qui sera plus ou moins avantageuse pour l'entreprise innovante. Ainsi, dans le cas de PX'Therapeutics nous pouvons considérer que chaque proposition de valeur est associée à une stratégie de capture de valeur selon qu'il s'agisse d'une plateforme fermée ou ouverte. Comme indiqué plus haut, cette dynamique Proposition de Valeur / Capture de Valeur relève d'une démarche stratégique visant à sortir d'un contexte hautement concurrentiel d'un secteur unique afin d'évoluer dans un environnement moins agressif.

2) Quand l'usager n'est pas le payeur

Une autre évolution marquante et certainement plus radicale est la séparation de l'utilisateur de l'innovation du financeur de la proposition de valeur. Le cas Sportganizer est représentatif de ce type de proposition de valeur où, si les besoins et usages se situent bien au niveau utilisateurs (les clubs sportifs et leurs membres), ce sont les entreprises marraines qui financent l'offre développée par Sportganizer.

Figure 6. Une proposition de valeur construite sur la base d'une chaîne de la demande

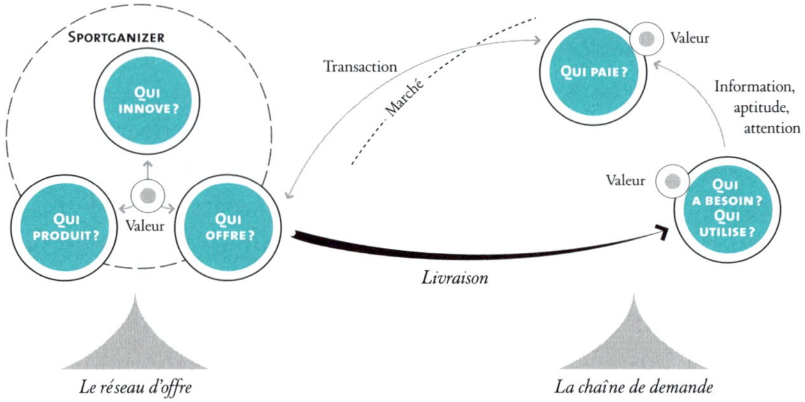

Même si ce cas se veut différent des YouTube, Facebook, etc. (car ne reposant pas pour l'instant sur une logique de diffusion de messages commerciaux vers les internautes) on est bien dans une logique où l'usager peut satisfaire ses besoins via l'utilisation gratuite d'un service web qui est financé par une tierce partie, à savoir des entreprises marraines. Ainsi, ce cas montre que la proposition de valeur est faite à la fois aux sportifs et aux clubs, en apportant un outil facilitant l'organisation des événements sportifs (sans toutefois permettre une valorisation monétaire suffisante pour Sportganizer, le marché pour cette entreprise s'arrêtant ici), et aux entreprises marraines qui bénéficient de l'attention des utilisateurs pour leurs marques. En d'autres termes, la proposition de valeur se dédouble : une proposition pour la face usagers d'un service web et une proposition qui s'adresse avant tout à une tierce partie, qui est loin d'être à l'origine du besoin et de l'usage de la solution proposée par l'innovateur. On retrouve ici une des caractéristiques fondamentales des marchés bifaces où la logique de génération des revenus repose sur l'existence d'externalités croisées de réseaux (Eisenmann *et al.*, 2006). Dans ces configurations, où la valeur d'un bien sur un marché augmente quand le nombre d'utilisateurs sur un autre marché augmente, la capture de valeur pour l'innovateur (généralement une plateforme d'interface entre les deux marchés) repose essentiellement sur les sensibilités des demandes respectives par rapport aux prix : la plateforme aura intérêt à générer ses revenus sur le marché dont l'élasticité-prix est la plus faible. Dans le cas de Sportganizer, cette logique va aller jusqu'à parrainer les usages des sportifs et des clubs par la face payante que représentent les entreprises marraines (pour une analyse détaillée voir Parent et Chanal, 2009).

3) Vers des propositions de valeurs déconnectées de l'utilisateur

Les cas Schneider Electric et Eveon représentent des illustrations d'un phénomène radicalement nouveau en matière de proposition de valeur. Les propositions de valeurs reposent en très grande partie sur des acteurs non-utilisateurs de la technologie proposée par les entreprises (figure 7). À la limite, on peut même considérer que les usagers des produits innovants sont myopes au sens où ils n'expriment pas de besoin particulier, ni de consentement à payer. En réalité, les besoins – et la valorisation monétaire de l'offre – se situent au niveau d'autres acteurs. Pour Schneider Electric, il s'agit principalement des gestionnaires en charge de l'exploitation des bâtiments (qui peuvent diminuer les charges grâce au dispositif Calorie), tandis que pour Eveon, le dispositif est largement financé par les organismes publics et privés de couverture sociale. Dans le cas de Schneider Electric, les pouvoirs publics peuvent même être intéressés par l'offre et la subventionner, compte tenu de l'intérêt à développer une politique énergétique vertueuse.

Figure 7. Une proposition de valeur construite sur la base d'un réseau de la demande

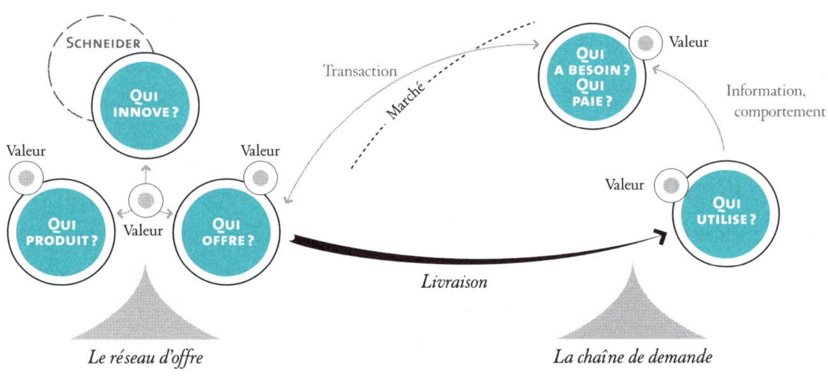

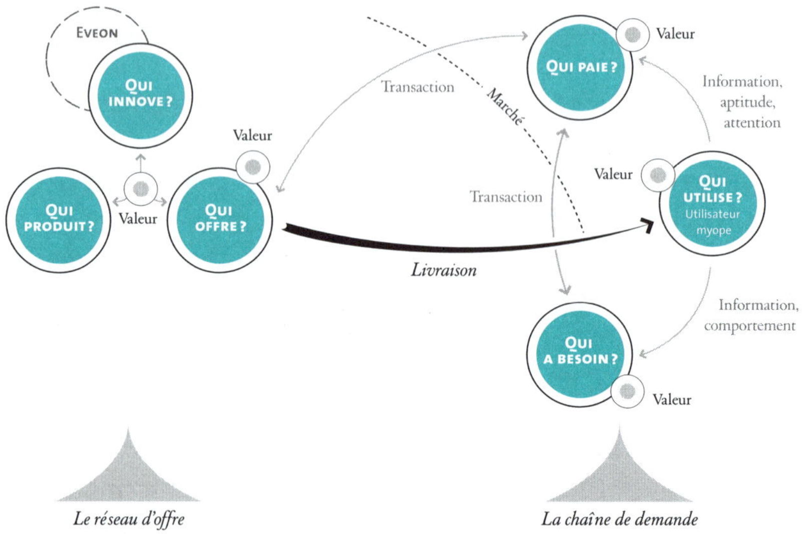

Mais ces deux cas illustrent surtout la multiplicité des propositions de valeurs pour un ensemble d'acteurs bien souvent éloignés de l'usager final. Ce qui est résumé dans le tableau suivant pour les cas Schneider Electric et Eveon.

Tableau 3. Multiplicité des propositions de valeur pour Schneider Electric et Eveon

	QUI	VALEUR
SCHNEIDER ELECTRIC	Qui utilise → les habitants Qui offre → les installateurs-climaticiens Qui paie → les gestionnaires et pouvoirs publics Qui produit → les fabricants de machines HVAC	Sentiment écologique, charges réduites Stratégie de différenciation / Maintenance Minimisation des coûts d'exploitation Économies d'énergie Vente des paramètres pour logiciels
EVEON	Qui utilise → les patients et/ou infirmières Qui offre → les laboratoires pharma Qui a besoin → le prescripteur Qui paie → les organismes sociaux	Facilité d'utilisation, sécurité Économie du volume de médicament Suppression des risques Auto administration à domicile, rapidité de la guérison

Dans ce type de configuration, la question de la capture de la valeur devient particulièrement complexe. Non pas tant par le nombre d'acteurs et de propositions de valeur localisées dans l'ensemble de l'écosystème, mais surtout par la nécessité de développer – et de gérer ! – la diversité importante d'acteurs et de logiques de modèles de revenus à mettre en œuvre. Par exemple, dans les deux cas qui nous intéressent, des acteurs du secteur public peuvent avoir clairement un intérêt économique (dans le cas des organismes sociaux pour Eveon) ou collectif (dans le cas de Schneider Electric vis-à-vis de la question énergétique), des intérêts qui peuvent faire l'objet de valorisations pour les entreprises innovantes. Pour ce type d'acteur, les modèles de capture de valeur reposent sur des leviers très particuliers d'accréditation/certification et/ou de subvention. Simultanément, et dans les deux cas, il s'agit aussi de mettre en place des modèles de capture et de partage de revenus entre les acteurs privés intervenant dans le réseau de valeur : vis-à-vis des installateurs et des gestionnaires pour Schneider Electric, ou des laboratoires pharmaceutiques et des prescripteurs pour Eveon. Mais un autre enseignement de ces deux cas relève également de la méthodologie à mettre en œuvre au moment de l'élaboration de la proposition de valeur. En effet, dans les deux cas, la construction de la proposition de valeur et son déploiement au niveau de l'écosystème par l'entreprise innovante nécessitent surtout un travail important d'élaboration et d'explicitation des modèles de revenus des autres acteurs. En d'autres termes, la capacité des deux entreprises à générer des propositions de valeur pertinentes repose en grande partie sur l'analyse des modèles de revenus qui ne les concernent pas directement !

4) Vers des propositions de valeurs en co-construction permanente avec les usagers

La dernière configuration de proposition de valeur, illustrée par le cas Predictys, correspond à la fin de la séparation entre l'offre et la demande. On peut parler dans ce cas d'un véritable réseau innovant où les utilisateurs participent directement à la proposition de valeur offerte par l'innovateur (voir figure 8 page suivante).

Dans cette configuration, l'acteur qui innove bénéficie d'une création de valeur par l'adoption du produit/service par les usagers. En d'autres termes, la frontière demande/offre disparaît dans le sens où la demande contribue directement au contenu de l'offre tout au long du cycle de vie et ne se limite pas à une simple participation des usagers pour la définition de l'offre. Ainsi, grâce à une connaissance de plus en plus fine des abonnés, Predictys peut cibler les messages avec une très grande précision. Si cette proposition de valeur était intéressante initialement pour les annonceurs ou les agences web, les compétences développées par l'entreprise dans le cadre des relations privilégiées avec les internautes via sa propre Newsletter lui permettent d'envisager maintenant le rôle d'éditeur. Le cas Predictys nous montre surtout qu'au-delà des externalités croisées traditionnelles des marchés bi-faces, les activités de la face subventionnée permettent également d'accroître et de diversifier la proposition de valeur initiale de la plateforme sur la face payante, un phénomène qui n'est pas ou peu étudié par la littérature dans ce domaine. En effet, via une capitalisation et une exploitation des informations issues des comportements des usagers, Predictys a pu développer de nouvelles propositions de valeur lui permettant de «remonter» la chaîne de valeur jusqu'au rôle d'éditeur. Ce cas s'inscrit certainement dans une perspective dynamique de l'analyse des marchés bifaces qui reste encore à découvrir pour le monde académique mais également celui des praticiens.

Figure 8. Une proposition de valeur basée sur un réseau innovant

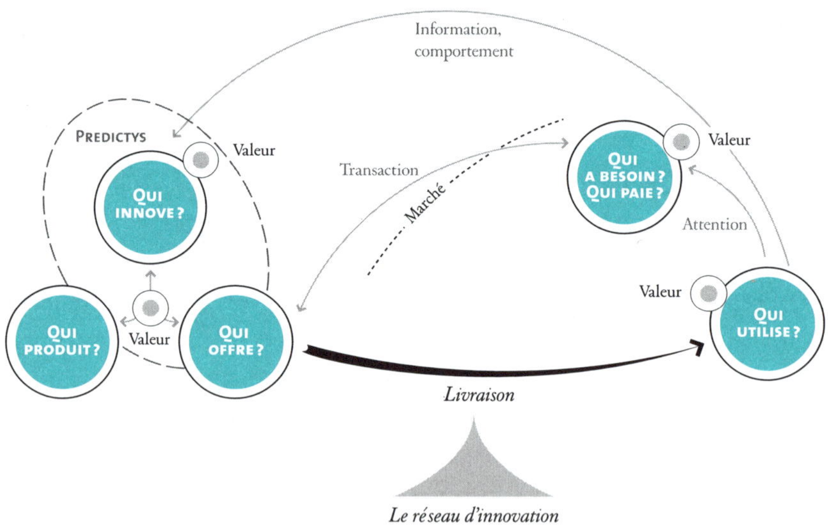

Conclusion

Comment émerge un marché ? Avons-nous répondu à cette question ? Certes non ! Notre projet était moins ambitieux : identifier quelques étapes de cette création à partir des cas présentés dans cet ouvrage.

Un marché est d'abord la rencontre d'une proposition de valeur et d'un bouquet de valeurs du client. Comme dans beaucoup d'histoires amoureuses, cette rencontre n'est pas évidente. En effet, le coup de foudre est rare.

L'entreprise innovante doit donc longuement travailler à adapter sa proposition aux valeurs de la demande. Elle doit identifier et mettre en avant l'ensemble des bénéfices que la demande pourra tirer de l'usage de son offre. Parfois, elle sera surprise par la façon dont les clients ordonnent ces bénéfices.

Durant cette phase d'exploration, il est tout aussi important d'anticiper le réseau de valeur, rendu nécessaire par la complexité des technologies et des structures commerciales. Ici, pas d'ambiguïté : le seul critère, c'est la capture de la valeur.

Bibliographie

Afuah, A., 2003. *Innovation Management: Strategies, Implementation, and Profits*, New York: Oxford University Press.

Allee, V., 2003. *The Future of Knowledge: Increasing Prosperty through Value Networks*, Oxford: Butterworth Heinmann.

Anderson, J.C. & Narus, J.A., 1990. A Model of Distributor Firm and Manufacturer Firm Working Partnerships. *The Journal of Marketing*, 54(1), 42-58.

Anderson, J.C., Narus, J.A. & van Rossum, W., 2006. Customer Value Propositions dans Business Markets. *Harvard Business Review*, 84(3), 90-99.

Baden-Fuller, C. *et al.*, Editorial. *Long Range Planning*, 43(2-3), 143-145.

Bancel-Charensol, L. & Jougleux, M., 1997. Un modèle d'analyse des systèmes de production dans les services. *Revue Française de Gestion*, (113), 71-81.

Barthélemy, V. & Paris, T., 2006. Start-up en quête de business model ou l'art du tâtonnement stratégique. *Gérer & Comprendre*, (84), 4-11.

Bessant, J. & Tidd, J., 2008. *Innovation and entrepreneurship*, Chichester: John Wiley & Son Ltd.

Brandenburger, A.M. & Nalebuff, B.J., 1995. The Right Game: Use Game Theory to Shape Strategy . *Harvard Business Review*, 73(4), 57-71.

Brandenburger, A.M. & Nalebuff, B.J., 1996. *Co-opetition*, New York: Doubleday.

Cachon, G., 2003. Supply chain coordination with contracts. Dans *Operations Research and Management Science: Supply Chain Management*. North-Holland: Steve Graves and Ton de Kok.

Carù, A. & Cova, B., 2006. Expériences de consommation et marketing expérientiel. *Revue française de gestion*, 162(3), 99-113.

Chanal, V., 2009. Quels business models pour valoriser l'innovation ? Dans *Management de l'innovation*. Paris : Pearson Education.

Bal C., Quester P. & Plewa C., 2010. Emotions and sponsorship: A key to global effectiveness? A comparative study of Australia and France. *Asia Pacific Journal of Marketing and Logistics*, 22(1355-5855), 40-54.

Charue Duboc, F. *et al.*, 2010. Managing exploratory innovation. Dans *European Academy of Management Conference.* Rome.

Chesbrough, H., 2003. *Open Innovation: The new imperative for creating and profiting from technology*, Boston: Harvard Business School Publishing.

Chesbrough, H.W., 2006. *Open business models: How to Thrive in the New Innovation Landscape*, Boston: Havard Business School Press.

Chesbrough, H., 2010. Business model Innovation: Opportunities and Barriers. *Long Range Planning*, 43(2-3), 354-363.

Chesbrough, H. & Rosenbloom, R.S., 2002. The role of the business model in capturing value from innovation: evidence from Xerox Corporation's technology spin-off companies. *Industrial & Corporate Change*, 11(3), 529-555.

Chesbrough, H.W., Vanhaverbeke, W. & West, J., 2006. *Open Innovation: Researching a New Paradigm*, New York: Oxford University Press.

Cho, C. & Cheon, H., 2004. Why do people avoid advertising on the Internet? *Journal of Advertising*, 33(4), 89-97.

Cohendet, P., Héraud, J. & Avadikyan, A., 2003. *The Economic Dynamics of Fuel Cell technologies* Springer., Verlag.

Deephouse, D. & Heugens, P., 2009. Linking Social Issues to Organizational Impact: The Role of Infomediaries and the Infomediary Process. *Journal of Business Ethics*, 86(4), 541-553.

Demil, B. & Lecocq, X., 2010. Business model Evolution: In Search of Dynamic Consistency. *Long Range Planning*, 43(2-3), 227-246.

DiMasi, J.A. & Grabowski, H.G., 2007. The Cost of Biopharmaceutical R&D: Is Biotech Different? *Managerial and Decision Economics*, 28(4/5), 469-479.

Eisenmann, T., Parker, G. & Alstyne, M.W.V., 2006. Strategies for two-sided markets. *Harvard Business Review*, 84(10), 92-101.

Fleck-Dousteyssier, N., 2007. Le parrainage: d'une intuition à une stratégie de communication. *Décisions Marketing*, (47), 7.

Fleck-Dousteyssier, N., Roux, E. & Darpy, D., 2005. La congruence dans le parrainage: définition, rôle et mesure. Dans *Actes du 21e Congrès international de l'AFM.* Nancy.

Flint, D.J., Woodruff, R.B. & Gardial, S.F., 1997. Customer value change in industrial marketing relationships: A call for new strategies and research. *Industrial Marketing Management*, 26(2), 163-175.

Forest, F., Lavoisy, O., Eurich, M., Van Gurp, J. & Wilson, D., 2009. Roadmap for Real World Internet applications – Socioeconomic scenarios and design recommendations, Towards the Future Internet: a European Research Perspective. Dans Amsterdam: IOS Press.

Forest, F, Lavoisy, O. & Chanal, V., 2009. Integrated Scenario-based Design Methodology for Collaborative Technology Innovation. Dans *20th Conference of the International Society for Professional Innovation Management*. Vienna.

Franke, N. & Shah, S., 2003. How communities support innovative activities: an exploration of assistance and sharing among end-users. *Research Policy*, 32(1), 157-178.

Fréry, F., 2000. Les produits éternellement émergents : le cas de la voiture électrique. Dans *De l'idée au marché. Innovation et lancement de produits*. Vuibert, p. 234-264.

Frochot, D., Web 2.0 – un concept émergent : gestionnaire de plateforme. Disponible sur le lien suivant http://www.les-infostrateges.com/actu/0801365/web-20-un-concept-emergent-gestionnaire-de-plateforme [Accédé mai 19, 2010].

Gadrey, J. & Zafirian, P., 2002. L'émergence d'un modèle du service : Enjeux et réalités. *Liaisons Sociales*.

Gambardella, A. & McGahan, A.M., 2010. Business-Model Innovation: General Purpose Technologies and their Implications for Industry Structure. *Long Range Planning*, 43(2-3), 262-271.

Garel, G. & Rosier, R., 2007. Gérer l'exploration le cas des technologies à haut potentiel. Dans *50e congrès de l'Administrative Sciences Association of Canada*. University of Ottawa, School Telfer of management.

Garel, G. & Rosier, R., 2008. De la valeur client à la valeur amont : management de l'exploration et analyse de valeur. *Revue Sciences de Gestion*, avril(64), 43-60.

Genet, C., Mangematin, V. & Sabatier, V., 2009. Reconfigurer la chaîne de valeur et manager un portefeuille de business models. Dans *Management de l'innovation*. Paris: Pearson Education.

Grant, R.M., 2005. *Contemporary Strategy Analysis*, Oxford: Blackwell.

Greimas, A.J., 1966. *Sémantique structurale : recherche et méthode*, Paris : Larousse.

von Hippel, E., 2001. User toolkits for innovation. *Journal of Product Innovation Management*, 18(4), 247-257.

Holbrook, M.B., 1999. *Consumer value: a framework for analysis and research*, London-New York: Routledge.

Holbrook, M.B.,, 2006. Consumption experience, customer value, and subjective personal introspection: An illustrative photographic essay. *Journal of Business Research*, 59(6), 714-725.

Holbrook, M.B. & Hirschman, E.C., 1982. The Experiential Aspects of Consumption: Consumer Fantasies, Feelings, and Fun. *The Journal of Consumer Research*, 9(2), 132-140.

Iansiti, M. & Levien, R., 2004. *Keystone Advantage: What the New Dynamics of Business Ecosystems Mean for Strategy, Innovation, and Sustainability*, Boston: Harvard Business School Press.

Jemain, A., 2002. *Les Conquérants de l'invisible - L'histoire d'Air Liquide*, Paris : Fayard.

Joly, J., 2006. Le marché du siècle. *L'Express* du 23 février.

Jouison, E. & Verstraete, T., 2008. Business model et création d'entreprise. *Revue Française de Gestion*, 181(1), 175-197.

Kaplan, R.S. & Norton, D.P., 1996. Balanced Scorecard: Translating Strategy Into Action. *Harvard Business School Press Books.*

Karlsson, T. & Honig, B., 2009. Judging a business by its cover: An institutional perspective on new ventures and the business plan. *Journal of Business Venturing*, 24(1), 27-45.

Kim, W.C. & Mauborgne, R., 2004. Blue Ocean Strategy: How to Create Uncontested Market Space and Make the Competition Irrelevant. *Harvard Business School Press Books.*

Le Masson, P., Hatchuel, A. & Weil, B., 2007. La gestion des champs d'innovation dans les entreprises : du NPD aux nouvelles stratégies de conception. Dans *Association Internationale de Management Stratégique*. Montréal.

Lecocq, X., Demil, B. & Ventura, J., 2010. Business models as a research program in strategic management: An Appraisal based on Lakatos. *M@n@gement*, 13(4), 214-225.

Louis, D., 2005. Le parrainage sur Internet : mode de fonctionnement et influence de la similarité perçue entre l'entité parrainée et le parrain. *Revue Française du Marketing*, (205), 41.

Magretta, J., 2002. Why business models Matter. *Harvard Business Review*, 80(5), 86-92.

March, J.G., 1991. Exploration and Exploitation in Organizational Learning. *Organization Science*, 2(1), 71-87.

Markides, C. & Geroski, P., 2005. *Fast second. How Smart Companies Bypass Radical Innovation to Enter and Dominate New Markets*, San Francisco: John Wiley & Son Ltd Inc.

Millier, P., 2004. *L'étude des marchés qui n'existent pas encore*, Paris : Edition d'Organisation.

Moinier, X., 2005. E-parrainage sportif : une pratique efficace ? *Décisions Marketing*, (38), 21-29.

Murakami, H., 2009. *Autoportrait de l'auteur en coureur de fond* Belfond.

Osterwalder, A. & Pigneur, Y., 2010. *Business model Generation: A Handbook for Visionaries, Game Changers, and Challengers*, Hoboken, NJ: Wiley.

Parent, R. & Chanal, V., 2009. Quels business models pour les plateformes Web 2.0 : les apports de la théorie des marchés bifaces. Dans *Association Internationale de Management Stratégique*. Grenoble.

Perkmann, M. & Spicer, A., 2010. What are business models? Developing a theory of performative representations. Dans *Research in the Sociology of Organizations*. Technology and Organization: Essays in Honour of Joan Woodward. Michael Lounsbury, p. 265-275.

Peyrat, M., 2009. *La publicité ciblée en ligne*, CNIL. Disponible sur le lien suivant http://www.cnil.fr/fileadmin/documents/La_CNIL/actualite/Publicite_Ciblee_rapport_VD.pdf.

Porter, M.E., 1985. *Competitive Advantage: Creating and Sustaining Superior Performance*, New York: The Free Press.

Rifkin, J., 2002. *L'économie hydrogène. Après la fin du pétrole, la nouvelle révolution économique*, Paris : La Découverte.

Rocheland, F., 2010. *Economie des données personnelles et de la vie privée* Coll. Repères, Paris : La Découverte.

Rochet, J. & Tirole, J., 2006. Two-sided markets: a progress report. *The RAND Journal of Economics*, 37(3), 645-667.

Rosier, R., 2007, *Stratégies et organisation des processus d'exploration : le cas de la pile à combustible chez Axane Air Liquide*. Université Paris Est.

Roux-Jallet, V., 2009. *La capture de la valeur par le management de la propriété industrielle : quel impact sur le modèle économique ? Application au cas de la start-up Eveon.* Grenoble : Grenoble École de Management.

Sabatier, V., Mangematin, V. & Rousselle, T., 2010. From Recipe to Dinner: business model Portfolios in the European Biopharmaceutical Industry. *Long Range Planning*, 43(2-3), 431-447.

Sabonnadière, J. & Blanco, S., 2005. *La création d'entreprises innovantes*, Paris : Hermès-Lavoisier.

Sarasvathy, S.D., 2008. *Effectuation: elements of entrepreneurial expertise, News horizons in entrepreneurship*, Edward Elgar.

Sawhney, M., Prandelli, E. & Verona, G., 2003. The power of innomediation. MIT Sloan Management Review, 44(2), 77.

Shafer, S.M., Smith, H.J. & Linder, J.C., 2005. The power of business models. *Business Horizons*, 48(3), 199-207.

Shuen, A., 2008. *Web 2.0: A strategy guide*, Sebastopol: O'Reilly Media Inc.

Tapscott, D. & Williams, A., 2007. *Wikinomics: how mass collaboration changes everything*, New York: Penguin Group.

Teece, D.J., 1986. Profiting from technological innovation: Implications for integration, collaboration, licensing and public policy. *Research Policy*, 15(6), 285-305.

Teece, D.J., 2006. Reflections on "Profiting from Innovation". *Research Policy*, 35(8), 1131-1146.

Teece, D.J., 2010. Business models, Business Strategy and Innovation. *Long Range Planning*, 43(2-3), 172-194.

Tushman, M.L. & O'Reilly, C.A., 1997. *Winning Through Innovation: A Practical Guide to Leading Organizational Change and Renewal*, Harvard Business School Press Books.

Verstraete, T. & Jouison-Laffite, E., 2009. *Business model pour entreprendre, le modèle GRP : théorie et pratique*, Paris : De Boeck.

Viot, C., 2009. Le E-marketing peut-il a lui seul résoudre la crise ? *Décisions Marketing*, (56), 83.

Walliser, B., 2006. *Parrainage. Sponsoring et mécénat*, Paris : Dunod.

Wauthy, X., 2008. No free lunch sur le Web 2.0 ! Ce que cache la gratuité apparente des réseaux sociaux numériques. *Regards Économiques.*

Table des matières

sepec
L'imprimerie spécialisée dans le livre

Achevé d'imprimer en mars 2011 sur les chaines de la SEPEC

N° d'impression : 110221527
Dépôt légal : Mars 2011
Imprimé en France

IMPRIM'VERT®